Autor: Tony Kelly
Design: Nucleus Design
Redaktion: Karen Pieringer
Lektorat: Lindsay Bennett
Register: Marie Lorimer

© MAIRDUMONT GmbH & Co. KG, Ostfildern,
2., aktualisierte Auflage 2008

„NATIONAL GEOGRAPHIC" ist eine eingetragene Marke der National
Geographic Society. Deutsche Ausgabe lizensiert durch
NATIONAL GEOGRAPHIC DEUTSCHLAND
(G+J/RBA GmbH & Co KG), Hamburg 2008
www.nationalgeographic.de

Original 2nd English Edition
© Automobile Association Developments Limited
Kartografie: © Automobile Association Developments Limited 2008
Maps produced from data supplied by Global Mapping, Brackley, UK.
Copyright © Global Mapping, Hibernia
Covergestaltung und Art der Bindung
mit freundlicher Genehmigung von AA Publishing

Herausgegeben von AA Publishing, einem Unternehmen der
Automobile Association Developments Limited, Fanum House,
Basing View, Basingstoke, Hampshire, RG21 4EA, UK.
Handelsregister Nr. 1878835.

Farbauszug: Leo Reprographics
Druck und Bindung: Leo Paper Products, China

A03428

NATIONAL GEOGRAPHIC

KROATIEN

Inhalt

Das Magazin

1001 *Dalmatiner*

Inselhopping in der Adria

Stellen Sie sich einmal folgende Szene vor: Sie haben sich den ganzen Tag an Deck Ihrer Yacht ausgeruht, sind an Inseln, die nach Kräutern duften, vorbeigeglitten und haben im türkisfarbenen Wasser einer stillen Bucht gebadet. Es dämmert bereits, und Sie legen in einem hübschen kleinen Fischerhafen an. Nachdem Sie das Boot vertäut haben, schlendern Sie zu einem der Hafenrestaurants und lassen den Tag bei kühlem Wein und frischem Fisch ausklingen.

Daten und Fakten

- 1185 Inseln, davon sind rund 50 bewohnt
- 5835 km Küste, davon entfallen 4058 km auf die Inseln
- 50 Marinas
- 350 Naturhäfen
- 13 000 Ankerplätze

Oben: Blick vom Campanile über die Dächer von Rovinj

Mehr als tausend Inseln liegen vor der kroatischen Küste in einer klaren, ruhigen See. Es verwundert daher nicht, dass Kroatien mittlerweile ein ernsthafter Rivale Griechenlands und der Türkei geworden ist, was die Beliebtheit seiner Inseln bei Seglern und Yachtbesitzern angeht.

Inselhopping

In der Adria sind zwei Formen des sogenannten »Inselhoppings« möglich: Zum einen kann man die hervorragenden Fährverbindungen zwischen den Häfen von Zadar, Split, Dubrovnik und den wichtigsten bewohnten Inseln nutzen (➤ 36). Zum anderen kann man mit dem eigenen Boot die Inselwelt erkunden. Die Yachten lassen sich im Voraus buchen oder vor Ort chartern. Es ist Ihre Entscheidung, ob Sie selbst ein Boot chartern wollen oder ob für Sie eher ein bemanntes Boot in Frage kommt. Einige Anbieter stellen sogar Boote mit kompletter Mannschaft zusammen – mit Kapitän, Koch, Steward etc. Eine weitere Alternative ist das Segeln in einer kleinen Flottille: Sie sind dann für Ihr Boot selbst verantwortlich, als Teil eines größeren Verbandes können Sie jedoch bei Bedarf die Hilfe von Fachleuten in Anspruch nehmen. Wenn Sie mit der eigenen Yacht unterwegs sind, dürfen Sie ankern, wo immer Sie wollen. Die meisten der 50 Marinas sind ganzjährig geöffnet und liegen in der Regel nicht weiter als eine Tagesreise von der jeweils nächsten entfernt. Ein wirkliches Naturerlebnis vermitteln die unbewohnten Inseln des Kornaten-Archipels nahe Zadar. Achten Sie jedoch auf die Bora, einen kräftigen Nordostwind.

Links: Ruhige See am Strand von Zlatni Rat bei Bol

Nützliche Websites

- www.jadrolinija.hr (Fährrouten und -zeiten)
- www.aci-club.hr (betreibt 21 Marinas)
- www.ayc.hr (Adriatic Yacht Charter)
- www.clubadriatic.com (Yacht Charter)
- www.croatia.hr (komplette Liste der Marinas, Charterangebote)
- www.sailcroatia.net (Chartern von Booten und Mannschaften)
- www.sailingholidays.com (Fahrten im Verband)

Nicht weit vom Innenhof des Sponza-Palastes in Dubrovnik erinnert ein Gedenkraum an die Opfer der Belagerung von 1991–92. Fotos von getöteten Jugendlichen, zerschossenen Gebäuden und der zerfetzten kroatischen Flagge schockieren viele Besucher, erinnern sie doch an die Realität eines fast schon vergessenen Krieges.

Wer den Sommer in einer der lebendigen Küstenstädte verbringt, wird kaum noch daran erinnert, dass das junge Land Kroatien sich noch immer von einem Krieg erholt, der das Land vor nicht viel mehr als einem Jahrzehnt zu zerreißen drohte. Wer jedoch nach Vukovar oder in die serbischen Dörfer bei Knin fährt, wird noch heute auf ausgebrannte Häuser und Einschusslöcher in den Fassaden treffen. Äußerlich nicht sichtbar sind die seelischen Verletzungen, die der Krieg hinterlassen hat. Die wenigen Kroaten und Serben, die in diesen Gegenden geblieben sind, erleben einen brüchigen Frieden; sie gehen getrennte Wege, verkehren in unterschiedlichen Bars und schicken ihre Kinder auf unterschiedliche Schulen.

Kroatien tut sich schwer, seine jüngste Geschichte zu verarbeiten. Das erste offizielle

Am 5. August 1995 an der Adria, kurz vor der Rückeroberung der strategisch wichtigen Stadt Knin durch die Kroaten

Der Bürger-krieg

Mahnmal entstand 2006 auf dem Mirogoj-Friedhof von Zagreb, es ersetzt eine Ziegelsteinsäule, die zum Gedenken von Angehörigen der Opfer errichtet worden war. Zeichen des Nationalismus sind allgegenwärtig, auch wenn die Politiker offiziell lieber in die Zukunft blicken und Kroatien als modernes, nach vorne blickendes europäisches Land beschreiben. Die Welt lässt sich jedoch nicht so leicht täuschen. Der Beginn der Beitrittsverhandlungen mit der Europäischen Union wurde 2005 zunächst aufgeschoben, weil das Land sich als unfähig erwies, flüchtige Generäle an das Internationale Kriegsverbrechertribunal in Den Haag zu überstellen. Viele als Kriegsverbrecher gesuchte Soldaten gelten in Kroatien immer noch als Helden.

> **»Viele als Kriegsverbrecher gesuchte Soldaten gelten in Kroatien immer noch als Helden.«**

Ende einer Ära

Im Rückblick erscheinen die Kriege von 1991–95 als die fast unvermeidliche Folge der Auflösung Jugoslawiens. Zusammengehalten wurde das Land von Präsident Tito (1892–1980), der als kroatischer Kommunist 1945 die Macht übernahm; Tito regierte 35 Jahre lang im Sinne eines Sozialismus, der einen eigenen Weg zwischen der Demokratie nach westlichem Vorbild und dem Sowjetkommunismus suchte. Sein Regime trug Züge einer Diktatur, manche persönlichen Freiheiten wurden jedoch gewährt. Durch diesen Druck blieben die verschiedenen Völker des Balkans – Kroaten, Serben, Slowenen, Makedonier, Bosnier, Albaner und andere – in einem gemeinsamen Staat vereint. Zehn Jahre nach Titos Tod brach Jugoslawien auseinander. Kroatien erklärte 1991 seine Unabhängigkeit und wurde daraufhin

»Zehn Jahre nach Titos Tod brach Jugoslawien auseinander.«

von Einheiten der pro-serbischen Jugoslawischen Volksarmee angegriffen. Unter dem Vorwand, die serbische Minderheit zu schützen, marschierten weitere Streitkräfte in die von Serben bewohnten Gebiete ein und gründeten die Republik Serbische Krajina in Knin. Es dauerte nicht lange, und die Serben kontrollierten

Einschusslöcher erinnern an den Krieg

ca. 600 v. Chr.
Griechen siedeln an der Adriaküste;
später folgen die Römer.
7. Jh.
Die slawischen Stämme der Serben
und Kroaten erreichen den Balkan.
925
Tomislav wird erster König der
Kroaten.
1094
Gründung von Zagreb.
1102
Kroatien wird ein Teil Ungarns.
14. Jh.
Venedig gewinnt an der Adria an
Einfluss. Gründung der Republik
Ragusa in Dubrovnik.
Jahrhundertelange Konflikte zwischen
Österreich-Ungarn, Venedig und dem
Osmanischen Reich folgen.
1527–1918
Kroatien (ohne Dalmatien) unter der
Herrschaft der Habsburger.
1918
Kroatien wird Teil des Königsreichs
der Serben, Kroaten und Slowenen
(später Jugoslawien).

1941–45
Das Marionettenregime der National-
sozialisten (Ustaše-Regime) übernimmt die Macht; Tito organisiert den
Widerstand als Partisanenkampf.
1945–80
Kommunistische Regierung unter Tito.
1990
Franjo Tuđman gewinnt die Wahlen
im Mehrparteiensystem.
1991
Kroatien erklärt seine Unabhängig.
Ausbruch des Krieges; Belagerung
von Dubrovnik und Vukovar.
1995
Ein Friedensabkommen beendet den
Krieg mit Serbien.
2000
Stjepan Mesić wird zum Präsidenten
gewählt.
2003
Ivo Sanader wird Premierminister.
2005
Erste Gespräche über einen EU-Bei-
tritt. Der kroatische General Ante
Gotovina wird als mutmaßlicher
Kriegsverbrecher angeklagt.

ein Drittel Kroatiens, vor allem
an den Grenzen zu Dalmatien
und Slawonien. Straßen- und
Eisenbahnverbindungen zwischen Zagreb und Split wurden
unterbrochen, und Kroaten
wurden systematisch aus ihren
Häusern vertrieben – die »eth-
nischen Säuberungen« hatten
begonnen. Mit dem Ende der
serbischen Besatzung 1995
kehrte sich die Lage um: Nun
flohen viele Serben. Obwohl
der Krieg 1995 als beendet
galt, wurden Teile von Ostsla-
wonien und die Stadt Vukovar
erst 1998 an Kroatien zurück-
gegeben.

Franjo Tuđman (1922–99),
ein ehemaliger jugoslawischer
General und glühender kroatischer Nationalist, wurde zum
ersten Präsidenten des unabhängigen Kroatiens gewählt. Sein
Nachfolger, Stjepan Mesić, ver-

**Bronzestatue
von Präsident
Tito in
Kumrovec**

tritt einen liberaleren, pro-westli-
chen Kurs; er verhandelt mit der
EU und kooperiert mit dem
Kriegsverbrechertribunal in Den
Haag. 2005 wurde er für weitere
fünf Jahre in seinem Amt bestä-
tigt. Ob er die Gespenster der
Vergangenheit endgültig bannen
kann, wird die Zukunft zeigen.

FKK-
nackte Tat-sachen

Wenn das Boot mit Touris ten an Bord in den Limski Kanal einfährt, zücken viele ihre Kameras und Ferngläser, um die Naturkulisse zu bewundern. Manche entdecken dabei mehr, als sie erwartet haben: Hier befindet sich eine der größten FKK-Kolonien Europas.

Nacktbaden hat in Kroatien Tradition. Der erste offizielle FKK-Strand wurde bereits 1934 in Rab eröffnet. Zwei Jahre später erhielten der englische König Edward VIII und seine Freundin Wallis Simpson die Erlaubnis, nackt in der Kandarola-Bucht zu baden. Seit jener Zeit sieht man die Freikörperkultur mit einer gewissen Gelassenheit.

Keine Berührungsängste

Während andere Länder den Nudismus tolerieren, solange er an abgelegenen Orten praktiziert wird, verhielt Kroatien sich weitaus aufgeschlossener: Bereits in den 1960er-Jahren entstanden hier Europas erste kommerzielle Nudisten-Resorts. Koversada, 1961 auf einer kleinen Insel bei Vrsar gegründet, hat sich zu einer riesigen Anlage entwickelt; 7000 Menschen finden hier Unterkunft. Man trifft sich in Restaurants, Läden und auf Tennisplätzen, spielt Minigolf, Beachvolleyball oder man mietet Segelboote. Und dies ist nur die größte unter 30 ähnlichen FKK-Anlagen; viele davon liegen in Istrien. Außerdem ist das Adams-

kostüm an Hunderten der meist etwas abgelegenen Strände oder
Buchten der Adriaküste erlaubt. Je weiter man sich von den Touristenorten entfernt, desto eher wird Nacktheit akzeptiert. Wer
sich in einem belebten Hafen erkundigt, findet fast immer ein
Schiff, das Interessierte zu FKK-Stränden auf einer nahe gelegenen Insel befördert. Auch an den großen Stränden sind oft Abschnitte für FKK-Anhänger reserviert.

Ohnehin verschwimmen die Unterschiede zwischen Nudisten
und »Textilträgern« in Kroatien allmählich. Rund 10 % der »nor-
malen« Touristen liegen gelegentlich einmal nackt in der Sonne,
und Frauen, die »oben ohne« baden, erregen kein Aufsehen
mehr. Und während FKK-Strände früher strikt darauf achteten,
dass sämtliche Badegäste unbekleidet blieben, darf man dort
heute sogar seine Kleidung anbehalten. Sollten Sie einen FKK-
Strand besuchen, ohne sich auszuziehen, denken Sie aber daran:
Leute anzustarren ist grob unhöflich, und fotografieren sollten
Sie auf gar keinen Fall.

**Die meisten
kroatischen
Strände – wie
hier Bol auf der
Insel Brač –
reservieren ein
Teilstück für
FKK-Anhänger**

Highlights
auf einen Blick

Zehn ganz besondere Erlebnisse

• Ein Rundgang auf der Stadtmauer von Dubrovnik (➤ 148).
• Der Blick vom Meer auf Rovinj – die Rundfahrt mit dem Boot beginnt in Crveni Otok (➤ 98).
• Der abendliche *korzo* in Zagreb (➤ 47).
• Ein Glas Prošek an einem Sommerabend am Strand trinken.
• Ein Konzertbesuch im römischen Amphitheater in Pula (➤ 112).
• Ruhe finden auf einem abgelegenen Hof in der Region Zagorje (➤ 86) oder im Naturpark Lonjsko Polje (➤ 85).
• Eine Kreuzfahrt durch die unbewohnte Inselgruppe der Kornaten (➤ 134).
• Rückkehr zur Natur – ohne die Last der Kleidung an einem der vielen FKK-Strände in Kroatien (➤ 12f).
• Eine Wanderung im Gebiet der Plitvicer Seen (➤ 70ff).
• Die Fahrt mit der Fähre von Split zu einer Adriainsel.

Links: Makarska

Oben: Die Stadtmauer von Dubrovnik

Oben rechts: *pršut*, Käse und Brot

Fünf ungewöhnliche Hotels

• Pucić Palace, Dubrovnik (➤ 158)
• Villa Dubrovnik (➤ 159)
• Villa Angelo d'Oro, Rovinj (➤ 109)
• Mozart, Opatija

(➤ 108)
• Livadić, Samobor (➤ 86)

Zehn Köstlichkeiten zum Probieren

• *Pršut*: geräucherter Schinken aus Istrien oder Dalmatien, ähnlich dem italienischen
• *Paški sir*: streng schmeckender Schafskäse von der Insel Pag
• *Čevapčići*: beliebte Mischung aus gegrillter Fleischpastete, rohen Zwiebeln, Brot und *ajvar* (Auberginen- oder Pfefferwürze)
• *Crni rižot*: schwarzes Risotto mit Tintenfisch-Tinte
• *Brudet*: dalmatinischer Fischeintopf
• *Pasticada*: Kalbfleisch, in süßem Wein gekocht
• Trüffeln aus Istrien
• Austern aus Ston
• Dingač-Rotwein von der Halbinsel Pelješac
• *Biska*: Mistelbrandy aus Istrien

Die schönsten Strände

Leider besitzt Kroatien kaum Sandstrände – die Küste besteht zumeist aus Felsen, Kiesstränden oder aus eigens angelegten Plattformen aus Beton, von denen Stufen ins Meer hinabführen. Der bekannteste Strand ist Zlatni Rat auf Brač (➤ 126ff), ein beeindruckender Kiesstrand vor der Kulisse von Kiefernwäldern. Die Strände an der Makarska Rivijera (➤ 136) bestehen teils aus Kieseln, teils aus Sand und sind daher für Kinder geeignet. Empfehlenswerte Sandstrände gibt es in:
• Baška auf der Insel Krk (➤ 107)
• Lopar auf der Insel Rab (➤ 107)
• Sabunike bei Nin (➤ 133)
• Lovrečina auf der Insel Brač (➤ 128)
• Saplunara auf der Insel Mljet (➤ 151)
• Prižna auf der Insel Korčula (➤ 154)
• Šunj bei Lopud auf den Elaphitischen Inseln (➤ 156)

Urlaub auf dem Bauernhof

Živko Matoševiğ keltert seinen Wein im Dorf Kloštar in Istri-
en. Miroslav Ravliğ hält Schweine in den Flussauen des Naturparks Lonjsko Polje bei Zagreb. Die beiden Männer kennen
sich nicht persönlich, doch unterstützen beide ein Programm,
Touristen das Land auf eine neue Weise nahe zu bringen ...

Früher verbrachten die meisten Urlauber ihre Zeit in einem der großen Hotels für Pauschaltouristen – sie lagen tagsüber am Strand, hockten abends in der Bar und nahmen das Land außerhalb der Hotel-anlage kaum zur Kenntnis. Als der Tourismus infolge des Krieges von 1991–95 völlig

Das ländliche Zagorje

zum Erliegen gekommen war,
wagten viele Kroaten einen
Neuanfang. Heute lautet das
Motto »Ländlicher Touris-
mus«, und viele Einheimische
haben ihre Häuser für Gäste
aus dem Ausland geöffnet.

Agrotourismus

Agrotourismus haucht dem
ländlichen Kroatien neues Leben ein. Eine junge Generation zieht aufs Land, restauriert verfallene Höfe in alten,
verlassenen Dörfern und betreibt eine naturnahe Land-
wirtschaft. Wer ins Landesinnere fährt, entdeckt Schilder
mit Hinweisen auf *agroturizam*, *seoski turizam* oder *sel-
jački turizam* – was ungefähr
das Gleiche meint: Urlaub auf
dem Land, egal, ob in einem
kleinen Bauernhaus oder gar
in einem Gutshaus, das in ein
luxuriöses Landhotel umgewandelt wurde.

In Istrien ...

In Istrien ist der Agrotourismus am weitesten entwickelt.
Das liegt vor allem am Enga-
gement der örtlichen Frem-
denverkehrsämter, die Wein-
und Olivenstraßen erfunden
haben und Gäste mit schönen
Fahrradrouten ins Landes-
innere locken. Eine Broschüre
mit Urlaubsangeboten auf
dem Land wird jährlich neu
gedruckt und verteilt
(www.istra.com/agroturizam).

Mit seinen Olivenhainen,
den Weingärten und seinen
Hügeldörfern im toskanischen
Stil gibt Istrien das perfekte
Agrotourismus-Ziel ab – zumal das Meer nirgendwo weit
entfernt ist. Hier kann man
nach einem Tag am Strand ins
gemütliche Bauernhaus zu-
rückkehren, ein Abendessen
aus frischen Zutaten genießen
und vielleicht sogar den hei-
mischen Wein aus dem Keller
des Besitzers oder ein Glas
Kräuterschnaps kosten.

Eine Dorfkirche
in der Region
Zagorje

... und anderswo

Auch andernorts beginnt man
sich auf den Agrotourismus
einzustellen; etwa in der Region Zagorje, in den Dörfern
rund um die Plitwitzer Seen,
in der Baranja-Region im
nordöstlichen Slawonien oder
bei den Feuchtgebieten von
Kopački Rit. Auch auf einigen
der größeren Inseln findet
man Angebote des ländlichen
Tourismus, etwa auf
Korčula und Hvar.
Einige Ein-
richtungen
werben mit
Mietpferden
und Fahrrad-
verleih, andere
lassen ihre Gäste
am Alltag teil-
haben. Der Komfort
ist unterschiedlich,
allen Häusern ge-
meinsam ist jedoch,
dass sie einen Einblick
ins Landleben vermitteln.

Leuchttürme

Wenn Sie einmal alles hinter sich lassen wollen – warum dann nicht in einem Leuchtturm an der Adria Urlaub machen? Insgesamt elf Leuchttürme wurden in Apartments für zwei bis acht Personen umgewandelt. Alle verfügen über Strom und Gas, warmes und kaltes Wasser, Fernseher und eine Küche. Drei der Leuchttürme – in Makarska, Poreč und Savudrija – stehen auf dem Festland in der Nähe von Läden und Restaurants; der Turm von Savudrija im Norden von Istrien stammt von 1818 und ist der älteste in Kroatien. Alle anderen befinden sich auf Inseln. Der Leuchtturm von Palagruža (1875) erhebt sich 90 m über dem Meer, er steht auf der abgelegensten Adriainsel rund 70 km von Vis entfernt, auf halbem Weg nach Italien. Die kleine Insel misst 1400 m mal 300 m und besitzt einen eigenen Strand; man kann dort hervorragend angeln. Die Überfahrt dorthin lässt sich von Korčula oder Split aus arrangieren, aber wenn man einmal dort ist, ist man völlig auf sich selbst gestellt. Im Notfall kann der Gast per Mobiltelefon ein Schiff oder einen Hubschrauber rufen. Der Turm besitzt zwei Apartments für jeweils vier Personen; ansonsten leistet nur der Leuchtturmwärter den Gästen Gesellschaft. Leuchttürme bucht man unter www.lighthouses-croatia.com.

ARCHITEKTUR

Die architektonische Vielfalt Kroatiens ist ein Erbe der Geschichte; Einflüsse kamen vor allem aus den Kulturzentren Venedig und Wien.

Rom

Die Römer eroberten die Adriaküste im 1. Jh. v. Chr., gründeten ihre Provinz Dalmatien und errichteten Städte wie Pula und Zadar. Kaiser Diokletian wurde 245 in Salona (dem heutigen Split) geboren; im Ruhestand zog er sich später dorthin zurück.

Highlights
• Amphitheater (Arena) in Pula (➤ 101)
• Tempel von Pula (➤ 102)
• Diokletianpalast (➤ 123)

Byzanz

Später fiel Kroatien unter die Herrschaft von Byzanz; das Christentum wurde Hauptreligion. Slawische Stämme aus der Ukraine bekehrten sich zur christlichen Religion; ihre Kirchen zeigen griechischen, römischen und keltischen Einfluss.

Highlights
• Mosaiken in der Euphrasius-Basilika in Poreč (➤ 94f)

Klassizistische Architektur in Opatija

- Donatuskirche in Zadar
(➤ 133)
- Heilig-Kreuz-Kirche in Nin
(➤ 133)

Venedig

Die prächtigsten Gebäude an der dalmatinischen Küste stammen aus der Zeit der venezianischen Herrschaft (14.–18. Jh.). Meisterhafte Architekten wie etwa Juraj Dalmatinac (ca. 1400–73) oder Nikola Firentinac (ca. 1440–1505) verwenden Formen, die den Übergang von der Gotik zur Renaissance

Architektur ansonsten der venezianischen ähnelt. Ein großer Teil Dubrovniks wurde 1667 bei einem Erdbeben zerstört; der einheitliche Charakter der heutigen Stadt hängt mit ihrem Wiederaufbau zusammen.

Highlights
- Kathedrale von Šibenik
(➤ 134)
- Kathedrale von Trogir
(➤ 121)
- Arsenal und Theater auf Hvar (➤ 129ff)

markieren. Der Sponza-Palast und der Rektorenpalast in Dubrovnik sind gute Beispiele dafür.

Die meisten Küstenstädte besitzen Loggien im venezianischen Stil, erkennbar am geflügelten Löwen des hl. Markus, dem Wappentier Venedigs. Dubrovnik löste sich bereits 1358 von Venedig und wurde der Stadtstaat Ragusa; deshalb fehlt dort der Löwe, auch wenn die

Barock

Der üppige Barockstil mit seinen farbenprächtigen Fassaden war im 18. Jh. vor allem in Nordkroatien beliebt. Der Barockstil blühte vor allem in Varaždin, das sogar für kurze Zeit die Hauptstadt Kroatiens war.

Highlights
- Varaždin (➤ 76f)
- Tvrđa in Osijek (➤ 83)
- Eltz-Palast in Vukovar
(➤ 83)

Oben links: Römische Säulen und Bögen in Pula

Oben: Der Rektorenpalast in Dubrovnik

Oben rechts: Die Donatkirche von Zadar

Rechts: Barocke Architektur in Varaždin

Das 19. Jahrhundert

Das Ende der Habsburger-Zeit
ist gekennzeichnet durch
grandiose öffentliche Bauten,
die noch einmal die Formen-
sprache der Antike, der Gotik,
Renaissance und des Barock
aufgreifen. Die schönsten
Beispiele stehen in der Donji
Grad (Unterstadt) in Zagreb.

Highlights

- Trg Bana Jelačića, Zagreb
(➤ 46ff)
- Kroatisches Nationaltheater,
Zagreb (➤ 64)
- Villen an der Küste und die
Uferpromenade von Opatija
(➤ 105)

Die Stadtmauer von Dubrovnik

Die Wiederherstellung der Stadtbefestigung von Dubrovnik ist eine der großen
Leistungen des modernen Kroatien. Während der Angriffe auf Dubrovnik 1991/92
wurden die Mauern von Geschossen getroffen. Heute spazieren wieder Touristen
über die Befestigung der von der Unesco geschützten Weltkulturerbe-Stadt, und
sie entdecken kaum noch Spuren dieses Krieges.

Die Stadtmauer stammt aus dem 15. Jh. und wurde nach dem Fall von Konstantinopel im Jahr 1453 erbaut. Mit ihr wollte sich die Republik Ragusa vor dem
Osmanischen Reich schützen. Die Haupttürme entwarf Michelozzo Michelozzi
(1396–1472), Chefarchitekt der Medici in Florenz; auch Juraj Dalmatinac,
Architekt der Kathedrale von Šibenik, war beteiligt. Die bis zu 25 m hohen
Mauern, verstärkt durch zwei Festungsbauten vor dem Pile- und dem Ploče-Tor,
wurden erst 1806 von Napoleons Truppen überwunden. Der Beschuss der Stadt-
mauer im Jahr 1991 lenkte den Blick der Weltöffentlichkeit auf den Krieg in
Kroatien; nach dem Friedensschluss wurden internationale Mittel für die
Restaurierung bereitgestellt.

Wildes Kroatien: tiefe Flüsse, hohe Berge

Berge, Seen, Flüsse, Wasserfälle, Wälder, Schluchten und das blaue Meer – wer all diese spektakulären Landschaften liebt, kommt in Kroatien sicher auf seine Kosten.

Rund 40 % Kroatiens sind Bergland; der graue Kalkstein und die rauen Gipfel der Dinarischen Alpen bilden eine natürliche Grenze zu Bosnien und gleichzeitig die dramatische Kulisse der Adriaküste. Höchste Erhebung ist die Dinara (1831 m) bei Knin. Die zerklüfteten, mit unterirdischen Flüssen und Höhlen durchsetzten Dinarischen Alpen erstrecken sich bis zum Meer; ihre versunkenen Gipfel bilden heute die karge Insel-

welt von Pag und den Kornaten. Weitere 30 % des Landes sind von Eichen-, Kiefern-, Tannen-, Buchen- und Fichtenwäldern bedeckt.

Bereits 1949 wurden die Plitzwitzer Seen zum ersten Nationalpark erklärt. Mittlerweile sind acht Nationalparks (➤ 25) zum Schutz der Tierwelt eingerichtet worden; die touristische Nutzung wird sorgsam kontrolliert. Darüber hinaus wurden zehn Naturparks ausgewiesen, darunter Kopački Rit (➤ 78f), die Überschwemmungsebenen von Lonjsko Polje (➤ 80f) und der Berg Medvednica (➤ 59) nördlich von Zagreb. Naturparks unterliegen weniger strengen Schutzbestimmungen, und Besucher haben in der Regel freien Zutritt; Nationalparks erheben Eintrittsgebühren.

Die Tierwelt

• Neben Bären (siehe unten) leben noch andere große Säugetiere in den Bergen und Wäldern Kroatiens, beispielsweise Luchs, Wolf und Wildschwein. Mit viel Glück entdeckt man sie in den Nationalparks Plitwitzer Seen, Nördlicher Velebit und Risnjak. Rothirsche und Rehe sind ebenfalls weit verbreitet, und im Nationalpark Biokovo hinter Makarska begegnet man dem Mufflon. Ebenfalls häufig

Bären in Kroatien

Schätzungsweise 400 bis 600 europäische Braunbären leben in den Bergen von Gorski Kotar und Velebit und in den Nationalparks Plitwitzer Seen und Risnjak. Der Braunbär ist der größte auf dem Land lebende Fleischfresser; er kann bis zu 300 kg wiegen, die meisten Tiere erreichen jedoch nur 100–150 kg. Es ist eher unwahrscheinlich, dass man als Besucher einem Bären begegnet, denn die Tiere sind recht scheu und wagen sich nur nachts auf der Suche nach Nahrung in weitere Regionen. Die meisten Tiere halten einen dreimonatigen Winterschlaf, doch gelegentlich sind ihre Spuren im Schnee zu entdecken. Obwohl Bären in anderen Teilen Europas ausgestorben sind, ist die Jagd auf sie in Kroatien außerhalb der Nationalparks erlaubt. In guten Restaurants oder Delikatessenläden findet man deshalb mitunter geräuchertes Bärenfleisch oder Bärenpastete.

anzutreffen ist der Baummarder *(kuna)*, der sich von kleinen Nagetieren und Vögeln ernährt. Sein Name wird sogar für die kroatische Währung verwendet.

• Zu den Greifvögeln zählen der Goldadler und der Wanderfalke, die vor allem in den Bergregionen von Paklenica und im nördlichen Velebit vorkommen. Auf der Insel Cres lebt eine Kolonie Gänsegeier. In den Feuchtgebieten Nordkroatiens nisten im Frühling und Sommer Schwarz- und Weißstörche, vor allem in den Feuchtgebieten der Lonjsko Polje; dort kann man auch Reiher und Kormorane beobachten.

• Vor der Adriaküste sind Delfine ein gewohnter Anblick; rund 200 Große Tümmler leben in den Gewässern rund um die Inseln Cres und Lošsinj.

Naturerlebnisse

Kroatien ist ein Paradies für Wanderer, Bergsteiger,

Radfahrer, Kanuten, Segler, Taucher und Extremsportler – kurz, für alle, die sich gern in der Natur aufhalten. Bergwanderer finden ein gut ausgeschildertes Wegenetz und ausreichend Berghütten vor. Die tieferen Lagen sind hervorragend für gemütlichere Wanderungen geeignet; höher hinauf sollten sich jedoch nur erfahrene Kletterer wagen. Selbst im Sommer, wenn die Badegäste sich am Strand sonnen, kann in den Bergen Schnee fallen. Im Winter herrscht in den Höhen eisige Kälte, Temperaturen unter 0 °C sind die Regel. Wer eine Bergwanderung plant, sollte

sich gründlich vorbereiten. Für leichtere Wanderungen eignen sich die Berge von Medvednica nördlich von Zagreb oder die Hügel von Žumberak-Samoborsko Gorje zwischen Samobor und der slowenischen Grenze.

Felskletterer kommen in den Nationalparks Paklenica und Nördliches Velebit auf ihre Kosten. Paklenica mit seinen zwei Kalksteinschluchten bietet über 400 Kletterrouten

in allen Schwierigkeitsgraden; eine steile Felswand am Eingang der Schlucht wird gern von Anfängern genutzt. Alpines und freies Klettern ist auch auf den Inseln Brač, Mljet und Vis sowie im Waldschutzgebiet Zlatni Rt bei Rovinj möglich.

Kanu- und Kajakfahren ist ebenso populär wie Wildwasserfahren; Bootsverleiher bieten Fahrten auf den Flüssen Kupa, Dobra, Zrmanja und Cettina an.

Bei erfahrenen Kanuten hat der Fluss Una an der Grenze zu Bosnien einen guten Ruf; das Wildwasser dort hat die Schwierigkeitsgrade 4 und 5.

Eines der Top-Ziele für Rafter und Kanuten ist Omiš, das an der Mündung des Flusses Cetina liegt. Hierher kommt, wer vor allem an der Makarska Rivijera oder auf den zentraldalmatinischen Inseln Urlaub macht und Natur pur genießen und erleben möchte.

Endlich angekommen!

Mit etwas Glück entdeckt man in der Höhe kreisende Goldadler, aus der Nähe bekommt man sie aber praktisch nie zu Gesicht

Nationalparks

- Nacionalni Park Brijuni (► 99)
- Nacionalni Park Kornati (► 134)
- Nacionalni Park Krka (► 118)
- Nacionalni Park Mljet (► 150)
- Nacionalni Park Plitvička Jezera (► 70)
- Nacionalni Park Risnjak (► 105)

Die Schwerttänzer

So beginnt die Geschichte der *moreška*, des ritualisierten Schwerttanzes, der im 16. Jh. die Insel Korčula erreichte. Die Ursprünge dieses Tanzes liegen im Dunkeln; der Name geht auf die italienische und spanische Bezeichnung für die Mauren zurück. Bei der *moreška* handelt es sich um eine Art Schaukampf zwischen Muslimen und christlichen Soldaten, der seit der Zeit der Kreuzzüge im Mittelmeerraum immer populär war. Auf Korčula ließ sich dieser Kampf gut auf die örtliche Situation

beziehen, denn die damaligen venezianischen Herrscher waren einer ständigen Bedrohung durch das Osmanische Reich im Osten ausgesetzt.

Die Geschichte handelt von Gut und Böse, und natürlich siegt am Ende der Gute. Zu Anfang zerrt der Schwarze König die hübsche Muslimin Bula in Ketten über die Bühne. Er will sie zwingen, seine Liebe zu erwidern; das Mädchen weist ihn jedoch zurück, da es Osman, den (rot gekleideten) Weißen König liebt.

Am Ende bringen beide Könige ihre Truppen in Stellung, und der Tanz beginnt. Von Musik begleitet, formen die Tänzer einen Kreis und führen einen stark stilisierten

von Korčula

Kriegstanz auf, wobei sie mit den Schwertern genau festgelegte Bewegungen vollführen. Jede Art der Attacke hat ihren eigenen Rhythmus, und beim furiosen Finale sprühen die Schwerter regelrecht Funken, wenn die Armee des Schwarzen Königs auf einen immer kleineren Kreis in der Mitte gedrängt wird und schließlich besiegt zu Boden sinkt. Der Schwarze König überreicht dem Sieger sein Schwert, und der Weiße König befreit Bula von ihren Ketten und küsst sie.

Gegen Ende des Zweiten Weltkriegs war die *moreška* praktisch ausgestorben, und nur noch wenige Bewohner von Korčula erinnerten sich an den Tanz. Einige Bürger sorgten jedoch zusammen mit dem Dirigenten des städtischen Orchesters für die Wiederbelebung der Tradition. Heute ist der Schwerttanz eine beliebte Touristenattraktion; im Juli und August finden überall auf der Insel Schwerttänze statt, darunter die *moreška* in der Stadt Korčula und ähnliche *Kumpanija*-Tänze in Blato, Smokvica und Vela Luka.

An Sommerabenden führt die Sveta-Cecilija-Tanzgruppe montags und donnerstags die *moreška* auf einer Bühne vor dem Landtor auf. Das Ereignis sollte man sich nicht entgehen lassen – zumal die modernen Aufführungen nur angenehme 45 Minuten anstelle der früher üblichen zwei Stunden dauern.

Gegenüber und links: *Moreška*-**Aufführungen finden im Sommer überall auf Korčula statt**

Sportler aus Split

Im Juli 2001 strömten über 100 000 Menschen an der Küste bei Split zusammen, um die Heimkehr eines Helden zu bejubeln, der einen der überraschendsten sportlichen Erfolge der jüngeren Vergangenheit errungen hatte.

Goran Ivanišević wurde 1971 in Split als Sohn eines Ingenieurs geboren. Als Jugendlicher war er ein begeisterter Fußballer und gewann Crosscountry-Rennen, doch schon bald wurde deutlich, dass er ein besonderes Talent für das Tennisspiel besaß. Mit 17 Jahren begann er seine Profikarriere, und schon 1992 kletterte er auf Platz zwei der Weltrangliste. In jenem Jahr trug er bei den Olympischen Spielen in Barcelona die kroatische Flagge.

Der große, gut aussehende Ivanišević stand häufig im Mittelpunkt der Berichterstattung; sein Temperament war nicht weniger gefürchtet als sein Aufschlag. Trotz seines Talents schien ihm der ganz große Durchbruch verwehrt zu bleiben. In den 1990er-Jahren erreichte er dreimal das Finale in Wimbledon, ohne die Trophäe zu gewinnen.

Der kroatische Tennisstar Goran Ivanišević

Für ein kleines Land mit nur 4,5 Millionen Einwohnern hat Kroatien seit der Unabhängigkeit erstaunliche sportliche Erfolge zu verzeichnen:
• Die Fußballnationalmannschaft erreichte nach einem 3:0-Sieg über Deutschland bei der Weltmeisterschaft von 1998 den dritten Platz; erst im Halbfinale verlor sie gegen den Gastgeber Frankreich.
• Die Handballmannschaft der Herren siegte bei den Olympischen Spielen 1996 und 2004 und gewann die Weltmeisterschaft 2003.
• Die Basketballer holten 1992 olympisches Silber; im Finale unterlagen sie dem »Dream Team« der USA.
• Die Skiläuferin Janica Kostelić gewann bei der Winterolympiade 2002 als erste Läuferin drei Goldmedaillen sowie eine weitere bei den Olympischen Spielen 2006, wodurch sie zur erfolgreichsten weiblichen Skiläuferin aller Zeiten wurde.

Praktisch chancenlos

2001 war er schon auf Platz 125 der Weltrangliste zurückgefallen, als ihm die Veranstalter von Wimbledon mit einer »Wild Card« eine allerletzte Chance gaben. Niemand rechnete mit ihm, doch nach erfolgreichen Vorrundensiegen schlug er immerhin Tim Henman im Halbfinale. Das spannende Finale wurde ein echter Klassiker: Ivanišević siegte mit 9:7 im fünften und letzten Satz gegen den Australier Patrick Rafter. »Dies ist der größte Tag meines Lebens – ich bin überglücklich, auch wenn ich nie wieder ein Spiel gewinnen sollte«, erklärte er unter Tränen.

Mitstreiter und Nachfolger

Ivanišević war der einzige über eine »Wild Card« zugelassene Spieler, der jemals Wimbledon gewann. Doch er ist nicht der einzige kroatische Tennisstar: Iva Majoli hatte bereits 1997 die French Open gewonnen. Die Erfolge haben den Nachwuchs inspiriert. In jüngster Zeit machten Ivan Ljubičić, ein Kriegsflüchtling aus Bosnien, sowie Mario Ančić, der als Kind mit Ivanišević trainierte, als Stars des kroatischen Teams, das den Davis Cup 2005 gewann, von sich reden. Anfang 2007 sind beide Spieler in der Weltrangliste unter den Top Ten platziert.

Der Kroate Blazenko Lackovicin im Handballfinale gegen Deutschland bei den Olympischen Spielen in Athen 2004

Wussten Sie ...

... dass

Kroatien auf Kroatisch Hrvatska heißt?

... dass

2006 fast 8 Millionen ausländische Touristen Kroatien besuchten? Die Mehrzahl kam aus Deutschland, Italien, Österreich, Slowenien und der Tschechischen Republik.

... dass

Kroatien 4,5 Millionen Einwohner hat, von denen eine Million in und um die Hauptstadt Zagreb lebt? Ähnlich viele Kroaten leben im Ausland, davon über eine Million in den USA und Kanada.

... dass

das Tuch, das die kroatischen Offiziere im 30-jährigen Krieg trugen, aus einem Seidenschal hervorgegangen ist? Am Hof Ludwigs XIV. kopierte man diesen Stil; aus der Mode à la croate wurde die Krawatte.

... dass

das Weiße Haus in Washington seine Farbe dem Stein von der Adriainsel Brač verdankt?

... dass

die Hollywoodstars Sharon Stone und John Malkovich Häuser an der dalmatinischen Küste besitzen?

... dass

der berühmte Entdecker Marco Polo (1254–1324) möglicherweise von der Insel Korčula stammt?

... dass

die Maßeinheit für magnetische Induktion nach dem kroatischen Ingenieur Nikola Tesla (1856–1943) benannt ist?

... dass

die berühmten gefleckten Hunde tatsächlich nach der Landschaft Dalmatien benannt wurden, auch wenn sie vermutlich gar nicht von dort stammen?

... dass

der Kroate Slavoljub Penkala (1871–1922) vermutlich den ersten mechanischen Stift und den Füllfederhalter erfunden hat?

Erster
Überblick

Ankunft

Mit dem Flugzeug

Der internationale Flughafen von Zagreb ist der wichtigste des Landes und über das Streckennetz von Croatia Airlines mit allen großen europäischen Metropolen verbunden. Im Sommer landen die meisten Besucher allerdings auf den Flughäfen an der Küste – in Dubrovnik, Split, Zadar, Rijeka und Pula.

Zagreb

- Der Flughafen liegt 17 km südlich der Stadt in **Pleso**.
- In der **Ankunftshalle** finden Sie u.a. eine Bank, Geldautomaten, ein Postamt und die Schalter der Mietwagenfirmen.
- Ein- bis zweimal pro Stunde fährt ein **Zubringerbus** von Croatia Airlines nach Zagreb. Fahrkarten zum Preis von 30 Kn sind im Bus erhältlich; die Fahrt dauert 30 Minuten und endet an einem Haltepunkt neben dem Busbahnhof. Von dort aus geht man 20 Minuten zu Fuß in die Innenstadt oder fährt mit der Straßenbahnlinie 6 zum Trg Bana Jelačića.
- Eine **Taxifahrt** vom Taxistand vor der Ankunftshalle ins Zentrum von Zagreb kostet 200–250 Kn.

Dubrovnik

- Der Flughafen liegt 20 km südlich der Stadt in **Čilipi** bei Cavtat.
- In der **Ankunftshalle** finden Sie u.a. eine Bank, Geldautomaten, ein Postamt und die Schalter der Mietwagenfirmen.
- Die **Zubringerbusse** von Atlas setzen ihre Passagiere am Busbahnhof vor dem Pile-Tor ab, dem wichtigsten Zugang zur Altstadt. Die Fahrt dauert 30 Minuten und kostet 35 Kn; Fahrkarten sind im Bus erhältlich.
- Eine **Taxifahrt** ins Zentrum von Dubrovnik kostet ca. 200 Kn, eine Fahrt nach Cavtat 100 Kn.

Split

- Der Flughafen liegt 25 km westlich der Stadt in **Kaštela** bei Trogir.
- In der **Ankunftshalle** finden Sie u.a. eine Bank, Geldautomaten, ein Postamt und die Schalter der Mietwagenfirmen.
- Die **Zubringerbusse** von Croatia Airlines setzen ihre Passagiere an der Uferpromenade Riva ab. Die Fahrt dauert 30 Minuten und kostet 30 Kn; Fahrkarten sind im Bus erhältlich.
- Eine **Taxifahrt** ins Zentrum von Split kostet etwa 200–250 Kn.

Flughafeninformationen

Zagreb
Tel. 01 456 22 22; www.zagreb-airport.hr
Dubrovnik
Tel. 020 77 31 00; www.airport-dubrovnik.hr
Split
Tel. 021 20 35 55; www.split-airport.hr
Zadar
Tel. 023 20 58 00; www.zadar-airport.hr
Rijeka
Tel. 051 84 21 32; www.rijeka-airport.hr
Pula
Tel. 052 53 01 05; www.airport-pula.hr

Auf dem Landweg

- Von allen vier Nachbarländern (Slowenien, Ungarn, Bosnien-Herzegowina und Serbien-Montenegro) ist eine **Einreise über Land** möglich.
- Wer **über Italien** anreist, durchquert vor der kroatischen Grenze zunächst das Staatsgebiet Sloweniens.
- Für **Staatsbürger aus EU-Ländern**, die über Ungarn oder Slowenien einreisen, sind die Grenzformalitäten auf ein Minimum beschränkt.
- Wer **mit dem eigenen Auto** einreist, muss seinen Führerschein, eine grüne Versicherungskarte und die Fahrzeugpapiere bzw. einen Eigentumsnachweis mitführen. Ist das Auto gemietet, muss auf dem Mietwagenvertrag vermerkt sein, dass die Versicherung des Fahrzeugs auch in Kroatien gültig ist.
- **Busse aus dem europäischen Ausland** fahren in der Regel den zentralen Busbahnhof von Zagreb an. Von dort geht man 20 Minuten zu Fuß in die Innenstadt oder fährt mit der Straßenbahnlinie 6 zum Hauptplatz.
- **Mit dem Zug** bestehen u.a. von **Venedig, Wien und Budapest** Direktverbindungen nach Zagreb. Vom Hauptbahnhof geht man 10 Minuten zu Fuß in die Innenstadt oder fährt mit den Straßenbahnlinien 6 oder 13.

Mit dem Schiff

Von Italien aus fahren **Personen- und Autofähren** nach Zadar, Split und Dubrovnik, im Sommer auch nach Pula und Rovinj in Istrien sowie auf die beliebtesten Ferieninseln. Außer in Dubrovnik liegen alle Häfen in unmittelbarer Nähe des Stadtzentrums. Vom Dubrovniker Hafen Gruž fahren die Buslinien 1A und 1B zum Busbahnhof am Pile-Tor.

Touristeninformationen

In allen größeren Orten – insbesondere an der Küste – gibt es **Touristeninformationen**. Die Angestellten sprechen in der Regel gut Deutsch und Englisch und halten meist kostenlose Stadtpläne und Informationsbroschüren bereit. Neben den offiziellen Büros finden sich vielerorts auch **private Agenturen**, die besonders bei der Vermittlung von Privatunterkünften und beim Buchen von Ausflügen wertvolle Dienste leisten. Die größte dieser Agenturen ist die im ganzen Land tätige Atlas (www.atlas-croatia.com) mit Sitz in Dubrovnik (Tel. 020 42 22 22).

Zagreb
Trg Bana Jelačića 11
01 481 40 51; www.zagreb-touristinfo.hr
Dubrovnik
Stradun
020 32 15 61; www.tzdubrovnik.hr
Split
Peristil
021 34 56 06; www.visitsplit.com
Pula
Forum 3
052 21 91 97; www.pulainfo.hr

Eintrittspreise

Die Eintrittspreise für die hier vorgestellten Museen und Sehenswürdigkeiten sind in folgende Kategorien unterteilt:

Preiswert: unter 20 Kn
Mittel: 20–40 Kn
Teuer: über 40 Kn

Unterwegs in Kroatien

Mit dem Auto unterwegs

• Wer **mit dem eigenen Fahrzeug** nach Kroatien reist, muss seinen Führerschein, die grüne Versicherungskarte und die Fahrzeugpapiere mitführen.
• An Flughäfen sowie in allen Ferienorten und größeren Städten gibt es Büros von **Mietwagenfirmen**. Wer ein Auto mieten will, muss über 21 Jahre alt sein und seinen Pass, den Führerschein und eine Kreditkarte vorweisen.
• Am günstigsten ist der **Preis für einen Mietwagen**, wenn man diesen vorab im Internet bei einer der großen internationalen Firmen (siehe unten) bucht. Wird das Auto nur für ein paar Tage benötigt, so ist eine kroatische Autovermietung möglicherweise günstiger; prüfen Sie aber sorgfältig deren Versicherungsbedingungen und die Höhe der Selbstbeteiligung im Schadensfall.
• Behalten Sie **Pass, Führerschein und Mietunterlagen stets bei sich**, und lassen Sie diese nie unbeaufsichtigt im Wagen liegen.

Autovermietungen

Budget: Tel. 01 480 56 88; www.budget.hr
Europcar: Tel. 01 626 50 08; www.europcar.hr
Hertz: Tel. 01 484 67 77; www.hertz.hr
Holiday Autos: www.holidayautos.com
National: Tel. 021 39 90 43; www.nationalcar.hr
Sixt: Tel. 01 621 99 00; www.sixt.hr

Wichtige Verkehrsregeln

• Es herrscht **Rechtsverkehr**.
• Alle Insassen müssen **angeschnallt** sein.
• **Kinder unter 12 Jahren** müssen **hinten** sitzen.
• Die Benutzung eines **Handys** beim Fahren ist verboten.
• Die **Scheinwerfer** müssen immer eingeschaltet sein.
• **Zulässige Höchstgeschwindigkeit:** Ortschaften 50 km/h, Landstraßen 80 km/h, Schnellstraßen 110 km/h, mautpflichtige Autobahnen 130 km/h. Autos mit Wohnwagen dürfen nicht schneller als 80 km/h fahren.
• Die **Alkoholgrenze** liegt seit 2004 bei 0,0 Promille. Damit ist auch nach ganz geringfügigem Alkoholgenuss das Fahren nicht erlaubt.
• Kommt es zu einem **Unfall**, rufen Sie die Polizei: Tel. 92.
• **Pannendienst** des Hrvatski Autoklub: Tel. 987.

Straßen mit und ohne Maut

• Die 380 km lange **Autobahn A1** von Zagreb nach Split soll bis 2012 nach Dubrovnik weitergeführt werden. Dadurch wird sich die Fahrt in den Süden des Landes um mehrere Stunden verkürzen.
• Die **Autobahn A3** führt von der slowenischen Grenze im Westen über Zagreb bis Lipovac an der Grenze zu Serbien im Osten.
• **Weitere Autobahnen** verbinden Zagreb mit Rijeka, Krapina und Goričan an der Grenze zu Ungarn. Zwei neue Autobahnverbindungen in Istrien führen von Rijeka über Pazin nach Pula sowie nach Slowenien. Über sie soll das kroatische Autobahnnetz auch an das italienische angeschlossen werden.
• Alle Autobahnen sind **mautpflichtig**. In der Regel erhalten Sie bei der Auffahrt auf die Autobahn eine Mautkarte und zahlen den fälligen Betrag, wenn Sie die Autobahn verlassen – in Kuna, Euro oder per Kreditkarte. Für einen gewöhnlichen Pkw beträgt der Preis von Zagreb nach Varaždin 23 Kn, von Zagreb nach Rijeka 56 Kn und von Zagreb nach Split 157 Kn.

• Auch für den Učka-Tunnel zwischen Rijeka und Istrien, die Mirna-Brücke zwischen Poreč und Novigrad sowie für die Straßenbrücke auf die Insel Krk ist eine **Maut** zu entrichten.
• Die **landschaftlich schönste Straße** Kroatiens ist die 600 km lange Magistrala, die von Rijeka entlang der Adria-Küste nach Dubrovnik verläuft.

Abstecher nach Bosnien-Herzegowina
Wenn Sie mit einem Mietwagen in ein Nachbarland Kroatiens fahren wollen, prüfen Sie vorher sorgfältig die Vertrags- und Versicherungsbedingungen. Das gilt besonders für Ausflüge nach Bosnien-Herzegowina oder Serbien-Montenegro. Unproblematisch ist ein Aufenthalt im Küstenstreifen um Neum zwischen Split und Dubrovnik, in dem die Magistrala auf einer Strecke von 9 km das Staatsgebiet von Bosnien-Herzegowina durchquert.

Busse und Züge

• **Busse** sind in vielen Landesteilen das wichtigste öffentliche Verkehrsmittel und sorgen für die Anbindung von abgelegenen Dörfern und Küstenflecken an die größeren Ortschaften. Lokale Verbindungen auf den Adriainseln gehören ebenso zum **Streckennetz** wie Überlandrouten zwischen den großen Städten des Landes, auf denen Reisebusse mit Klimaanlage eingesetzt werden.
• Die **Busfahrpreise vom Festland auf die Inseln** (z.B. von Dubrovnik nach Korčula oder von Rijeka nach Rab) beinhalten oft schon die Fährkosten.
• Informationen über **Fahrpläne, Platzreservierungen und Fahrkarten** erhalten Sie am nächstgelegenen Busbahnhof.
• Fast alle größeren Städte – mit Ausnahme von Dubrovnik – sind auch durch das Streckennetz der **Eisenbahn** miteinander verbunden.
• Das **Schienennetz** ist im **Norden und Osten** des Landes relativ dicht und eignet sich damit gut für Rundreisen im Binnenland. An der Küste gibt es dagegen nur wenige Eisenbahnverbindungen.
• Zwischen Zagreb und Split verkehren **hochmoderne Schnellzüge,** die die Reisezeit auf wenig mehr als fünf Stunden verkürzen.
• Detaillierte **Fahrplanauskünfte** erhalten Sie am Hauptbahnhof von Zagreb (Tel. 060 33 34 44) und auf der Website der kroatischen Eisenbahngesellschaft (www.hznet.hr).

Öffentliche Verkehrsmittel in Zagreb

• Die Verkehrsbetriebe ZET unterhalten in Zagreb ein **gut funktionierendes Netz** öffentlicher Verkehrsmittel mit Bus- und Straßenbahnverbindungen.
• Die wichtigsten **Knotenpunkte des Straßenbahnnetzes** sind der Hauptbahnhof, der Busbahnhof und der Hauptplatz Trg Bana Jelačića im Stadtzentrum.
• **Übersichtspläne** finden sich an allen Straßenbahnhaltestellen.
• **Fahrkarten** zum Preis von 6,50 Kn sind bei den **ZET-Kiosken** an den Endhaltestellen und bei den **Zeitungskiosken** am Trg Bana Jelačića erhältlich. Im Bus bzw. in der Straßenbahn selbst sind sie etwas teurer (8 Kn).
• Zum **Entwerten** schiebt man die Fahrkarte in den Automaten.
• Bei einem mehrtägigen Aufenthalt in Zagreb lohnt sich der Kauf einer **Zagreb Card.** Damit hat man 72 Stunden lang freie Fahrt in allen öffentlichen Verkehrsmitteln einschließlich der Zahnradbahn in die Oberstadt Gradec und der Drahtseilbahn zum Höhenzug Medvednica; darüber hinaus gewähren mehrere Museen Ermäßigungen auf den Eintrittspreis.

Öffentliche Verkehrsmittel in Dubrovnik

• Dubrovniks Linienbusverkehr wird vom Verkehrsunternehmen **Libertas** (www.libertasdubrovnik.hr) betrieben.
• Die für Besucher der Stadt **wichtigsten Linien** verkehren zwischen der Halbinsel Lapad mit ihren Hotels und der historischen Altstadt.

• **Fahrkarten** zum Preis von 8 Kn sind an **Zeitungskiosken** und an **Libertas-Verkaufsstellen** vor dem Pile-Tor erhältlich. Im Bus selbst sind sie etwas teurer (10 Kn); die Fahrer geben kein Wechselgeld heraus.
• Zum **Entwerten** schiebt man die Fahrkarte in den Automaten.

Taxis
• Taxis verkehren in allen **größeren Städten** und allen **Ferienorten**.
• Meist zahlt man einen Grundtarif von ca. 25 Kn sowie den entfernungsabhängigen Kilometerpreis. Nachts und sonntags sind die Fahrpreise höher.

Fähren
• Das **Fährunternehmen Jadrolinija** betreibt zwischen dem Festland und den wichtigsten Inseln Personen- und Autofähren.
• Eine Alternative zur Fahrt auf der Küstenstraße bietet die **tägliche Fährverbindung** zwischen Rijeka und Dubrovnik. Die Autofähre legt in Zadar, Split, Stari Grad auf Hvar, Korčula und Sobra auf Mljet an.
• Detaillierte **Angaben über Routen, Tarife und Fahrpläne** der Fährschiffe erhalten Sie in den Büros von Jadrolinija und unter www.jadrolinija.hr.
• **Passagiere ohne Fahrzeug** können ohne weitere Formalitäten ihre Tickets beim Kiosk an der Anlegestelle im Hafen kaufen.
• **Passagiere mit Auto** müssen sich in die Schlange an der Anlegestelle einreihen.
• Für kurze Fährverbindungen sind **Vorabreservierungen** nicht möglich. Für die **Küstenfähre zwischen Rijeka und Dubrovnik** können Fahrkarten und Kabinenplätze im Voraus gebucht werden.
• Von Juni bis September verkehren auf einigen Strecken zwischen Festland und den Inseln **zusätzliche schnelle Katamaran-Fähren**.

Jadrolinija Offices
Dubrovnik
Tel. 020 41 80 00
Split
Tel. 021 33 83 33
Rijeka
Tel. 051 21 14 44

Übernachten

Kroatien bietet für jeden Geschmack und jeden Geldbeutel ein breites Spektrum an Unterkünften. Im Sommer werden die meisten Hotelzimmer vorab von Reiseunternehmen an Pauschaltouristen verkauft. Wer über eine der örtlichen Agenturen bucht oder nach Schildern mit der Aufschrift *sobe* (Zimmer) Ausschau hält, findet jedoch fast immer eine Privatunterkunft.

Hotels
• Die Mehrzahl der Hotels stammt aus den **1960er- bis 1980er-Jahren** und ist **groß, modern und gut ausgestattet**, aber oft ohne Atmosphäre. In den Kriegsjahren 1991–1995 wurden viele von ihnen als Flüchtlingsunterkünfte genutzt, danach renoviert und an heutige Standards angepasst.
• In jüngster Zeit öffnen zunehmend **kleine Hotels** in den historischen Altstädten größerer Orte, teils als **Familienbetriebe**, teils als so genannte **Boutiquehotels**, die ein individuelles Flair pflegen. Sie sind zum Teil im Verband der

Familien- und kleinen Hotels Kroatiens organisiert (Tel. 021 31 78 80; www.omh.hr). Die schönsten sind am Ende der regionalen Kapitel aufgeführt.
• **An der Küste und auf den Inseln** sind die meisten Hotels nur **von April bis Oktober** geöffnet, **im Iland und in Zagreb** dagegen **ganzjährig**.

Privatunterkünfte
• Besonders an der Küste und auf den Inseln bieten Privatunterkünfte häufig **die günstigsten Zimmer**. Das Angebot reicht vom komfortablen Apartment mit Küche, Bad und Balkon bis zum schlichten Gästezimmer einer Privatwohnung mit gemeinsamer Badbenutzung.
• In den touristischen Zentren werden Besucher vielfach am Busbahnhof oder am Fährhafen von **Pensionswirtinnen** erwartet, die Schilder mit der Aufschrift *sobe* (Zimmer) oder *apartmani* (Apartments) in die Höhe halten.
• Bei den **Zimmeragenturen**, die in allen Ferienorten und größeren Städten zu finden sind, können Sie **Privatunterkünfte buchen**. Das vermittelte Zimmer ist in der Regel etwas teurer, aber in jedem Fall offiziell registriert und der Qualitätsstandard regelmäßig überwacht.
• Auf den Zimmerpreis wird in der Regel eine **Touristensteuer** aufgeschlagen. Weitere Aufschläge werden oft von Gästen verlangt, die eine Unterkunft für **weniger als drei Tage** mieten.

Urlaub auf dem Land (Agrotourismus)
• **Ferien auf dem Land** (► 16f) haben in den letzten Jahren für den kroatischen Fremdenverkehr immer mehr an Bedeutung gewonnen. Besonders in Istrien und einigen Regionen im Binnenland wie der Region Zagorje ist das Angebot in diesem Bereich stark gewachsen.
• **Bauern- oder Gutshöfe**, auf denen Urlaubsunterkünfte angeboten werden, sind mit der Aufschrift *agroturizam* oder *seoski turizam* gekennzeichnet.

Camping
• Es gibt in Kroatien **über 150 ofizielle Campingplätze**, die in der Regel mit Warmwasser, Duschen und Toiletten ausgestattet sind.
• Die große Mehrheit der Zeltplätze liegen **an der Küste und auf den Inseln**, die übrigen sind meist an Flüssen und Seen im Binnenland zu finden. Einige Plätze sind **FKK-Urlaubern vorbehalten**.
• Die meisten Campingplätze sind **von Mai bis September** geöffnet.
• Eine **komplette Liste** der offiziellen Zeltplätze ist unter www.croatia.hr und www.camping.hr zu finden.

Außergewöhnliche Unterkünfte
• An der Küste werden mancherorts frühere **Leuchttürme** als Feriendomizil an Selbstversorger vermietet (► 18).
• Auf den **Kornaten** kann man in alten **Steinhütten** seine Ferien verbringen. Strom und fließendes Wasser gibt es nicht; man kocht auf einem Gasherd, holt das Wasser am Brunnen und wird per Boot mit Vorräten beliefert. Die Vermietung erfolgt durch Kornatturist (Tel. 022 43 58 54; www.kornatturist.hr) oder Lori (Tel. 022 43 56 31; www.touristagency-lori.hr).

Übernachtungspreise
Die Preise für die in diesem Reiseführer vorgestellten Unterkünfte sind in drei Kategorien unterteilt. Grundlage ist der Preis pro Nacht pro Person für ein Doppelzimmer im Sommer. Außerhalb der Hauptsaison sind Übernachtungen in der Regel wesentlich günstiger.

€ = unter 250 Kn   €€ = 250 Kn–500 Kn   €€€ = über 500 Kn

Essen und Trinken

Die kroatische Küche verbindet die Kochkunst der Mittelmeerregion, des Balkans und Mitteleuropas zu einer faszinierenden Mischung. In den Gerichten der verschiedenen Regionen spiegeln sich deren geografische Lage und die Geschichte des Landes: Während an der Küste eine leichte, frische Küche nach Art der italienischen Nachbarn serviert wird, isst man im Binnenland und in den Bergen würziger und deftiger.

Essen gehen – praktische Hinweise
- Die meisten Restaurants servieren **kroatische** und **internationale** Küche.
- Eine *konoba* oder *gostionica* ist eine **rustikale Taverne**, in der traditionelle kroatische Gerichte serviert werden.
- Die **Essenszeiten** sind von **12–15 Uhr** und von **19–22 Uhr**, doch sind die meisten Lokale **von 9–23 Uhr** durchgehend geöffnet.
- In vielen Lokalen wird ein **kleiner Preisaufschlag für Brot** berechnet.
- Als **Trinkgeld** gibt man in der Regel etwa 10 % des Rechnungsbetrages.

Speisen
- Typische **Vorspeisen** sind z.B. *pršut* (Räucherschinken) und *sir* (Käse).
- **Nudel- und Reisgerichte** werden auf der Speisekarte oft als »warme Vorspeisen« aufgeführt, doch sind diese so groß wie bei einem Hauptgericht.
- An der Küste dominieren **frischer Fisch** und **Meeresfrüchte** die Speisekarte. Fisch (*riba*) wird meist nach Gewicht berechnet und einfach gegrillt serviert. Zu den beliebten Spezialitäten der Region gehören Risotto mit Meeresfrüchten, Oktopussalat, *buzara* (Garnelen mit Knoblauch und Weißwein) und *brudet* (dalmatinischer Fischeintopf).
- **Fleischspezialitäten aus Dalmatien** sind u.a. *pastičada* (geschmortes Rindfleisch mit süßem Wein), *janjetina* (Lammfleisch, oft am Spieß gebraten) und Kalb- oder Lammfleisch, das im Schmortopf unter einer *peka* (Metallglocke) in der Glut eines Feuers gegart wird.
- Die **Küche Istriens** ist am stärksten von italienischen Einflüssen geprägt, und so findet man auf der Speisekarte *njoki* (Gnocchi oder Nockerln), *fuži* (Nudeln) und *tartufe* (Trüffel).
- **Steaks** und **Schnitzel** erfreuen sich überall großer Beliebtheit, besonders im Binnenland. Eine Zagreber Spezialität ist *zagrebački odrežak*, ein paniertes Schnitzel mit einer Füllung aus Schinken und Käse.
- Die Küche der **Bergregionen** und des **Binnenlands** ähnelt der anderer ostmitteleuropäischer Länder. Zu den typischen Gerichten gehören z.B. *gulaš* (Gulasch) und *grah* (Bohneneintopf).
- Besonders würzig isst man in **Slawonien**. Beliebt sind z.B. *kulen* (Salami) und *fiš paprikaš* (gekochter Fisch in Paprikasoße).
- Als **Nationalgericht** gelten die *ćevapčići* (gegrillte Fleischbällchen), die mit roher Zwiebel, *ajvar* (in würziger Pfeffersauce eingelegten Auberginen und Paprika) sowie Brot oder Pommes frites serviert und als Imbiss genossen werden.
- Als **Beilagen** werden meist Pommes frites, Kartoffeln, Reis oder Nudeln gereicht, außerdem Salat oder Mangold (*blitva*), der entweder gedünstet oder mit Kartoffeln, Knoblauch und Olivenöl gebraten wird.
- In einer *pekarnica* (Bäckerei) findet man viele unterschiedliche **Brotsorten**, aber auch würziges **Gebäck** wie z.B. *burek* (Blätterteigpastete mit Hackfleisch- oder Käsefüllung).
- Zu den beliebtesten **Desserts** gehören *palačinke* (Pfannkuchen) mit Nüssen, Schokolade oder Marmelade. In einer *slastičarnica* (Konditorei) werden meist nicht nur süße Backwaren, sondern auch köstliche Eiscreme verkauft.

Getränke
- Auf der Getränkekarte wird für einfache Landweine oft der Literpreis angegeben, für edlere und teurere Sorten der Preis pro Flasche.
- Zu den besten **Rotweinsorten** gehören Dingač, Postup und Plavac Mali von der Halbinsel Pelješac sowie der istrische Teran. Als gute **Weißweinsorten** sind der Malvazija aus Istrien, Grk und Pošip von der Insel Korčula, der slawonische Graševina sowie der auf der Insel Vis beheimatete Vugava zu nennen.
- Die besten **Biere** sind Karlovačko und Ožujsko sowie das dunkle Tomislav.
- Sowohl vor wie nach dem Essen trinkt man gern einen **Schnaps**. Bekannte Sorten sind *šljivovica* (Pflaumenschnaps), *travarica* (Kräuterschnaps) und *biska* (Mistelschnaps) sowie der süßere *orahovac* (Walnusslikör).
- **Mineralwasser** (*mineralna voda*) mit dem Zusatz *gazirana* ist mit Kohlensäure versetzt; ohne Kohlensäure heißt es *negazirana*.

Essenspreise
Die in diesem Reiseführer vorgestellten Lokale sind in drei Preiskategorien unterteilt. Grundlage ist der Preis für ein Essen mit Vorspeise, Hauptgang und Salat ohne Getränke.

€ = unter 100 Kn €€ = 100 Kn–200 Kn €€€ = über 200 Kn

Einkaufen

Die schiere Freude am Konsum gilt längst nicht mehr als anrüchig, und die eleganten Geschäfte und Boutiquen der großen Städte stehen denen im benachbarten Italien kaum nach. Das bei weitem größte und vielfältigste Angebot finden Sie natürlich in Zagreb.

Praktische Hinweise
- Die meisten Geschäfte sind **montags bis freitags von 8 bis 20 Uhr** und **samstags von 9 bis 14 Uhr geöffnet**, andere öffnen erst gegen 9 Uhr und bleiben in der Mittagszeit von 13 bis 17 Uhr geschlossen. In der Urlaubssaison sind in größeren Städten und in Ferienorten viele Läden auch **sonntags** geöffnet.
- **Märkte** finden im Allgemeinen **montags bis samstags von 8 bis 14 Uhr** statt, an einigen Orten auch sonntags.
- Auf den allmonatlichen **Landwirtschaftsschauen** in Buzet, Motovun, Pazin, Vodnjan und anderen Städten im Landesinneren Istriens werden nicht nur traditionelle Nahrungsmittel der Region und handgemachte Gebrauchsgüter verkauft, sondern auch folkloristische Tänze und Musik aufgeführt. Auskunft erteilen die örtlichen Touristeninformationsbüros.
- **Kreditkarten** werden in immer mehr Geschäften akzeptiert.

Mitbringsel und Souvenirs
- Zu den beliebtesten kroatischen **Souvenirs** gehören Spitzen aus Pag, Lavendelprodukte von der Insel Hvar, Schmuck aus Dubrovnik und Pfefferkuchenherzen aus der Gegend von Zagreb.
- An der Küste verkaufen vielerorts **Künstler** ihre **Werke**. Am Besten ist das Angebot in Rovinj, Grožnjan, Dubrovnik und Hlebine.
- Ein ungewöhnliches und attraktives Geschenk ist eine **Seidenkrawatte** der Marke Croata (► 30).
- **Wein, Schnaps, Trüffel und Olivenöl** aus Kroatien erfreuen den Gaumen auch zu Hause. Eine reiche Auswahl an **hausgemachten Schnäpsen und Likören** findet man auf den örtlichen Märkten.

Ausgehen

Von erstklassigen Theateraufführungen und Konzerten über traditionelle Volksfeste bis hin zu Sport und Ausflügen in die Natur – Kroatien bietet Freizeitaktivitäten für jeden Geschmack. Die folgenden Zeilen bieten daher nur einen kurzen Überblick; genauere Informationen erhalten Sie in den jeweiligen Kapiteln und bei den örtlichen Touristeninformationen.

Theater und Konzerte

• Die wichtigste Bühne des Landes ist das **Kroatische Nationaltheater** in Zagreb (▶ 64), in dem auch das Nationalballett und die Nationaloper ihre Heimat haben. Mehr als 200 Theater-, Opern- und Ballettaufführungen finden hier jedes Jahr zwischen September und Juli statt. Dependancen des Nationaltheaters gibt es in Osijek, Rijeka, Split und Varaždin.
• An der Küste veranstaltet fast jede Stadt im Sommer ein **Kulturfestival** mit einer Reihe von Freiluftveranstaltungen. Die bedeutendsten Festivals dieser Art mit Opernaufführungen und Konzerten auf historischen Straßen und Plätzen finden in **Dubrovnik** (▶ 162) und **Split** (▶ 140) statt.
• Eine spektakulärer Ort für Konzerte ist auch die **römische Arena in Pula** (▶ 112).

Volksfeste und Folklore

• Die Tradition der **folkloristischen Musik** äußert sich in einer breiten Vielfalt, sie reicht von den mehrstimmigen dalmatinischen *Klapa*-Männerchören über die *Kolo*-Tänze bis hin zu der Instrumentalmusik Slawoniens mit der typischen *tamburica* (Mandoline). Viele Hotels veranstalten Folkloreshows für ihre Gäste, authentischer sind jedoch die Darbietungen auf dem Internationalen Folklorefestival von Zagreb im Juli und auf den Festivals in Slavonski Brod und Đakovo (▶ 88).
• Auf der Insel Korčula wird die Tradition der *Moreška*-**Schwerttänze** (▶ 26f) gepflegt. Vorführungen sind den ganzen Sommer über zu sehen, besonders während des Schwerttanzfestivals im Juli und August.
• In den meisten Städten und Dörfern wird der **Feiertag des örtlichen Schutzheiligen** mit großen Prozessionen, Tanz und einem Feuerwerk gefeiert.
• Ebenfalls überall im Land wird **Karneval** gefeiert. Die größten Umzüge finden in Rijeka, Samobor und Lastovo statt.

Sport und Ausflüge in die Natur

• **Fußball** ist in Kroatien ebenso beliebt wie hier zu Lande – vor allem die Fans der beiden wichtigsten Mannschaften Dinamo Zagreb und Hajduk Split pflegen ihre Rivalität mit großer Leidenschaft. Die Saison dauert von August bis Mai, unterbrochen von einer zweimonatigen Winterpause zwischen Dezember und Februar.
• Das größte **Tennisturnier** sind die ATP Croatia Open Ende Juli in Umag.
• Kroatiens Berge und Flüsse bieten ideale Bedingungen zum **Wandern, Radfahren, Klettern, Reiten, Kanu- und Kajakfahren**, aber auch für Abenteuersportarten wie **Paragliding, Canyoning und Rafting**.
• Passionierte **Schwimmer** kommen an der Adriaküste auf ihre Kosten. Es gibt zwar nur wenige Sandstrände, dafür aber in vielen Ferienorten Betonplattformen, von denen Treppen ins Meer führen.
• Zahlreiche Unternehmen an der Küste bieten geführte **Tauchfahrten** an. **Windsurfer** finden die besten Bedingungen in Bol auf der Insel Brač und Viganj auf der Halbinsel Pelješac. **Segler** können eine Yacht chartern, um die Inselgruppe der Kornaten zu erkunden (▶ 134).

Zagreb

Erste Orientierung

Fast eine Million Menschen leben in Zagreb, rund ein Fünftel der Bevölkerung Kroatiens. Die Stadt ist damit die bei weitem größte des Landes und zugleich dessen unangefochtenes politisches, kulturelles und wirtschaftliches Zentrum. Dabei ist sie erst seit 1991 die Hauptstadt eines unabhängigen Staates,

nachdem sie jahrhundertelang im Schatten Wiens, der Metropole Österreich-Ungarns, und später der jugoslawischen Hauptstadt Belgrad stand. Das Flair einer pulsierenden, zukunftsorientierten jungen Metropole hat sich daher erst in den letzten Jahren entwickelt.

Oben: Im Botanischen Garten
von Zagreb
Links: Die Parlamentsgebäude

Die Stadt liegt zwischen den bewaldeten Hängen der Medvednica im Norden und dem Fluss Save im Süden. Zagreb entstand aus zwei rivalisierenden befestigten Siedlungen auf zwei benachbarten Hügeln: dem bis heute von der Kathedrale beherrschten Bischofssitz Kaptol und der Kaufmannsstadt Gradec, die zu Kroatiens politischem Zentrum wurde. Beide zusammen werden heute als Gornji Grad (Oberstadt) bezeichnet. Die im Zuge der großen Stadterweiterung im 19. Jh. neu angelegten Viertel mit ihren breiten Boulevards, Museen, gründerzeitlichen Repräsentationsbauten und einem »grünen Hufeisen« aus Parks, Promenaden und begrünten Plätzen werden dagegen als Donji Grad (Unterstadt) zusammengefasst. Die meisten der neuen Gebäude wurden nach einem großen Erdbeben 1880 errichtet.

An der Schnittstelle von Ober- und Unterstadt liegt Zagrebs Hauptplatz, der Trg Bana Jelačića. Mit seinen belebten Caféterrassen und Straßenbahnhaltestellen ist der Platz von frühmorgens bis zum späten Abend dicht bevölkert.

★ Nicht verpassen

Nach Lust und Laune

Wer zum ersten Mal nach Zagreb kommt, kann sich auf dieser zweitägigen Tour einen hervorragenden Überblick über die vielfältigen Gesichter dieser Stadt verschaffen. Am ersten Tag wird die Altstadt erkundet, am zweiten die Unterstadt und die Vororte.

Zagreb in zwei Tagen

Erster Tag

Vormittags

Beginnen Sie den Tag auf dem **1 Trg Bana Jelačića** (➤ 46ff), wo der Pulsschlag Zagrebs am deutlichsten zu spüren ist. Im Touristeninformationsbüro an einer Ecke des Platzes erhalten Sie einen Stadtplan und die Zagreb Card (➤ 48). Danach steigen Sie die Treppe hinauf zum Marktplatz **Dolac** (➤ 63).

Mittags

Mit der Zahnradbahn (links) geht es hinauf in die Oberstadt **2 Gornji Grad** (➤ 49ff), wo Sie um 12 Uhr zusehen können, wie auf der Kula Lotrščak (Lotrščak-Turm) die Kanone abgefeuert wird. Unterhalb des Turms können Sie im Restaurant Pod Gričkim Topom (➤ 62) mit seiner wunderbaren Aussichtsterrasse zu Mittag essen.

Nachmittags

Nehmen Sie sich Zeit für einen Bummel durch Gradec, vorbei an Kirchen und Palästen. Unter den vielen interessanten Museen ist die **3 Fondacija Ivan Meštrović** (➤ 52f) das sehenswerteste: Hier sind Werke des berühmtesten Bildhauers von Kroatien ausgestellt. Durch die Kamenita Vrata (Steinernes Tor) verlassen Sie Gradec; nach einem Abstecher ins Nachbarviertel Kaptol zur Besichtigung der Kathedrale kehren Sie zum Trg Bana Jelačića zurück.

Abends

Am frühen Abend präsentieren sich die Straßen rund um den Trg Bana Jelačića (rechts) von ihrer besten Seite. Kehren Sie in einem der Straßencafés an der Bogovićeva ein, bevor Sie z.B. im nahe gelegenen Restaurant Boban (➤ 61) zu Abend essen.

Zweiter Tag

Vormittags

An diesem Tag erkunden Sie zunächst die Unterstadt Donji Grad. Der Rundgang beginnt an der Reiterstatue des Königs Tomislav vor dem Bahnhof und führt in nördlicher Richtung über parkartige Plätze zum Trg Nikole Šubića Zrinskog (Zrinjevac) mit seinem Musikpavillon, den großen Brunnen und mehreren Statuen. Auf seiner Westseite steht das **9 Archäologische Museum** (► 58). Nach einem Rundgang durch die Sammlung können Sie sich im Innenhof inmitten der römischen Skulpturenfragmente des Lapidariums erholen.

Nachmittags

Machen Sie es wie die Einheimischen und verlassen Sie die Innenstadt für ein paar Stunden. Am einfachsten ist es, mit den Straßenbahnlinien 11 oder 12 zu einem Picknick in den **10 Maksimir-Park** (► 58) zu fahren. Sie können aber auch vor der Kathedrale einen Bus der Linie 106 zum **11 Friedhof Mirogoj** (► 58) nehmen, dort den Hügel hinunterspazieren und dann in die Straßenbahn steigen, die in Richtung **12 Medvednica** (► 59) fährt. Eine Seilbahn bringt Sie zum Gipfel des Berges und auch wieder zurück.

Abends

In dem beim Touristeninformationsbüro erhältlichen Monatsprogramm der Konzerte und Theateraufführungen finden Sie Anregungen für das Abendprogramm. Empfehlenswert ist auf jeden Fall ein Besuch im Hrvatsko Narodno Kazalište (Kroatisches Nationaltheater, oben), das im Jahre 1895 eröffnet wurde (► 64).

❶ Trg Bana Jelačića

Der große gepflasterte Platz am Schnittpunkt zwischen Alt- und Neustadt ist das Herz Zagrebs. Vor der eindrucksvollen Kulisse österreichischer Gründerzeitfassaden aus dem 19. Jh. herrscht den ganzen Tag geschäftiges Treiben. Für Autos ist der Platz gesperrt, doch von früh bis spät rollen hier Straßenbahnzüge, die Vorortbewohner in die Stadt und später wieder nach Hause bringen. Besonderer Anziehungspunkt sind die Caféterrassen, auf denen Menschen aller Schichten zusammenkommen, um Zeitung zu lesen und sich über Sport, Politik oder den neuesten Klatsch zu unterhalten.

1850 als neues Zentrum der expandierenden Stadt angelegt, erhielt der Platz 1866 sein heutiges Gesicht mit der Aufstellung eines **Reiterstandbilds von Josip Jelačić** (1801–59). Als Statthalter der Habsburger diente er zwar der österreichischen Krone, war aber zugleich ein glühender Nationalist, der Krieg gegen die Ungarn führte, Kroatien, Slawonien und Dalmatien zu einer politischen Einheit zusammenfasste.

In den letzten Jahrzehnten erlebte das Standbild ein wechselvolles Schicksal. Nach der Machtübernahme der Kommunisten wurde es 1947 abgebaut und durch ein Denkmal für die sozialistische Frauenbewegung ersetzt, der Platz in Trg Republike (Platz der Republik) umbenannt. Die Reiterfigur wurde jedoch nicht zerstört, sondern vom Kurator eines Museums in einem Keller aufbewahrt. Als Kroatien dann 1990 den Weg in die Unabhängigkeit einschlug, kehrte das Symbol der National-

Am Wochenende treffen sich in den Cafés Menschen aller Schichten und Gruppen

bewegung auf seinen Sockel zurück. Das Schwert des Generals, das früher gegen Budapest gerichtet war, zeigte nun nach Belgrad und kurze Zeit später nach Süden in Richtung Knin, wo die Serben der Krajina ihre eigene Republik gegründet hatten, die sich bis 1995 gegen den kroatischen Staat behauptete.

Heute posieren vor dem Denkmal Touristen für Erinnerungsfotos, und die Einheimischen verabreden sich unter der benachbarten Uhr. Für viele ist der Platz auch Ausgangspunkt des abendlichen *korzo*, eines mediterranen Rituals, das in Griechenland als *volta* und in Italien als *passeggiata* bekannt ist: Wie auf ein geheimes Signal hin erscheinen jeden Abend zur gleichen Zeit modisch gekleidete junge Leute, Studenten, Büroangestellte und viele andere Menschen auf dem Platz, um spazieren zu gehen, ein Schwätzchen zu halten und zu flirten. Hauptschauplatz des Zagreber *korzo* sind neben dem Trg Bana Jelačića die südlich angrenzenden Fußgängerstraßen, besonders die Bogovićeva und die Gajeva.

Der Marktplatz

Die eleganten Bauten rund um den Trg Bana Jelačića wurden Ende des 19. Jhs. im Stil der Wiener Sezession errichtet, einer Spielart des Jugendstils. Auf der Nordseite des Platzes führt ein Durchgang bergauf zum **Dolac**, seit 1930 der wichtigste Marktplatz der Stadt. Die Kroaten sind stolz auf die Qualität und Frische ihrer Lebensmittel, und nirgends ist die Breite des Angebots so gut zu bewundern wie hier. Die Verkaufsstände für Brot, Nudeln, Käse, Schinken, Wurst, Nüsse, Getreide, Oliven und Fleisch sind in einer großen Markthalle untergebracht, an deren Westseite sich ein Anbau für die Fischstände anschließt. Draußen bieten auf einer erhöhten Terrasse die Landwirte der Umgebung Obst, Gemüse, Eier und Kräuter an. Der Markt beginnt an jedem Werktag etwa um 8 Uhr – wer ihn ungestört genießen möchte, kommt am besten möglichst früh.

KLEINE PAUSE

Bei den zahlreichen Cafés auf dem Trg Bana Jelačića haben Sie die Qual der Wahl. Sehr beliebt ist die **Mala Kavana** an der Nordseite des Platzes in der Nähe des Reiterdenkmals. Doch auch das ebenfalls auf der Nordseite gelegene **Ban Café** ist eine gute Adresse, ebenso wie die **Gradska Kavana** an der Nordostecke unweit der Kathedrale und die **Dubrovnik Kavana** auf der Südseite des Platzes. Wer etwas Gehaltvolleres für seinen Magen braucht, findet eine Reihe günstiger Grillrestaurants auf der unteren Ebene des Dolac.

Auf dem Dolac werden frische Lebensmittel in bester Qualität verkauft

✚ 201 D3
🚋 Straßenbahnlinien 1, 6, 11, 12, 13, 14, 17

Touristeninformation
✉ Trg Bana Jelačića 11   ☎ 01 481 40 51   🌐 Mo–Fr 8.30–20, Sa 9–17, So 10–14 Uhr

TRG BANA JELAČIĆA: INSIDER-INFO

Top-Tipps: Die Touristeninformation an der Südostecke des Platzes bietet die **Zagreb Card** an, deren Kauf sich für jeden lohnt, der einige Tage in Zagreb verbringen will. Sie ist 72 Stunden gültig und gewährt freie Fahrt in allen öffentlichen Verkehrsmitteln der Stadt (einschließlich der Zahnradbahn nach Gradec und der Seilbahn auf die Höhen der Medvednica), 50 % Ermäßigung auf den Eintritt in Museen sowie Preisnachlässe in Restaurants, Geschäften, Theatern und bei Autovermietungen.

• Am westlichen Ende des Trg Bana Jelačića beginnt die **Ilica**, Zagrebs wichtigste **Einkaufsstraße**. Ganz in der Nähe des Platzes, in der Ilica 18, serviert die Konditorei (*slastičarnica*) *Vincek* köstliche Eisbecher.

② Gornji Grad

Ende des 11. Jhs. auf zwei benachbarten Hügeln entstanden, ist die Oberstadt mit ihrem Kopfsteinpflaster, den alten Kirchen und roten Ziegeldächern die Keimzelle Zagrebs. Obwohl aus den frühesten Jahrhunderten nur wenig erhalten blieb, ist sie immer noch der malerischste Teil der Stadt. Die meisten Bauten wurden nach 1880 errichtet. Damals zerstörte ein Erdbeben die Altstadt.

Das heutige Gornji Grad umfasst zwei ursprünglich selbstständige Siedlungen, die durch ein Flüsschen voneinander getrennt waren. In dem trockengelegten Bett verläuft heute die Ulica Tkalčićeva. Gradec, die westliche dieser Siedlungen, ist seit dem 17. Jh. das politische Zentrum Kroatiens; Kaptol, die östliche, der Sitz der geistlichen Macht: Hier liegen die Kathedrale, der erzbischöfliche Palast und verschiedene kirchliche Einrichtungen.

Der interessanteste Weg in die Oberstadt ist sicher eine Fahrt mit der *uspinjača*, der Zahnradbahn, die von der Ulica Tomića (Tomićeva) aus in weniger als einer Minute ihr Ziel erreicht. 1893 in Betrieb genommen, ist sie inzwischen eine beliebte Touristenattraktion. Zwischen 6.30 Uhr und 21 Uhr verkehrt sie alle 10 Minuten, sodass es kaum je zu langen Wartezeiten kommt.

Auf der Kula Lotrščak wird jeden Tag um 12 Uhr eine Kanone abgefeuert

Gradec

Die **Kula Lotrščak** (Turm der Einbrecher) gegenüber der Bergstation der Zahnradbahn war einst ein Teil der im 13. Jh. errichteten Befestigung des alten Gradec. Ihren Namen erhielt sie von der *campana latrunculorum*, der »Glocke der Diebe«, die jeden Abend die Schließung der Stadttore ankündigte. Täglich um

12 Uhr ertönt ein Kanonenschuss. Das am Neujahrstag 1877 eingeführte Ritual sollte ursprünglich Zagrebs Glöcknern als Zeichen für den Beginn des Mittagsläutens dienen, doch auch die Bürger der Stadt stellten schon bald ihre Uhren nach dem Signal aus der Grič-Kanone. 45 Jahre lang, von 1928 bis 1973, versah Marijan Fróbe den Dienst auf dem Lotrščak-Turm, und auch der gegenwärtige Kanonier Stjepan Možar amtiert bereits seit 1975.

Das Zentrum von Gradec bildet der **Trg Svetog Marka** (St.-Markus-Platz), in dessen Mitte **Sveti Marko** (St.-Markus-Kirche) steht; sie ist die älteste Pfarrkirche Zagrebs. Besonders auffällig sind ihre gefärbten Dachziegel von 1882, die ein buntes Mosaik formen. Zu sehen sind zwei große Wappen: links eine Verbindung der historischen Wappenschilde Kroatiens (ein rot-weißes Schachbrettmuster wie in der Mitte der Nationalflagge), Dalmatiens (drei Löwenköpfe) und Slawoniens (ein laufender Marder zwischen zwei blauen Streifen, die die Flüsse Save und Drau symbolisieren), rechts das Stadtwappen von Zagreb, eine Burg. Im Inneren der Kirche befinden sich mehrere Skulpturen von Ivan Meštrović. Westlich und östlich flankieren den Platz die wichtigsten Machtzentren des politischen Lebens, der **Sabor** (Parlament), in dem 1991 Kroatiens Unabhängigkeit von Jugoslawien proklamiert wurde, und **Banski Dvori** , der Sitz des Präsidenten.

Von der Ostseite des Trg Svetog Marka führt die Ulica Kamenita zur **Kamenita Vrata** (Steinernes Tor), dem einzigen der im 13. Jh. erbauten vier Stadttore von Gradec, das erhalten blieb. Als 1731 ein Feuer große Teile des Tores und die meisten umliegenden Häuser zerstört hatte, wurde in der Asche ein unzerstörtes Marienbild gefunden, für das in dem wiederhergestellten Tor eine Kapelle eingerichtet wurde. Diese hat sich in den vergangenen Jahren zu einer viel besuchten Pilgerstätte entwickelt.

Kaptol

Von der Kamenita Vrata ist es nicht weit bis Kaptol, das ganz im Schatten der neugotischen Zwillingstürme der Kathedrale liegt. Die erste Kirche wurde hier bereits 1102 errichtet; nach ihrer Zerstörung entstand ab dem 13. Jh. ein gotischer Neubau. Er wurde beim großen Erdbeben des Jahres 1880 schwer beschädigt und vom deutschen Architekten Hermann Bollé wiederaufgebaut.

Im Inneren zieht es die meisten Besucher zum Sarkophag des Kardinals Alojzije

Die St.-Markus-Kirche in Gradec ist die älteste Pfarrkirche Zagrebs

Stepinac (1898–1960), des früheren Erzbischofs von Zagreb. Er wurde nach dem Zweiten Weltkrieg der Kollaboration mit dem faschistischen Ustaše-Regime beschuldigt und darum unter Tito erst inhaftiert, später dann unter Hausarrest gestellt. Seit der Loslösung Kroatiens von Jugoslawien gilt er als Nationalheld. 1998 wurde er vom Papst bei dessen Besuch in Kroatien selig gesprochen. Seine Grabstätte ist meist von Gläubigen umringt, die ehrfürchtig sein Andenken pflegen. Ein Relief von Ivan Meštrović an der Nordmauer der Kirche zeigt Stepinac kniend im Gebet vor Christus.

Auf einer Säule vor der Kathedrale steht eine vergoldete Marienstatue, umgeben von ebenfalls vergoldeten Engeln – ein Werk des Wiener Bildhauers Anton Fernkorn (1813–78), der auch das Standbild des Generals Jelačić auf dem Trg Bana Jelačića schuf.

KLEINE PAUSE

Kamenita Vrata – das einzige erhaltene Stadttor von Gradec aus dem 13. Jh.

Ein guter Ort für einen Zwischenstopp sind die Cafés auf dem Katarinin Trg in der Nähe des Lotrščak-Turms. Zum Mittagessen gehen Sie ins Gartenrestaurant **Pod Gričkim Topom** (► 62) oder schwelgen Sie in klassisch kroatischen Gerichten im Keller des Musej Grada Zagreba im Restaurant **Stara Vura** (Tel. 01 485 13 68, So geschl.).

Kula Lotrščak
✚ 200 C3 ✉ Strossmayerovo Šetalište 9 ☎ 01 485 17 68
◐ Mai–Okt. Di–So 11–20 Uhr ✋ preiswert

Katedrala (Kathedrale)
✚ 201 D3 ✉ Kaptol 31 ☎ 01 481 47 27 ◐ tägl. 10–17 Uhr ✋ frei

GORNJI GRAD: INSIDER-INFO

Top-Tipp: Die **Strossmayerovo Šetalište** ist eine schöne Promenade mit schattigen Fußwegen und Sitzbänken, die dem Verlauf der alten Stadtmauer von Gradec folgt. Bei einem Spaziergang haben Sie einen schönen Ausblick über die Dächer von Donji Grad bis hin zu den modernen Hochhäusern von Novi Zagreb jenseits der Save.

Geheimtipp: Das in einem alten Theater untergebrachte **Prirodoslovni Muzej** (Naturkundemuseum) in der Ulica Demetrova 1 (Di–Fr 10–17, Sa–So 10–13 Uhr) ist mit seiner eindrucksvollen Sammlung ausgestopfter Tiere in altmodischen Vitrinen besonders für Kinder eine Attraktion.

❸ Fondacija Ivan Meštrović

Das bezaubernde kleine Museum vermittelt einen hervorragenden Einblick in das Werk des Künstlers Ivan Meštrović (1883–1962). Er war einer der bekanntesten Bildhauer des 20. Jhs. und zugleich einer der wenigen Kroaten, die international berühmt wurden. In Kroatien selbst sind seine Skulpturen allgegenwärtig – zwischen Zagreb und Split schmücken sie Kirchen und Denkmäler, Plätze und Parks.

Meštrović wurde in Slawonien als Sohn wandernder Landarbeiter geboren. Obwohl ihm eine schulische Ausbildung verwehrt blieb – Lesen und Schreiben brachte er sich selbst bei –, wurde sein künstlerisches Talent früh entdeckt, und so erhielt er im Alter von 15 Jahren eine Lehrstelle bei einem Steinmetz in Split. Später studierte er in Wien und arbeitete in Rom und Paris, wo er den französischen Bildhauer Auguste Rodin (1840–1917) kennen lernte. Schon 1905 machte er mit der Bronzeskulptur *Lebensbrunnen* auf sich aufmerksam. Sie steht heute vor dem Kroatischen Nationaltheater.

Nach 20 Jahren im Ausland kehrte Meštrović in seine Heimat zurück und bezog ein im 17. Jh. erbautes Haus in Zagreb – das heutige Museum –, in dem er mit Unterbrechungen von 1924 bis 1942 lebte und arbeitete. Als aktiver Verfechter der jugoslawischen Einheit wurde er vom faschistischen Ustaše-Regime inhaftiert und lebte später meist im amerikanischen Exil.

In seinem einstigen Zagreber Atelier stehen viele Einrichtungsgegenstände noch an Ort und Stelle und verleihen so dem Museum die Atmosphäre eines Privathauses. Dennoch sind hier über 100 Holz-, Bronze- und Steinskulpturen des Künstlers aus rund 40 Jahren Schaffenszeit versammelt. Sie vermitteln einen guten Überblick über sein Gesamtwerk, in dem sich Elemente der klassischen Bildhauerei mit Traditionen der Volkskunst verbanden. Meštrovićs bevorzugte Themen waren religiöse Darstellungen und weibliche Akte; daneben sind aber auch anrührende Porträts seiner Angehörigen zu sehen.

Bedeutende Ausstellungsstücke

• *Frau in Agonie* (1928): Die Bronzefigur steht in der Mitte des kleinen Innenhofs, durch den man das Museum von der Straße aus betritt.

• *Geschichte der Kroaten* (1932): Diese im Garten aufgestellte Bronzeskulptur ist voll politischer Symbolik. Dargestellt ist eine Mutter als Sinnbild der Nation, die auf ihrem Schoß eine Steintafel mit glagolitischer Inschrift (➤ 173) hält.

• *Mutter und Kind* (1942): Diese unvollendete Skulptur aus Walnussholz steht im eigentlichen Atelier des Künstlers.

• *Olga Meštrović beim Stillen ihres Sohnes Tvrtko* (1925): Die Porträtfigur von Meštrovićs zweiter Ehefrau, die ihrem Sohn die Brust gibt, erinnert an eine klassische Madonnendarstellung.

KLEINE PAUSE

Dem Museum gegenüber bietet das Lokal ***Lanterna*** (Ulica Mletačka 11, Tel. 01 485 18 18) preisgünstige kroatische Gerichte an.

Die Skulptur *Frau in Agonie* vor dem Museumseingang

✠ 200 C4   ✉ Ulica Mletačka 8   ☎ 01 485 11 23
🕐 Di–Fr 10–18, Sa–So 10–14 Uhr   ✋ mittel

FONDACIJA IVAN MEŠTROVIĆ: INSIDER-INFO

Außerdem: Die wichtigsten Werke des Museums befinden sich im Atelier des Künstlers (Erdgeschoss) sowie im Garten. Besuchen Sie aber auch das **Obergeschoss:** Dort sind unter anderem Gipsreliefs von Meštrovićs Eltern, Kindern und seiner ersten Ehefrau zu sehen. Sie dienten als Entwürfe für die Türen des Mausoleums der Familie in Otavice bei Split. Die bronzenen Türen der Grabstätte wurden in den 1990er-Jahren von serbischen Truppen geraubt, so dass die hier erhaltenen Entwürfe nun umso wertvoller sind.

Nach Lust und Laune!

4 Muzej Grada Zagreba

In Zagrebs faszinierendem Stadtmuseum, das die Geschichte des Ortes von der ersten Erwähnung im Jahre 1094 bis in die Gegenwart anhand von Karten, Fotos, Modellen und verschiedenen historischen Gegenständen dokumentiert, gibt es viel zu entdecken. Untergebracht ist es im ehemaligen Konvent der Armen Klarissen (17. Jh.) sowie im mittelalterlichen Popov Turen (Turm der Priester), in einem angrenzenden Kornspeicher und in einem Schulhaus.

Die täuschend echt wirkenden gemalten Fenster an der Straßenfront erinnern an die strikte Abgeschiedenheit, der sich die hier in strenger Klausur lebenden Nonnen unterwarfen. Der Eingang liegt im Innenhof, dessen Fassade eine Sonnenuhr schmückt.

Bei Renovierungsarbeiten wurden vor einigen Jahren im Keller des Gebäudes archäologische Überreste entdeckt, und so beginnt der Rundgang durch das Museum in einer rekonstru-

Eine alte Karte von Zagreb im Stadtmuseum

ierten Werkstatt für Metallbearbeitung aus dem 1. Jh. v. Chr.; die nächsten Exponate sind dann rund 1000 Jahre jünger. Die ansprechend präsentierte Ausstellung folgt im Wesentlichen der Chronologie; daneben sind einige Räume bestimmten Themen wie Läden, Theatern und Parks gewidmet.

Zu den interessantesten Stücken gehören u.a. das älteste Wappen von Zagreb auf einem Steinrelief aus dem Jahre 1499, die im 17. Jh. entstandenen Originale der steinernen Heiligenfiguren vom Portal der Kathedrale sowie mehrere bunt bemalte Zielscheiben. Sie wurden von dem 1796 gegründeten Schützenverein, der ersten bürgerlichen Vereinigung der Stadt, als Preise verliehen. Sehenswert sind auch einige liebevoll restaurierte Schaufenster des 19. Jhs. aus der Einkaufsstraße Ilica sowie die umfangreiche Sammlung politischer und touristischer Plakate aus dem 20. Jh. Den Abschluss des Rundgangs bilden Videos vom serbischen Angriff auf den Präsidentenpalast im Jahre 1991, die zwischen zerstörten Möbeln und zerbrochenem Geschirr präsentiert werden.

Besichtigen Sie auch das Restaurant *Stara Vura* (Alte Uhr), ein steinernes Kellergewölbe in den mittelalterlichen Befestigungsanlagen.

✚ 200 C4 ✉ Ulica Opatička 20
☎ 01 485 13 64
🌐 Di–Fr 10–18, Sa–So 10–13 Uhr
✋ mittel

5 Hrvatski Muzej Naivne Umjetnosti

Das kleine Museum im Herzen von Gradec vermittelt einen guten Einblick in die Geschichte der naiven Kunst in Kroatien, deren Ursprünge im Dorf Hlebine (► 82) liegen. Von dort trat um 1930 eine Gruppe bäuerlicher Maler um Ivan Generalić (1914–92) und Franjo Mraz (1910–81) mit bunten Glasmalereien an die Öffentlichkeit.

Die Künstler waren Autodidakten, die malten, was sie in ihrer Umgebung sahen, und so zeigen die frühen Werke zumeist Szenen des ländlichen Alltagslebens. Schon bald erhielten sie weiteren Zulauf und gewannen als Schule von Hlebine internationale Bekanntheit. Die zweite Generation dieser Bewegung blieb dem Stil ihrer Vorgänger zwar weitgehend treu, doch sind ihre Werke technisch komplexer und zeigen Einflüsse des Surrealismus sowie des magischen Realismus.

Die Sammlung des Museums zeichnet diese Entwicklung von den Ursprüngen bis in die Gegenwart nach. Im Zentrum steht die Schule von Hlebine, doch sind auch Werke dalmatinischer und sogar ausländischer Künstler zu sehen. Der erste Raum ist Generalić gewidmet, dessen *Selbstporträt* (1975) zu einem Vergleich mit dem kurz zuvor entstandenen Bild *Vater beim Fischen* (1974) seines Sohnes Josip (1936–2004) anregt. Gezeigt werden auch die ersten Werke der kroatischen naiven Bildhauerei, darunter Figuren von Adam und Eva so-

Die Skulptur *St. Georg und der Drache* vor dem Museum für Kunst und Handwerk

wie die Skulptur *Mutter und Kind* von Petar Smajić (1910–85).

✚ 200 C3 ✉ Ulica Svetog Ćirila i Metoda 3 ☎ 01 485 19 11
🕐 Di–Fr 10–18, Sa–So 10–13 Uhr
✋ mittel

❻ Muzej Za Umjetnost i Obrt

Die umfangreiche Sammlung des Museums für Kunst und Handwerk ist in einem von Hermann Bollé (1845–1916) entworfenen Gebäude (Ende 19. Jh.) untergebracht. Bollé war einer der Architekten des Neubaus der Kathedrale und des Mirogoj-Friedhofs. Kurze Zeit nach dem Erdbeben von 1880 gebaut, sollte das Haus das durch die aufkommende Massenproduktion zunehmend bedrohte traditionelle Kunsthandwerk für die Zukunft bewahren.

Im ersten Stock verdient die Sammlung sakraler Kunst besondere Beachtung. Hier sind unter anderem Altarbilder aus nordkroatischen Kirchen, darunter eine Madonnendarstellung (17. Jh.) aus dem Dorf Remetinec, sowie Statuen der alten Zagreber Kathedrale zu sehen. Die Ausstellungsräume im zweiten Stock beherbergen Jugendstil-, Art-déco- und moderne Objekte, wie sich kroatische Kunst

Renoirs *Badende* im Muzej Mimara

In Raum 1 sind einige der ältesten Exponate zu sehen, darunter ein im 3. Jh. angefertigter christlicher Kelch aus Alexandria, mit dessen Erwerb angeblich die Sammelleidenschaft des damals 19-jährigen Mimara geweckt wurde. Weitere Höhepunkte eines Rundgangs sind ein mit Schnitzereien verziertes englisches Elfenbeinjagdhorn (14. Jh. im Raum 17), ein elfenbeinernes Zepter der polnischen Könige (Raum 26), das Gemälde *Madonna der unschuldigen Kinder* von Rubens, das *Porträt einer Dame* von Rembrandt (Raum 35) sowie die sinnliche *Badende* von Renoir (Raum 40).

und Kunsthandwerks im Kontext der künstlerischen Strömungen in Europa entwickelt haben.

✚ 200 B2 ✉ Trg Maršala Tita 10
☎ 01 488 21 11
🕐 Di–Sa 10–19, So 10–14 Uhr
✋ mittel

✚ 200 B2 ✉ Rooseveltov Trg 4
☎ 01 482 81 00
🕐 Di–Mi und Fr–Sa 10–17, Do 10–19, So 10–14 Uhr
✋ mittel

7 Muzej Mimara

Zagrebs größtes Museum beherbergt ausschließlich die Bestände der Privatsammlung des kroatischen Geschäftsmanns Ante Topić Mimara (1898–1987). Er hatte im Ausland ein Vermögen gemacht und damit eine umfangreiche Kunstsammlung aufgebaut.

8 Etnografski Muzej

Zu den Museen am Westrand von Zagrebs »grünem Hufeisen« (Kasten ➤ unten) gehört auch ein prunkvolles Gebäude mit farbigen Glasfenstern, skulpturengeschmückter Fassade und

Rechts: Zagrebs Botanischer Garten

Das grüne Hufeisen

Auf einer Karte von Donji Grad ist es leicht zu erkennen: das »grüne Hufeisen«, eine u-förmige Kette von Parks und begrünten Plätzen, die Ende des 19. Jhs. als grüne Lunge für die rasch wachsende Stadt angelegt wurde. Hier konnten die Zagreber sich erholen, während die Museen, Kunstgalerien und Theater in ihren repräsentativen Bauten an den Rändern der Parkanlagen der kulturellen Erbauung dienten. Das von Milan Lenuci (1849–1924) entworfene Konzept wurde zwar nie vollendet, doch die realisierten Abschnitte blieben bis heute erhalten. Der östliche Arm des Hufeisens reicht vom Trg Nikole Šubića Zrinskog im Norden über den Strossmayerov Trg mit der Strossmayerova Galerija Starih Majstora (Strossmayer-Galerie Alter Meister) bis zum Trg Kralja Tomislava im Süden. Parallel dazu beginnt der westliche Arm am Trg Maržsala Tita mit dem Hrvatsko Narodno Kazalište (Kroatisches Nationaltheater) und setzt sich, flankiert unter anderem vom Ethnografischen Museum, in Richtung auf den Botanički Vrt (Botanischer Garten) fort. Dieser wurde 1889 im Stil eines englischen Landschaftsgartens angelegt.

einer mit Fresken ausgemalten Zentralkuppel. In dem 1904 als Kongresshalle erbauten Haus ist heute das Ethnografische Museum zu Hause. Das Erdgeschoss zeigt Objekte, die von kroatischen Forschern, besonders von den Brüdern Mirko und Stjepan Seljan, aus dem Ausland nach Zagreb gebracht wurden. Interessanter sind aber die zahlreichen Volkstrachten, Schmuckgegenstände und traditionellen Musikinstrumente aus den verschiedenen Regionen Kroatiens im ersten Stock.

✚ 200 B2 ✉ Trg Mažuranića 14
☎ 01 482 62 20
🕐 Di–Do 10–18, Fr–So 10–13 Uhr
✋ preiswert (Do freier Eintritt)

9 Arheološki Muzej

Untergebracht in einem österreichischen Palais des späten 19. Jhs., beherbergt das Archäologische Museum einen reichen Bestand wertvoller Funde von der Vorgeschichte bis zum Mittelalter. Das wohl interessanteste Objekt ist die Taube von Vučedol, eine dreibeinige Gießflasche aus dem 3. Jahrtausend v. Chr. in Gestalt eines Vogels. Sie diente vermutlich kultischen oder zeremoniellen Zwecken und wurde vielleicht als Behälter für Salböl verwendet. Mit ihren geometrischen Mustern, wie sie für die vor über 4000 Jahren im Gebiet von Vukovar in Ostkroatien heimische Vučedol-Kultur kennzeichnend waren, gehört sie zu den schönsten erhaltenen Zeugnissen neolithischer Keramik. Seit der Belagerung Vukovars 1991 gilt die Taube als Symbol des Friedens und ist auf den kroatischen 20-Kune-Banknoten abgebildet. Sehenswert ist ferner die Mumie von Zagreb, die 1848 aus Ägypten nach Kroatien kam. Sie war in ein leinenes Leichentuch aus dem 4. Jh. v. Chr. gewickelt, auf dem der weltweit längste erhaltene, bis heute nicht entzifferte Text in Etruskisch steht.

✚ 201 D3 ✉ Trg Nikole Šubića Zrinskog 19 ☎ 01 487 31 01
🕐 Di–Fr 10–17, Sa–So 10–13 Uhr
✋ mittel

10 Maksimirski Perivoj

Am Wochenende strömen viele Zagreber in den frühen Nachmittagsstunden in den Maksimir-Park, einen der ältesten öffentlichen Parks in Europa. Spazierwege, Seen, Brücken, Pavillons und ein Café mit Aussicht machen das nur wenige Straßenbahnhaltestellen von der Innenstadt entfernte Areal zu einem beliebten Erholungsgebiet am Rande der Großstadt. Im benachbarten Zoo sind einheimische Tierarten wie Braunbären und Wölfe zu sehen, aber auch Elefanten, Löwen, Tiger, Schimpansen, Krokodile, ein Aquarium und ein Schlangenhaus.

✚ 201 F3 🚃 Straßenbahnlinien 4, 7, 11, 12 Zoo
☎ 01 230 21 99
🕐 Sommer tägl. 9–20 Uhr, Winter tägl. 9–17 Uhr ✋ mittel

11 Groblje Mirogoj

Wer vor der Kathedrale in den Bus nach Mirogoj steigt, trifft nicht selten auf Witwen mit Blumen und Kerzen für die Gräber ihrer Ehemänner – der historische Friedhof ist keineswegs nur ein museales Erinnerungsgelände.

Das 1876 von Hermann Bollé gestaltete Gelände liegt hinter einer langen, mit Efeu bewachsenen Mauer, über der zahlreiche grüne Kuppeln aufragen. Sie gehören zu den eindrucksvollen Arkadengängen im Stil der Neorenaissance.

Arkadengänge auf dem Mirogoj Friedhof

Die Medvednica im tiefen Winter

Die mit Mosaikböden ausgeschmückten Gänge links und rechts des Haupteingangs führen an den prunkvollen Grabdenkmälern kroatischer Adelsfamilien und berühmter Personen entlang. Ungefähr in der Mitte des rechten Arkadengangs liegt das Grab von Stjepan Radić (1871–1928), dem Gründer der Kroatischen Bauernpartei, der seit Anfang des 20. Jhs. für Kroatiens Unabhängigkeit eintrat und im Belgrader Parlament erschossen wurde. Franjo Tuđman (1922–99) liegt unter einem imposanten Granitgrabmal hinter der Friedhofskapelle begraben.

Ebenso interessant ist es, durch die Reihen der einfachen Gräber zu wandern, in denen Katholiken, Orthodoxe, Juden, Moslems und Kommunisten Seite an Seite beerdigt sind.

✝ 201 D5   ⊕ tägl. 8–18 Uhr   🚌 106

⓬ Medvednica

Die bewaldeten Hänge der Medvednica (Bärenberg) eignen sich hervorragend für einen Ausflug, um unweit der Hauptstadt einen Tag in der freien Natur zu verbringen. Die Straßenbahnlinien 8 oder 14 fahren zur Endstation Mihaljevac, von dort fährt die Linie 15 nach Dolje. Zu Fuß geht es nun geradeaus weiter zum ausgeschilderten Eingang des Naturparks Medvednica. Durch einen Tunnel gelangt man auf einen Waldweg und dann über eine Treppe zur Talstation der *žičara* (Seilbahn). Diese erreicht nach einer spektakulären 20-minütigen Fahrt den Gipfel des Sljeme (1035 m), von dem aus man einen schönen Blick auf Zagreb im Süden und das Zagorje (► 73ff) im Norden genießt.

Durch die Buchenwälder der Bergkette führen zahlreiche Wanderwege; im Winter kann man am Gipfel auch Ski fahren. Wenn Sie ein paar Stunden auf einer angenehmen Strecke wandern wollen, wenden Sie sich an der Bergstation der Seilbahn nach rechts und folgen Sie den Wegweisern nach Puntijarka. Kurz hinter einer ausgedehnten Bergwiese erreichen Sie die Kirche Unserer Lieben Frau von Sljeme, die 1932 anlässlich der 1000-Jahr-Feier der Christianisierung Kroatiens auf einer Höhe von 1000 m errichtet wurde. Von dort geht es auf gleichem Weg weiter bis zur Berghütte Puntijarka (► 62) und dann über den Wanderweg Nr. 18 zurück nach Dolje.

✝ 201 D5
⊕ Seilbahn: tägl. 8–20 Uhr
zu jeder vollen Stunde

Wohin zum … Übernachten?

Preise
Für die Übernachtung in einem Doppelzimmer zahlen Sie pro Person (im Sommer):
€ unter 250 Kn   €€ 250 Kn–500 Kn   €€€ über 500 Kn

Dubrovnik €€€

Das 1929 erbaute Hotel liegt an der Fußgängerzone südlich des Trg Bana Jelačića. Seine 260 Zimmer sind mit Klimaanlage, Satellitenfernsehen und anderen modernen Annehmlichkeiten ausgestattet, und aus einigen blickt man direkt auf den Platz. Zwar fehlt dem Haus die Atmosphäre anderer Hotels dieser Preisklasse, doch wer gerne zentral logiert, ist hier gut untergebracht. Die belebten Cafés der Ulica Bogovića sind nur wenige Schritte entfernt.

✚ 201 D3 ✉ Ulica Ljudevita Gaja 1
☎ 01 487 35 55;
www.hotel-dubrovnik.hr
🚊 Straßenbahnlinien 1, 6, 11, 12, 13, 14, 17

Ilica €€

Gut 1 km westlich des Trg Bana Jelačića und von der belebten Einkaufsstraße Ilica etwas zurückgesetzt gelegen, bietet dieses freundliche kleine Hotel zwölf gemütliche Zimmer mit Bad. Das Haus ist in der mittleren Preiskategorie die beste Wahl und oft ausgebucht. Kreditkarten werden nicht akzeptiert; Sie können in kroatischen Kune, aber auch in Euros bezahlen.

✚ 200 A3 ✉ Ilica 102
☎ 01 377 75 22; www.hotel-ilica.hr
🚊 Straßenbahnlinien 1, 6, 11

Palace €€€

Der 1891 als Palais Schlessinger errichtete Bau gilt seit der Umwandlung in ein Hotel im Jahre 1907 als erstes Haus am Platze. Trotz gründlicher Renovierung hat es sich eine kaiserzeitliche Atmosphäre mit altmodischem Charme und dem Zauber des Jugendstils bewahrt. Aus vielen Zimmern blickt man direkt auf den parkartigen Strossmayerov Trg, das Herzstück des grünen Korridors zwischen Hauptbahnhof und Stadtzentrum.

✚ 201 D2 ✉ Strossmayerova Trg 10
☎ 01 489 96 00; www.palace.hr
🚊 Straßenbahnlinien 6, 13

Regent Esplanade €€€

Wer es besonders stilvoll liebt, logiert im Esplanade, das im Jahre 1925 speziell für Gäste, die im Orient Express anreisten, gebaut wurde. Die Gärten mit dem Springbrunnen und die Art-déco-Eingangshalle erinnern an frühere Zeiten, doch nach umfangreichen Renovierungsarbeiten verfügt das Haus auch über moderne Büroräume, drahtlose Internetzugänge, Fitnessclub und Kasino. Auf den Zimmern machen frische Blumen und Marmorbäder den Aufenthalt zum reinen Luxus. Der Botanische Garten ist nur wenige Minuten entfernt.

✚ 201 D1 ✉ Ulica Mihanovićeva 1
☎ 01 456 66 66;
www.theregentzagreb.com
🚊 Straßenbahnlinien 2, 4, 6, 9, 13

Sliško €€

Nur etwa 200 m vom Busbahnhof und der Endstation der Zubringerbusse vom Flughafen entfernt, ist dieser moderne kleine Familienbetrieb besonders für Busreisende eine gute Wahl. Das Haus steht in einer ruhigen Straße und bietet 18 einfach möblierte Zimmer mit Bad und Satellitenfernsehen. Bis zum Trg Bana Jelačića ist man rund 15 Minuten mit der Straßenbahn bzw. 30 Minuten zu Fuß unterwegs. Wer seine E-Mails checken muss, findet einen frei zugänglichen Computer mit Internetanschluss in der Hotelhalle.

✚ 201 off F1 ✉ Ulica Supilova 13
☎ 01 618 47 77; www.slisko.hr
🚊 Straßenbahnlinien 2, 5, 6, 7, 8

Wohin zum ...
Essen und Trinken?

Preise
Preise pro Person für eine Vorspeise, ein Hauptgericht, Salat und ein Getränk
€ unter 100 Kn   €€ 100 Kn–200 Kn   €€€ über 200 Kn

Baltazar €€

Das alteingesessene Restaurant gleich nördlich der Kathedrale ist vor allem für seine Grillgerichte bekannt. Dazu gibt es gebratene Paprika, Kartoffelbällchen mit Gorgonzola oder Pommes frites. Nicht selten wird es hier recht voll, daher empfiehlt sich eine Tischreservierung, vor allem wenn man im Innenhof sitzen möchte. Inhaber einer Zagreb Card erhalten 10 % Preisnachlass. Nebenan liegen das Fischrestaurant Gašpar und das Weinlokal Melkior.
✚ 201 D4 ✉ Nova Ves 4
☎ 01 466 69 99 ◷ Mo–Sa 12–24 Uhr
🚌 Bus 106

Boban €€

Nur wenige Meter abseits des Trg Bana Jelačića hat Fußballstar Zvonimir Boban ein italienisches Kellerrestaurant mit Außenfläche und angeschlossener Bar eröffnet, das vor allem von einem jungen und schicken Publikum besucht wird. Die Spezialität des Hauses sind frische Nudelgerichte in unterschiedlichen Variationen, dazu marinierte Rinder- oder Tunfischfilets sowie italienische Salate und Risottos.
✚ 201 D3 ✉ Ulica Ljudevita Gajeva 9
☎ 01 481 15 49 ◷ tägl. 11–24 Uhr
🚋 Straßenbahnlinien 1, 6, 11, 12, 13, 14, 17

Ivica i Marica €€

Ivica und Marica sind Kroatiens Hänsel und Gretel, und dieses reizende Restaurant auf Zagrebs Ausgehmeile kombiniert märchenhaftes Ambiente mit leichter Bio- und vegetarischer Küche. Es gibt zwar ein paar Fleisch- und Fischgerichte wie Forelle aus den Bergflüssen des Žumberak, die meisten Gäste halten sich aber an vegetarische Leckereien wie *štrukli* (mit Spinat und Käse gefüllte Teigtaschen). Für einen Snack sollten Sie sich in der Konditorei nebenan für eine der köstlichen Kuchen entscheiden.
✚ 201 D4 ✉ Tkalčićeva 70
☎ 01 481 73 21 ◷ tägl. 12–23 Uhr

K Pivovari €€

Die meisten kommen zum Biertrinken, man kann aber auch gut essen. Das Lokal gehört zur Brauerei Ožujsko, die seit über 100 Jahren das helle Lagerbier Ožujsko und das dunkle Tomislav produziert. Auch ausländische Biere werden hier in Lizenz gebraut und frisch vom Fass gezapft. Auf der Speisekarte stehen kroatische Gerichte.
✚ 200 off A3 ✉ Ilica 222
☎ 01 375 18 08
◷ Mo–Sa 10–24 Uhr, So 10–17
🚋 Straßenbahnlinien 2, 6, 11

Kerempuh €€

Marktverkäufer und ihre Kunden, Geschäftsleute und Touristen begegnen sich in diesem belebten Restaurant auf der oberen Ebene des Dolac. Wer beim Mittagessen auf der Terrasse sitzen möchte, sollte frühzeitig kommen. Das Menü ändert sich täglich und richtet sich nach dem Angebot auf dem Markt; die Zutaten sind dementsprechend immer ganz frisch. Einen Schwerpunkt bilden Fleischgerichte wie *pasticada*, ein Schmortopf mit in Wein zubereitetem Rindfleisch. Kohlrouladen sind eine weitere Spezialität des Hauses.
✚ 201 D3 ✉ Kaptol 3
☎ 01 481 90 00
◷ Mo–Sa 9–16 🚋 Straßenbahnlinien 1, 6, 11, 12, 13, 14, 17

Paviljon €€€

Das Restaurant im Erdgeschoss des Kunstpavillons gehört zu den Lokalen der gehobenen Klasse. Der Jugendstilbau wurde 1896 für eine internationale Ausstellung in Budapest errichtet, dann abgetragen und 1898 in Zagreb wieder aufgebaut. An den Wänden hängt moderne Kunst, ein Pianist spielt Klavier, und auf der Speisekarte verbindet sich kroatische Tradition mit italienischen und mitteleuropäischen Einflüssen. Das Angebot reicht von knusprig gebratener Ente auf Rotkohl und Feigen, dem Markenzeichen des Hauses, über Garnelen mit Kichererbsen und Rosmarin bis zum Hühnchen mit einer Füllung aus Trüffeln und Fontina-Käse.

✚ 201 D2 ✉ Trg Kralja Tomislava 22
☎ 01 481 30 66
⊕ Mo–Sa 12–24 Uhr
🚊 Straßenbahnlinien 2, 4, 6, 9, 13

Pod Gričkim Topom €€

»Unter der Grič-Kanone« – so der Name dieses Restaurants – bietet das ideale Ambiente für ein romantisches Abendessen. Auf der mit Blumen geschmückten Terrasse mit Ausblick auf die Unterstadt ganz in der Nähe des Lotršćak-Turms werden die Gäste von aufmerksamem Personal mit guten Fremdsprachenkenntnissen bedient. Als Vorspeise empfiehlt sich die Zagorje-Suppe, eine herzhafte Brühe mit Schinken, Käse, Speck, Pilzen und Kartoffeln. Bei den Hauptgerichten stehen gegrillte Fischgerichte und meisterhaft zubereitete Steaks im Vordergrund, wie z. B. das mit Schinken und Käse gefüllte Kalbsschnitzel *zagrebački odrenzak*. An den Toilettentüren verweisen ein Schlüssel auf die Herren-, ein Schlüsselloch auf die Damentoilette.

✚ 200 C3 ✉ Zakmardijeve Stube 5 (nahe der Zahnradbahn-Bergstation)
☎ 01 483 36 07
⊕ Mo–Sa 11–24, So 11–17 Uhr
🚊 Zahnradbahn nach Gradec

Puntijarka €

Von der Bergstation der Seilbahn auf den Sljeme gelangt man auf bequemem Pfad in 45 Minuten zur Berghütte am Südhang der Medvednica. Das Ambiente ist schlicht, die Speisen – z. B. *grah* (Bohneneintopf), Schweinebraten und *purica z mlincima* (Pute mit Nudeln) – gut und herzhaft. Im Sommer wird das Essen im Freien serviert. Neben der Hütte führt ein Fußweg zur Endstation der Straßenbahn in Dolje; so kann man mit der Seilbahn mittags auf den Berg fahren und nach dem Essen ein paar Stunden gemütlich bergab wandern.

✚ 201 bei D5 ✉ Sljemenska Cesta 4
☎ 01 458 03 84 ⊕ tägl. 9–21 Uhr

Rubelj €

Das beliebteste unter den günstigen Grillrestaurants auf der Terrasse unterhalb der Marktstände auf dem Dolac lockt mit Tischen im Freien. Auf der Karte stehen einfache Gerichte wie Kebab, Hamburger, Würste, Grillfleisch und die beliebten *ćevapčići*, aber auch Steaks, Pizzen und gegrillter Tintenfisch. Dazu gibt es verschiedene Sorten knuspriges Brot, rohe Zwiebeln und *ajvar* (Auberginen-Paprika-Dip).

✚ 201 D3 ✉ Dolac 2
☎ 01 481 87 77
⊕ tägl. 8–23 Uhr
🚊 Straßenbahnlinien 1, 6, 11, 12, 13, 14, 17

Vallis Aurea €

In der Nähe der Talstation der Zahnradbahn nach Gradec bietet dieses Restaurant ein kleines Stück Slawonien im Herzen von Zagreb. Holztische und bestickte Tischtücher sorgen für eine gemütliche Atmosphäre, das Essen ist würzig und die Preise sind fair. Nach einer herzhaften Vorspeise wie Schinken mit Meerrettich, geräucherter Ochsenzunge oder *kulen* (slawonische Salami) kann man unter anderem zwischen drei verschiedenen Tagesspezialitäten wählen. Wer keinen Hunger hat, genießt ein Glas kühlen slawonischen Wein auf der Sonnenterrasse.

✚ 200 C3 ✉ Ulica Tomića 4
☎ 01 483 13 05
⊕ Mo–Sa 9–23 Uhr
🚊 Straßenbahnlinien 1, 6, 11, 12, 13, 14, 17

Wohin zum …
Einkaufen?

Seit dem Ende des Kommunismus hat sich in Zagrebs Einkaufsstraßen viel verändert. Heute gibt es hier eine Vielzahl an Kaufhäusern, Boutiquen und Einkaufszentren.

EINKAUFSSTRASSEN

Die wichtigsten Straßen für einen Einkaufsbummel liegen rund um den Trg Bana Jelačića. Am Westende des Platzes beginnt die rund 7 km lange **Ilica**, seit dem 19. Jh. die wichtigste Geschäftsstraße der Stadt, an der heute Antiquitäten-, Mode- und Schuhgeschäfte dominieren. In der **Vlaška** ist das Angebot vergleichbar.

Unkonventionellere Läden findet man in der **Radićeva** und **Tkalčićeva**, die von der Nordwestecke des Trg Bana Jelačića bergauf nach Norden verläuft. Hier sind ausgefallene bis schrille Designerboutiquen zu Hause, aber auch Kunstgalerien und Geschäfte für Kunsthandwerk. **Arkadija** (Radićeva 35) hat sich auf Karnevalsmasken spezialisiert, während **Bil-Ani** (Radićeva 37) handgemachte Miniaturen von kroatischen Gebäuden verkauft.

EINKAUFSZENTREN

Edlere Produkte in großer Auswahl findet man in Kaufhäusern und Einkaufszentren. Zu den wichtigsten gehören das historische **Nama** (Ilica 4), das **Centar Kaptol** (Nova Ves 17), das **Importanne** (Starčevićev Trg, neben dem Hauptbahnhof), das **Importanne Galleria** (Iblerov Trg, an einer Seitenstraße der Vlaška).

Centar Kaptol und **Importanne Galleria** orientieren sich am Vorbild amerikanischer Einkaufszentren. Neben den zumeist montags bis samstags von 9 bis 21 Uhr und teilweise auch am Sonntagmorgen geöffneten Geschäften sind hier auch Gaststätten und Multiplexkinos untergebracht.

LEBENSMITTEL UND GETRÄNKE

Die größte Auswahl an frischen Lebensmitteln bietet eindeutig der tägliche **Bauernmarkt** auf dem Dolac. Obst und Gemüse werden im Freien angeboten.

Von der Kathedrale nur eine Straßenecke entfernt, hält die **Galerija Pršut** ein exzellentes Sortiment an Räucherschinken, Wurst, Käse, Olivenöl, Wein und Spirituosen aus Dalmatien und Istrien bereit.

Etwas weiter östlich in der gleichen Straße werden bei **Franja** (Vlaška 62) frische Kaffee- und Teesorten sowie ein breites Angebot an Weinen und Likören verkauft. Eine weitere Niederlassung von **Franja** finden Sie auf der Ilica (Ilica 24). Die **Vinoteka Bornstein** (Kaptol 19) verkauft kroatischen Wein, während **Bakina Kuća** (Strossmayerova Trg 7) und **Natura Croatica** (Prerado-vićeva 8) allerlei leckere Grundnahrungsmittel verkaufen wie Honig, Marmelade oder auch leckere Liköre.

KLEIDUNG UND SCHUHE

Heruc Galerija (Ilica 26) und **Image Haddad** (Ilica 6) gehören zu den üblichen Ketten, die man in Fußgängerzonen findet und bieten modische Damenkleidung. Wer es edler mag, geht zu **Gharani Štrok** (Dezmanova 5), das einem kroatischen Designer gehört, der mittlerweile in London arbeitet.

In der hübschen Wiener Oktogon Einkaufspassage von 1899 finden Sie bei **Croata** (Ilica 5) kroatische Seidenkrawatten.

WEITERE LÄDEN

Im gleichen Gebäudekomplex wie das Hotel Dubrovnik liegt Zagrebs führende Buchhandlung **Algoritam** (Ulica Ljudevita Gaja 1). Hier werden auch fremdsprachige Bücher, darunter Übersetzungen kroatischer Literatur, verkauft.

Die beste Adresse für natürliche Kosmetika und Seifen ist **Aromatica** (Vlaška 7).

Wohin zum …
Ausgehen?

Zagrebs Kulturszene ist sehr lebendig. Die zahlreichen Theater, Kinos, Konzertsäle und Orchester der Stadt sorgen das ganze Jahr über für ein breit gefächertes Veranstaltungsangebot.

Über das aktuelle Programm informieren die Website der Touristeninformation am Trg Bana Jelačića (www.zagreb-touristinfo.hr) und das monatlich erscheinende Blättchen *Events and Performances*, das in der Touristeninformation ausliegt, sowie das Gratismagazin *Zagreb in your Pocket* (www.inyourpocket.com).

Im Sommer finden verschiedene Veranstaltungen im Freien statt, so z. B. **Volkstanzvorführungen** auf dem Trg Bana Jelačića während des **Internationalen Folklorefestivals** im Juli und Konzerte im Musikpavillon auf dem Trg Nikole Šubića Zrinskog. Beim alljährlichen Festival **Zagreber Sommerabende**, das ebenfalls im Juli stattfindet, wird in der Kathedrale und in den Innenhöfen von Gornji Grad Kammermusik gespielt.

THEATER UND MUSIK

Die renommierteste Spielstätte für Theater, Ballett und Oper ist das **Hrvatsko Narodno Kazalište** (Kroatisches Nationaltheater; Tel. 01 488 84 15; www.hnk.hr). Es wurde 1895 eröffnet. Neben Eigenproduktionen der staatlichen Schauspiel-, Opern- und Ballettensembles sind hier auch Gastspiele auswärtiger Bühnenkünstler zu sehen. Die Kartenschalter sind geöffnet: Mo–Fr 10 bis 19.30, Sa 10–13 Uhr und jeweils 90 Minuten vor Vorstellungsbeginn.

Ein ähnlich hochkarätiges Programm bietet die **Vatroslav-Lisinski-Konzerthalle** (Trg Stjepana Radića 4; Tel. 01 612 11 66; www.lisinski.hr), die Heimat des Zagreber Philharmonischen Orchesters.

Für Kinder sind wahrscheinlich die Aufführungen im **Zagrebačko Kazalište Lutaka** (Zagreber Puppentheater, Trg Kralja Tomislava) am interessantesten.

KINO

Die meisten internationalen Großproduktionen sind kurz nach dem weltweiten Kinostart auch in Zagreb zu sehen. Zwei gute Adressen in der Innenstadt sind das **Broadway Tkalča** im Einkaufszentrum Centar Kaptol und das **Zagreb** am Trg Petra Preradovića. Das Programm ist in den örtlichen Tageszeitungen abgedruckt.

NACHTLEBEN

Abends auszugehen bedeutet für die meisten Einheimischen vor allem im Sommer, in ein Café zu gehen und dort auf der Terrasse am Straßenrand im Freien zu sitzen. Besonders beliebt sind dabei die Cafés in der Radićeva und der Tkalčićeva nördlich des Trg Bana Jelačića sowie in der Gajeva und der Bogovićeva südlich des Platzes. Die bekannteste Diskothek ist das **Aquarius** 4 km südlich der Stadt am Jarun-See. Für Freunde von Livemusik empfiehlt sich das **Sax** (Ulica Palmotića 22).

FUSSBALL

Das Spitzenteam der Stadt, Dinamo Zagreb, ist im **Maksimir-Stadion** gegenüber des Maksimir-Parks zu Hause. Hier finden auch die Heimspiele der kroatischen Nationalmannschaft statt. Gespielt wird meist an den Wochenenden zwischen August und Mai. In der Regel kann man vor Spielbeginn vor dem Stadion günstige Eintrittskarten erwerben, aber auch telefonische Vorbestellungen sind möglich (Tel. 01 238 61 11).

Das Binnenland

Erste Orientierung

Wer wie die meisten Kroatienreisenden lediglich Zagreb und die Küstenregionen bereist, lässt sich mehr als die Hälfte des Landes entgehen. Dabei bieten die Gebiete nördlich, südlich und östlich von Zagreb eine Mischung aus zauberhafter Landschaft, historischen Stadtbildern und authentischem Landleben. Das Reisen im Binnenland ist nicht immer einfach: Die Straßen sind vielfach schlecht, Hotels und Restaurants meist einfach und die bis heute spürbaren Auswirkungen der Kriegsjahre 1991–1995 möglicherweise emotional belastend.

Bootsausflug auf den Plitvicer Seen

Save, Drau und Donau bilden in der Nordosthälfte Kroatiens natürliche Grenzen zu Bosnien-Herzegowina, Ungarn und Serbien. Seit Papst Leo X. 1519 das Land zum »Bollwerk des Christentums« erklärte, herrschte hier immer die Atmosphäre einer Grenzregion. Die habsburgischen Herrscher richteten zum Schutz ihres Machtbereichs gegen die Türken vom 16. Jh. an eine »Militärgrenze« ein; seit 1699 umfasste diese Zone große Teile Kroatiens an der Grenze zu Bosnien und Serbien. Die gleiche Region wurde in den 1990er-Jahren zum Kriegsschauplatz – in Städten wie Osijek, Slavonski Brod und vor allem Vukovar sind die Spuren dieses Krieges bis heute unübersehbar.

Das im Nordosten Kroatiens gelegene Slawonien ist ein touristisch kaum erschlossenes Land der Weingärten, Weizenfelder und Bauerndörfer. Vor ihren Häusern bieten die Einwohner Säcke voll roter Pfefferschoten zum Verkauf an, sie wandern als Zutat in ihre Salamiwürste, Gulaschgerichte und Fischeintöpfe.

Nach Lust und Laune

6 Samobor ➤ 82

7 Kumrovec ➤ 82

8 Hlebine ➤ 82f

9 Osijek ➤ 83

10 Vukovar ➤ 83f

11 Đakovo ➤ 84

Eine Kopie der Statue des Bischofs Gregor von Nin (➤ 125) von Ivan Meštrović vor der Kathedrale von Varaždin

Die touristischen Anziehungspunkte im Inland Kroatiens sind teilweise weit voneinander entfernt. So ist diese Rundreise mit langen Fahrten über Landstraßen verbunden.

Das Binnenland in vier Tagen

Erster Tag

Vormittags

Machen Sie sich frühzeitig auf den Weg, um die **❶ Plitvicer Seen** zu erkunden (Bild links, ► 70ff). Hier kann man ohne weiteres einen ganzen Tag verbringen, doch für einen Spaziergang zum Wasserfall Veliki Slap und eine Bootstour auf dem Kozjak-See genügen ein paar Stunden.

Nachmittags und abends

Fahren Sie auf der alten Hauptstraße von Split nach Zagreb. Bleiben Sie auf der Straße bis Karlovac, von dort geht es über Jastrebarsko und die Berge nach **❻ Samobor** (► 82). Am Marktplatz können Sie eine süße *kremšnite* (Blätterteig-Cremeschnitte) probieren.

Zweiter Tag

Vormittags

Von Samobor aus geht es zunächst in Richtung Zagreb, dann auf dem Autobahnring um die Hauptstadt herum nach Norden und weiter bis Zabok. Die Rundfahrt durch das Zagorje beginnt mit einem Besuch des Museumsdorfes **❼ Kumrovec** (► 82).

Nachmittags und abends

Nach einem Mittagessen im Lokal *Grešna Gorica* (➤ 87) bleibt noch ausreichend Zeit für einen Besuch auf zwei Schlössern des **2 Zagorje**, Veliki Tabor und Trakoščan (links unten, ➤ 73ff). Danach geht es weiter zur Barockstadt **3 Varaždin** (Bild rechts, ➤ 76f) mit ihrer Altstadt. Nach einem Aperitif auf dem Marktplatz können Sie sich z.B. im Restaurant *Zlatna Guška* (➤ 87) ein üppiges Abendessen gönnen.

Dritter Tag

Vormittags

Die Fahrt von Varaždin durch die pannonische Ebene nach Osijek dauert etwa drei Stunden. Legen Sie eine Pause in **8 Hlebine** (➤ 82f) ein und besichtigen Sie dort die Galerie für naive Kunst.

Nachmittags und abends

Nach der Ankunft in Osijek fahren Sie gleich weiter in den **4 Naturpark Kopački Rit** (➤ 78f). Eine Bootstour auf der *Orao I* führt Sie ins Überschwemmungsgebiet der Donau: Halten Sie Ausschau nach Reihern und Kormoranen! Zum Abendessen geht es dann ins benachbarte Bilje, wo Sie ein würziges slawonisches Gulasch im Restaurant *Kod Varge* (➤ 87) probieren können. Bilje eignet sich gut zum Übernachten.

Vierter Tag

Vormittags

Beginnen Sie den Tag mit einem einstündigen Spaziergang durch die im 18. Jh. erbaute Festungssiedlung Tvrđa in **9 Osijek** (➤ 83). Danach geht es nach **11 Đakovo** (➤ 84) mit seiner sehenswerten Kathedrale.

Nachmittags und abends

Auf der Autobahn Belgrad–Zagreb fahren Sie bis Novska und von dort nach Jasenovac, wo sich der Zugang zum **5 Naturpark Lonjsko Polje** (Bild links, ➤ 80f) befindet. Hier können Sie bis zum Abend die malerischen Dörfer erkunden und in Mužilovčica (➤ 85) die Nacht verbringen.

❶ Plitvička Jezera

Mit jährlich über 600 000 Besuchern sind die Plitvicer Seen Kroatiens wichtigster touristischer Anziehungspunkt abseits der Küste. Das gesamte Seengebiet wurde 1949 zum ersten Nationalpark des Landes (Nacionalni Park Plitvička Jezera) und 1979 zum Weltnaturerbe der Unesco erklärt. Im Sommer drängen sich hier Busladungen voller Tagesausflügler, doch frühmorgens oder außerhalb der Saison kann man die Naturschönheiten oft ganz in Ruhe genießen.

Der Wasserfall Veliki Slap zählt zu den eindrucksvollsten Sehenswürdigkeiten des Landes. Über 70 m tief stürzt er eine steile Kalksteinfelswand hinab in den Fluss Korana und ist damit der höchste eines ganzen Systems von Wasserfällen, die die 16 smaragdgrünen Seen des Areals miteinander verbinden und zusammen auf einer Strecke von 8 km einen Höhenunterschied von mehr als 150 m überwinden. Die Seen entstanden durch die Ablagerung von Travertin, einem kalkreichen schlammigen Sediment, das sich aus Moosen und verwittertem, in Wasser gelöstem Kalkstein zusammensetzt. Die stetigen Ablagerungen sorgen dafür, dass die Seen immer höher gelegt werden. Rauer Kalksteinkarst und üppige Vegetation verbinden sich zu einer einzigartigen Landschaft. Braunbären und Wölfe bevölkern die Buchen-, Tannen- und Fichtenwälder, und die Luchse sind zurückgekehrt.

Sehenswerte Seen

Eine ausführliche Erkundung des Nationalparks dauert mehrere Tage, in dieser Zeit kann man in einem der drei Hotels im Park

Unten und rechts: Im Nationalpark Plitvicer Seen präsentiert die Natur ein faszinierendes Schauspiel

übernachten. Die meisten Besucher verbringen jedoch höchstens einen Tag an den Seen, und selbst wer nur einige Stunden Zeit hat, kann sich dank des perfekt ausgebauten Netzwerks von Fußwegen und hölzernen Stegen einen guten Überblick verschaffen. Manche Pfade führen so dicht an den Wasserfällen entlang oder gar unter ihnen hindurch, dass man die Sprühnebel spürt.

Wechselndes Licht und das Farbenspiel der Natur verleihen den Seen zu jeder Jahreszeit einen anderen Charakter. Im Sommer, wenn die meisten Besucher kommen, sind sie erfrischend kühl, aber oft auch überlaufen. Viel schöner ist es im Frühling, wenn die Schneeschmelze die Wasserfälle anschwellen lässt, und im Herbst, wenn sich die Blätter in den Wäldern bunt verfärben. Im Winter ist der Nationalpark nahezu menschenleer: An den Seen herrscht dann eine faszinierende Ruhe, vor allem, wenn Schnee liegt und das Wasser mit Eis bedeckt ist.

Unterwegs im Nationalpark

Die Eintrittskarten (gültig für einen Tag, Verlängerung möglich) gelten gleichzeitig als Fahrkarten für die Ausflugsboote auf den Seen und die parkinternen Busse. Auf den Übersichtsplänen, die an den Eingangsschaltern und in den Hotels verkauft werden, sind Vorschläge für zwei- bis sechsstündige Rundgänge eingezeichnet, bei denen Teilstrecken per Boot und im Bus zurückgelegt werden. Ein vierstündiger Rundgang führt z.B. vom Eingang 1 über die blau markierte Route zum **Veliki Slap**, dann per Ausflugsboot über den **Jezero Kozjak**, den größten der 16 Seen, und schließlich mit dem Bus zurück zum Ausgangspunkt. Wenn Sie einen ganzen Tag Zeit haben, starten Sie am besten am Eingang 2 und nehmen zunächst den Bus zu den **Labudovac-Fällen** am unteren Ende des höchstgelegenen Sees, des Prošcansko Jezero. Von dort folgen Sie der rot markierten Route dem Seeufer entlang bis zum **Jezero Kozjak**, wo Sie das Ausflugsboot besteigen. Der **Veliki Slap** bildet dann den Abschluss.

KLEINE PAUSE

An den Eingängen zum Nationalpark befinden sich Cafés; weitere öffnen im Sommer an den wichtigsten Bootsanlege- und Bushaltestellen. Für den größeren Hunger bietet das rustikale

Restaurant **Lička Kuča** am Eingang 1 (April–Okt. geöffnet; Tel. 053 75 10 24) traditionelle Gerichte aus der Region. Im Winterhalbjahr beschränkt sich das Angebot auf die Restaurants der Hotels.

✝ 193 F3 ✉ 75 km südlich von Karlovac ☎ 053 75 10 15; www.np-plitvicka-jezera.hr
🕓 Sommer tägl. 8–19, Winter tägl. 8–17 Uhr
✋ teuer (variiert zwischen 70 Kn im Winter bis 110 Kn im Sommer)

**Die Plitvicer Seen
leuchten blaugrün**

PLITVIČKA JEZERA: INSIDER-INFO

Zugang: Es gibt **zwei Haupteingänge** in den Nationalpark (»Ulaz 1« und »Ulaz 2«), an beiden findet man Parkplätze und Informationsbüros. Vom Eingang (Ulaz) 1 ist es nicht weit zum Veliki Slap; eine Terrasse mit Blick auf die Wasserfälle liegt nur 50 m entfernt. Eingang (Ulaz) 2 liegt in der Nähe der drei Hotels und ist ein guter Ausgangspunkt für die Erkundung der oberen Seen und Wasserfälle.

Top-Tipps: Wenn Sie nur ein paar Stunden Zeit für Ihren Besuch an den Seen haben, empfiehlt sich eine **Übernachtung** in einem der **drei Hotels des Nationalparks**. So können Sie sich frühmorgens auf den Weg machen, bevor die Reisebusse mit den Tagesausflüglern eintreffen.
• Im **Winter** ist der **Eintrittspreis niedriger** als im Sommer. Allerdings verkehren die Ausflugsboote und die parkinternen Busse nur bis November. Wenn die Wege verschneit sind, werden sie ganz gesperrt. Ein Blick auf den Veliki Slap von der Aussichtsterrasse in der Nähe des Eingangs 1 ist aber in der Regel immer möglich.

2 Zagorje

Mit seinen Weingärten, Wiesen und Hügeln, Burgen und Kirchen ist das Zagorje (das Gebiet »jenseits des Berges«) eine der reizvollsten Landschaften Kroatiens.

Veliki Tabor

Weithin sichtbar auf einem 333 m hohen Hügel errichtet, prägt die mittelalterliche Burg seit dem 16. Jh. das Gesicht der Landschaft. Allerdings wirkt sie von fern imposanter als aus nächster Nähe, zumal seit langem Restaurierungsarbeiten das Bild beeinträchtigen. Über dem fünfeckigen Gebäudekomplex erheben sich vier halbrunde Türme rund um einen arkadengesäumten Innenhof, in dem gelegentlich Schwertkämpfer und Falkner ihre Künste vorführen. Das Burgmuseum enthält eine wenig spektakuläre Waffensammlung.

Die Burg von Veliki Tabor

Die Geschichte der Veronika

Die ältesten Teile von Veliki Tabor wurden im 12. Jh. für die Grafen von Celje errichtet. Eine Sage aus jener Zeit berichtet von der jungen Veronika aus dem Nachbarort Desinić, in die sich der Sohn eines der Grafen verliebte. Die beiden flohen nach Slowenien und heirateten dort, doch Veronika wurde gefangen. Der Burgherr ließ sie zuerst einkerkern, dann ertränken und schließlich ihren Leichnam in der Burg einmauern. 1982 wurde dort tatsächlich der Schädel einer Frau gefunden, der heute in der Burgkapelle zu besichtigen ist. Ob es sich wirklich um Veronikas Kopf handelt, weiß allerdings niemand.

Trakošćan

Die im 13. Jh. zum Schutz des Bednja-Tals an der slowenischen Grenze angelegte Burg ist die wohl meistbesuchte Sehenswürdigkeit des Zagorje. Das heutige Bauwerk, das mit seinen zinnenbewehrten Türmen wie ein Märchenschloss über einem künstlichen See aufragt, ist allerdings zum größten Teil ein Neubau des 19. Jhs., der auf den Grundmauern der alten Anlage errichtet wurde. Vorfahren der Adelsfamilie Drašković erhielten die Festung im 16. Jh. von den Habsburgern.

Der Weg auf den Burgberg führt über eine Zugbrücke den bewaldeten Hang hinauf. Die Burg selbst präsentiert sich als stattlicher Adelssitz mit Wandteppichen, Gemäldesammlung, Rüstungen, Jagdtrophäen, Rauch- und Spielsalons sowie einigen prunkvollen Kohlenbecken aus dem 18. Jh. Zudem befindet sich hier

Souvenirs in
Marija Bistrica

Marija Bistrica

Zu den Sehenswürdigkeiten des Zagorje gehört auch Marija Bistrica, die wichtigste Wallfahrtsstätte Kroatiens. Die Pilger verehren hier eine dunkle hölzerne Marienstatue aus dem 15. Jh., die der Legende nach von einem Priester in der Mauer der Pfarrkirche versteckt wurde, um sie vor den vordringenden Türken zu schützen. Sie wurde 1684 wiedergefunden, als ein Lichtstrahl den Bischof zum Versteck führte. Das heutige Gotteshaus errichtete 1883 Hermann Bollé (1845–1916), der Architekt der Kathedrale von Zagreb. Er integrierte den steinernen Torbogen und die Fassade der alten Kirche in den Neubau. Den von überdachten Gängen gesäumten Vorplatz zieren zwei Pavillons mit Kuppeldächern und zahlreiche marmorne Weihegeschenke mit Dankinschriften von Pilgern. Der Platz trägt seit dem Besuch von Papst Johannes Paul II. (1998) den Namen Trg Pape Ivana Pavla II. Von der Via Crucis (Kreuzweg) hinter der Kirche hat man eine schöne Aussicht. An bestimmten Festtagen, vor allem am 15. August (Mariä Himmelfahrt) und am 8. September (Mariä Geburt), besuchen Tausende von Pilgern die unter freiem Himmel hinter der Kirche gefeierten Gottesdienste. Der Ort verwandelt sich dann in eine Art Rummelplatz mit Verkaufsständen für Popcorn, Ballons und Lebkuchenherzen.

ZAGORJE: INSIDER-INFO

Außerdem: Auf halbem Wege zwischen Veliki Tabor und Trakošćan liegt die Stadt **Krapina**, die als Fundort des *Homo Krapinensis* bekannt ist. Er ist ein Verwandter der Neandertaler und lebte hier vor etwa 30 000 Jahren. Auf dem Hügel Hušnjakovo wurden rund 900 Knochen von mehr als zehn Männern, Frauen und Kindern ausgegraben – die größte Ansammlung prähistorischer menschlicher Überreste, die je entdeckt wurde. Im **Evolutionsmuseum** (Sommer tägl. 9–17, Winter 9–15 Uhr) sind Reproduktionen von Neandertaler-Schädeln und das vollständige Skelett eines Höhlenbären zu sehen; auf dem Hügel hinter dem Museum kann man die Fundstätte besichtigen. Ein neues Museum mit interaktiven Exponaten ist in Planung.

Typische Landschaft im Zagorje

das Atelier von Julijana Erdödy-Drašković (1847–1901), Kroatiens erster anerkannten Malerin, mit ihrem Klavier, ihrer Staffelei und mehrere ihrer Gemälde. Danach empfiehlt sich ein Spaziergang um den See. Am Ufer liegt ein (nur im Sommer geöffnetes) Café, wo man auch Tretboote mieten kann.

KLEINE PAUSE

Auf der Terrasse des Lokals ***Grešna Gorica*** (➤ 87) hat man einen schönen Blick auf die Burg Veliki Tabor. Hier kann man zu Mittag essen.

Veliki Tabor
✚ 194 B4 ☎ 049 34 39 63 ⊛ Sommer tägl. 9–18, Winter 9–15 Uhr
✋ preiswert

Trakošćan
✚ 194 B4 ☎ 042 79 64 22 ⊛ Sommer tägl. 9–18, Winter tägl. 9–15 Uhr
✋ mittel

3 Varaždin

Hübsche Fassaden in aprikose-, erdbeer- und vanillefarbenen Pastelltönen, aufwändig restauriert und verziert mit Barockengeln und Blumengirlanden – so präsentiert sich Varaždin. Die selbstbewusste, gepflegte Stadt mit ihren Caféterrassen und gepflasterten Straßen ist ein echtes Juwel.

Im 12. Jh. gegründet, war Varaždin von 1756 an kurzzeitig die Hauptstadt Kroatiens, bis 1776 ein Brand einen Großteil des Ortes zerstörte. Beim Wiederaufbau entstand ein harmonisches Ensemble barocker Palais und Kirchen, deren Zwiebeltürme und Kuppeln bis heute das Stadtbild prägen.

Besonders die verkehrsberuhigten Straßen des Stadtzentrums sind wie geschaffen für gemächliche Spaziergänge, bei denen man verborgene Details wie die lauschigen Innenhöfe und die Wappen über den Haustüren entdecken kann. Früher oder später führt der Weg aber stets zum **Trg Kralja Tomislava**, dem Hauptplatz. Hier steht das im 16. Jh. errichtete Rathaus mit einem Uhrenturm aus dem 18. Jh.

Stari Grad

Die wichtigste Sehenswürdigkeit ist der von einem kleinen Park umgebene Stari Grad, eine Mischung aus Burg und Herrenhaus mit Zugbrücke, Wehrmauern und einem trocken gefallenen Wassergraben. Der weiß getünchte Festungsbau mit seinem roten Ziegeldach und dem dreistöckigen Innenhof beherbergt heute das **Stadtmuseum**.

Im ersten Stock sind Amtsstab und Siegel der Stadtoberen aus dem Jahr 1464 sowie der ursprüngliche gotische Torbogen der Festung zu sehen. Die Ausstellungsräume im zweiten Stock sind thematisch gegliedert und geben einen Einblick in das Mobiliar des Adels von der Renaissance im 16. bis zum Jugendstil im frühen 20. Jh. Besonders sehenswert ist die über einen Balkon im ersten Stock zugängliche **Kapelica Svetog Lavre** (St.-Laurentius-Kapelle) in einem runden Befestigungsturm.

In einem Raum abseits des Innenhofs sind verschiedene Steinskulpturen aus Varaždin aufgestellt, darunter eine Figur der Gottesmutter (17. Jh.) und eine mit Heiligenreliefs verzierte Säule aus dem 18. Jh.

Groblje

Etwa 500 m westlich der Burg weisen Schilder den Weg zum **Groblje** (Friedhof). Das von Herman Haller 1905 gestaltete Gelände gehört zu den schönsten Friedhöfen in ganz Kroatien.

KLEINE PAUSE

Die **Kavana Korzo** am Hauptplatz ist ein österreichisches Kaffeehaus im alten Stil mit üppig ausgestattetem Interieur:

dunkle Holzvertäfelung, Kronleuchter, Spiegel und mit rotem Samt bespannte Sitzbänke. Auf der Außenterrasse hat man den besten Ausblick auf den abendlichen *korzo*.

✚ 194 C5
Touristeninformation
✉ Ulica Ivana Padovca 3 ☎ 042 21 09 87

Stari Grad
☎ 042 21 29 18 🕓 Mai–Sept. Di–So 10–18, Okt.–April Di–Fr 10–15, Sa–So 10–13 Uhr ✋ mittel

Die Burg Stari Grad beherbergt heute das Stadtmuseum

VARAŽDIN: INSIDER-INFO

Top-Tipp: Im Sommer findet jeden Samstagmorgen um 11 Uhr vor dem Rathaus der feierliche **Aufzug der Stadtwache** statt. Die Purgari (Bürgergarde) trägt dabei ihre charakteristische blaue Uniform. Die Zeremonie geht zurück auf das 18. Jh., als Varaždin Kroatiens Hauptstadt war.

Muss nicht sein! Wenn Sie nur wenig Zeit haben, lassen Sie die **Galerija Starih i Novih Majstora** (Galerie Alter und Neuer Meister) im Palais Sermage vor den Toren der Burg links liegen. Auch das **Entomološki Muzej** (Entomologisches Museum) im Palais Herzer ist mit seiner Insektensammlung eher etwas für Liebhaber der Materie.

4 Kopački Rit

Der Naturpark in den Feuchtgebieten am Zusammenfluss von Donau und Drau ist eine wichtige Schutzzone für eine Vielzahl von Vögeln, die hier nisten, rasten oder überwintern.

Die Überschwemmungsflächen der Donau gehören zu den bedeutendsten Feuchtgebieten und naturnahen Lebensräumen Europas, auch wenn im Lauf des 20. Jhs. mehr als 80 % von ihnen durch Erschließung und Überbauung verloren gegangen

Sonnenuntergang über den Überschwemmungsflächen im Kopački Rit

sind. Die verbliebenen Flächen verteilen sich auf Kroatien, Ungarn und Serbien und stehen vielerorts unter – wenn auch unterschiedlich strengem – Schutz. Im Feuchtgebiet Kopački Rit wurden 1967 rund 180 km² zum Naturpark erklärt. Von 1991 bis 1995 war er von serbischen Truppen besetzt und teilweise vermint. Doch glücklicherweise hat die Natur die militärischen Operationen gut überstanden, die Minen wurden entfernt: Heute ist das Gebiet für Besucher wieder sicher.

Auch wer dem Kopački Rit nur einen Kurzbesuch abstattet, stößt auf eine vielfältige Tier- und Pflanzenwelt. Weite Teile des Naturparks bestehen aus Weiden-, Pappel- und Eichenhainen, in denen große Bestände an Rotwild, Edelmardern und Wildschweinen leben. In den Wasserläufen schwimmen Karpfen, Zander und Welse. Wenn die Donau Hochwasser führt, verwandelt sich das Land in eine riesige morastige Sumpflandschaft.

Am eindrücklichsten lernt man den Naturpark bei einer **Bootstour** auf der *Orao I* kennen. Sie legt von März bis November drei- bis viermal täglich vom Landungssteg in der Nähe des Besucherbüros ab. Die Besatzung hält Ferngläser bereit, mit denen man Reiher, Kormorane, Wildgänse und mit etwas Glück auch Eisvögel, Seeadler und Schwarzstörche beobachten kann. Eine andere Möglichkeit ist eine Wanderung durch die Eichenwälder rund um die inmitten des Parks gelegene Ortschaft **Tikveš**. Hier steht ein im 18. Jh. für Prinz Eugen von Savoyen errichtetes Jagdschloss, das später von Präsident Tito genutzt wurde.

KLEINE PAUSE

Es gibt zwei Restaurants im Park; beide servieren als regionale Spezialität auf dem Stock gegrillten Karpfen. **Kormoran** (Tel. 031 75 30 99) befindet sich 4 km vom Parkeingang Podunavlje entfernt; **Tikveš** (Tel. 031 75 29 01) liegt bei Schloss Tikveš.

✚ 197 E4 ☎ 031 75 23 20 ◷ tägl. 8–16 Uhr
✋ Parkeintritt: preiswert. Bootstour: teuer

KOPAČKI RIT: INSIDER-INFO

Zugang: Der **Haupteingang** liegt in der Nähe des Dorfes Kopačevo. Von Osijek aus fährt man in Richtung Ungarn nach Norden bis Bilje, wo man an einer Kreuzung rechts abbiegt und dann den Hinweisschildern zum Naturpark folgt.

Top-Tipp: Nehmen Sie ein Fernglas mit, ziehen Sie feste Wanderschuhe an und tragen Sie Insektenschutzmittel auf, denn besonders im Sommer können die **Mücken** unerträglich werden.

Außerdem: Im nahebei gelegenen Dorf Kopačevo kann man die **traditionelle Architektur** der Region besichtigen. Auffällig sind vor allem die ungarischen Häuser, die der Straße die Schmalseite zuwenden, während die langen Galerien sich um einen Innenhof gruppieren. Die fruchtbare Landschaft der **Baranja**, zu der die Gegend gehört, ist historisch eng mit Ungarn verbunden. Auf der **Vinska Cesta** (Weinstraße), die von Bilje aus durch die Dörfer Kneževi Vinogradi, Suza und Zmajevac verläuft, kann man diese Region näher kennenlernen.

5 Lonjsko Polje

Keine 100 km von Zagreb entfernt erwartet den Besucher im Naturpark Lonjsko Polje eine friedliche Landschaft mit grünen Auwäldern und malerischen Holzhäusern, auf deren Dächern im Frühjahr und Sommer Störche nisten.

Das Lonjsko Polje umfasst eine Fläche von rund 500 km² in den Überschwemmungsgebieten der Save und ihrer Nebenflüsse. Auwälder mit Tausenden von Eichen wechseln ab mit flachem Weideland, das sich bei Hochwasser in morastige Sümpfe verwandelt. Das Wasser zieht Frösche und Fische an, die ihrerseits durchziehenden Wasservögeln und Weißstörchen als Nahrung dienen.

Auf den Weiden grasen kräftige Posavina-Pferde, und durch die Eichenwälder streifen das ganze Jahr über Turopolje-Schweine – eine seltene gefleckte Rasse, die sich hauptsächlich von Eicheln ernährt.

Die Hauptstraße durch das Lonjsko Polje folgt dem alten Verbindungsweg von Sisak nach Jasenovac am Ostufer der Save. Sie verläuft durch zahlreiche reizvolle Dörfer, von denen **Čigoć** und **Krapje** die sehenswertesten sind.

Ponys, Störche ... – im Naturpark Lonjsko Polje ist eine Vielzahl von Tierarten zu Hause

LONJSKO POLJE: INSIDER-INFO

Top-Tipp: Wichtige Utensilien für den Besuch von Lonsko Polje sind ein Fernglas, Wanderschuhe und ein **Insektenschutzmittel**.

Außerdem: In der Stadt **Jasenovac** befand sich im Zweiten Weltkrieg Kroatiens brutalstes Konzentrationslager, in dem weit über 50 000 Serben, Juden, Roma und politische Gegner des faschistischen Ustaše-Regimes ermordet wurden. Heute steht am Ort des Lagers eine riesige Betonskulptur des serbischen Künstlers und früheren Bürgermeisters von Belgrad, Bogdan Bogdanović. Im Jahre 2006 wurde eine neue Gedenkstätte eröffnet, die an eines der dunkelsten Kapitel der kroatischen Geschichte erinnert (Mo–Fr 9–17, Sa–So 10–16 Uhr; frei).

Das Symbol der Lotosblüte als Mahnmal für die Opfer des Konzentrationslagers Jasenovac

Čigoć

Der kleine Ort, in dem auf fast jedem Dach ein Storchennest zu sehen ist, wurde zum ersten **Europäischen Storchendorf** ernannt. Hier brüten jedes Frühjahr zahlreiche Storchenpaare und bevölkern von April bis August den Luftraum. Im volkskundlichen Museum Sučić (Tel. 044 71 51 84) sind land- und hauswirtschaftliche Gerätschaften aus dem späten 19. und frühen 20. Jh. zu sehen (Museumseintritt ist in der Parkeintrittsgebühr enthalten).

Krapje

Rund 30 km von Čigoć entfernt liegt dieses für sein »architektonisches Erbe« ausgezeichnete Dorf mit schönen traditionellen Holz- und Bauernhäusern. Einige werden zurzeit restauriert, um künftig als Verwaltungssitz des Naturparks zu dienen. Die für die Landschaft typischen, aus dem Holz der Posavina-Eichen errichteten Häuser wenden der Straße die Schmalseite zu. Eine hölzerne Außentreppe führt in die Wohnräume im ersten Stock. Der Rauch der Feuerstellen zieht nicht durch einen Schornstein ab, sondern zwischen den Dachbalken hindurch: Die Dachböden werden so zum Räuchern von Fleisch genutzt.

Ein kleines Stück außerhalb des Dorfes wurde 1963 Kroatiens erstes Vogelschutzgebiet **Krapje Đol** eingerichtet, in dem Wasservögel wie Reiher, Löffler und Silberreiher ihr Refugium haben. Das Informationsbüro veranstaltet Führungen.

KLEINE PAUSE

In den Bauernhäusern *Rastovac* in Čigoć (Čigoć 44, Tel. 044 71 53 21) und *Ravlić* in Mužilovčica (▶ 85) wird traditionelle Hausmannskost serviert.

✚ 195 D3
Informationsbüro
✉ Čigoć 26　☎ 044 71 51 15; www.pp-lonjsko-polje.hr
🕐 tägl. 8–16 Uhr　💪 Naturpark: mittel

Nach Lust und Laune!

6 Samobor

Das beliebteste Wochenendziel der Zagreber liegt rund 20 km westlich der Hauptstadt. 1242 durch ein Privileg König Bélas IV. zum freien Marktort erhoben, präsentiert sich Samobor heute als perfekte Provinzstadt. Stadthäuser aus dem 19. Jh. säumen den Marktplatz, der von einer Kirche mit Zwiebelturm überragt wird.

Auf einer Anhöhe über der Stadtmitte kann man die Ruine einer Burg aus dem 13. Jh. besichtigen. Für längere Wanderungen bietet sich der zwischen Samobor und der slowenischen Grenze gelegene Naturpark Žumberak-Samoborsko Gorje mit seinen bewaldeten Hügeln und Bergwiesen an.

✚ 194 B3
Touristeninformation
✉ Trg Kralja Tomislava 5 ☎ 01 336 00 44

7 Kumrovec

In dem kleinen Dorf an der slowenischen Grenze erblickte 1892 der jugoslawische Präsident Josip Broz Tito das Licht der Welt. Schon zu seinen Lebzeiten wurde das Geburtshaus in ein Museum umgewandelt; nach seinem Tod kamen mehr als 40 weitere alte sorgfältig rekonstruierte Gebäude des Dorfes hinzu. Sie sollten einen Eindruck vom ländlichen Leben im Zagorje Ende des 19. Jhs. und den Lebensbedingungen, in denen Tito hier aufwuchs, vermitteln. Die Häuser des Museumsdorfes Staro Selo liegen allerdings inmitten des heutigen Ortes, sodass gleich nebenan Familien in modernen Häusern leben und mit ihren Traktoren oder Fahrrädern durch die Straßen fahren.

Zum Museumsdorf Staro Selo gehören alte Bauernhäuser, Kornspeicher und Ställe, Töpfer- und Spielzeugmacherwerkstätten sowie eine Rekonstruktion der Schmiede von Titos Vater. Vor dem Geburtshaus des Präsidenten steht eine Tito-Statue. Ein Stück die Hauptstraße hinunter liegt die Schule, die der junge Josip von 1900 bis 1905 besuchte. Im Sommer wird in den verschiedenen Gebäuden bäuerliches Kunsthandwerk ausgestellt, und im alten Weinkeller *Zagorska Klet* reicht man Kostproben typischer Gerichte des Zagorje.

✚ 194 B4 ☎ 049 22 58 30
🌐 April–Sept. tägl. 8–18 Uhr, Okt.–März tägl. 9–16 Uhr
✋ mittel

8 Hlebine

Das in der fruchtbaren Region Podravina nahe der ungarischen Grenze gelegene Dorf gilt als Wiege der kroatischen naiven Kunst (► 54). Hier waren seit den 1930er-Jahren über 200 Maler und Bildhauer tätig. In den Aus-

In Titos Geburtshaus sind heute alte Fotografien und Uniformen zu besichtigen

stellungen in der 1968 gegründeten Galerija Hlebine sind auch heute neue Werke einheimischer Künstler zu besichtigen. Ein Raum der Galerie ist den Gemälden von Ivan Generalić (1914–1992) gewidmet; sie zeigen seinen Entwicklungsweg von den frühen Porträts und Darstellungen des Landlebens bis zu fantastischen Visionen des Pariser Eiffelturms und einer Kreuzigungs-szene vor dem Hintergrund der verschneiten Landschaft von Hlebine.

✚ 195 D4
Galerija Hlebine
✉ Trg Ivana Generalića 15
☎ Mo–Fr 10–16, Sa 10–14 Uhr
✋ preiswert

9 Osijek

Die Hauptstadt Slawoniens liegt am Südufer der Drau, von der ungarischen und der serbischen Grenze jeweils etwa 30 km entfernt. Der neugotische Dom, ein Backsteinbau des 19. Jhs., beherrscht das Stadtzentrum Gornji Grad (Oberstadt). Die bedeutendsten Sehenswürdigkeiten Osijeks befinden sich jedoch nicht hier, sondern 2 km weiter östlich in der von den Habsburgern im 18. Jh. angelegten Festungsstadt Tvrđa. Der Weg dorthin führt über eine Uferpromenade. Auch die Straßenbahnlinie 1, die die breite, von Parks gesäumte Europska Avenija entlangfährt, führt dorthin.

Osijek erlitt 1991 schwere Bombenschäden, die zum Teil bis heute sichtbar sind, doch Tvrđa konnte sich seine entspannte Atmosphäre bewahren. Barocke Militär- und Verwaltungsbauten säumen den zentralen Platz, in dessen Mitte eine Pestsäule von 1729 steht.

Den besten Blick auf Tvrđa genießt man vom gegenüberliegenden Ufer der Drau. Um die Festungsstadt in ihrer ganzen Ausdehnung zu erfassen, überquert man die Fußgänger-Hängebrücke, die zum Badestrand Copacabana führt, geht dann flussaufwärts am Norderufer der Drau entlang und kehrt schließlich über die Straßenbrücke zum Südufer zurück.

✚ 197 D3
Touristeninformation
✉ Županijska 2 ☎ 031 20 37 55

Detail der Pestsäule von 1729 in Tvrđa

10 Vukovar

Kein anderer Ort in Kroatien ist so sehr zum Inbegriff der Schrecken des Krieges geworden wie Vukovar. In den 1990er-Jahren stand der Name der Stadt für Zerstörung und Leiden, und bis heute weckt er bei den meisten Kroaten heftige Gefühlsausbrüche. Die einst wohlhabende, von Serben und Kroaten bewohnte Handelsstadt am Westufer der Donau wurde 1991 drei Monate lang von serbischen Truppen belagert und dabei zu großen Teilen zerstört. Mehr als 2000 Menschen starben während der Belagerung, viele weitere wurden nach der Einnahme durch die Serben von den siegreichen Soldaten getötet und in Massengräber geworfen. Bis heute hängt über den Straßen eine unheimliche Ruhe, denn nur wenige Kroaten sind hierher zurückgekehrt.

Das barocke Palais Eltz, dessen Fassade von den Spuren der Beschießung gezeichnet ist, beherbergt das weitgehend ausgeplünderte Stadtmuseum. Am Zusammenfluss von Vuka und Donau erinnert in Sichtweite des gegenüberliegenden serbischen Donauufers ein Mahnmal an die Opfer des Krieges, und auf einem Friedhof vor der Stadt,

Die schwer beschädigten Gebäude Vukovars erinnern an die blutigen Kämpfe der 1990er-Jahre

jenseits der Ruine des früheren Wasserturms an der Straße nach Ilok, stehen lange Reihen weißer Kreuze ohne Namen zum Gedenken an die zahlreichen bis heute vermissten Toten.

Vukovar ist kein gefälliger, freundlicher Ort, doch ein Besuch hier erinnert eindrücklich an die Grausamkeit jedes Krieges. Viele Gräueltaten der vergangenen Jahre kommen erst nach und nach ans Licht. Auch die weiter östlich gelegene Stadt Ilok war während des Krieges von serbischen Truppen besetzt. Heute werden hier wieder einige der besten Weißweine Kroatiens gekeltert, darunter Graševina und Traminac.

✚ 197 E3
Touristeninformation
✉ Strossmayerova 15   ☎ 032 44 28 89

⓫ Đakovo

Die im Herzen Ostslawoniens gelegene Stadt ist vor allem für ihre imposante Backsteinkathedale bekannt, die Bischof Josip Strossmayer, eine der herausragenden Gestalten der kroatischen Geschichte und zugleich ein früher Verfechter jugoslawischer Einheit, von 1866 bis 1882 erbauen ließ. Mit ihren 84 m hohen Turmspitzen und der Zentralkuppel beherrscht sie das Stadtbild, und auch das mit Fresken und Deckengemälden geschmückte Innere ist überaus eindrucksvoll. In der Krypta befindet sich Strossmayers Grab.

Ein Stück abseits der Kathedrale laden an der beschaulichen Ulica Hrvatskih Velikana hübsche Cafés zum Verweilen ein. Ein weiterer Anziehungspunkt ist das außerhalb der Stadt gelegene Lipizzanergestüt.

✚ 197 D3
Touristeninformation
✉ Ulica Kralja Tomislava 3
☎ 031 81 23 19

Die eindrucksvolle Kathedrale St. Peter in Đakovo

Für Kinder

- Die Wasserfälle an den Plitvicer Seen (▶ 70ff)
- Die Burg Trakošćan (▶ 74) – besonders in Verbindung mit einer Tretbootfahrt auf dem See
- Eine Bootstour im Kopački Rit (▶ 78)
- Die Störche im Lonjsko Polje in den Sommermonaten (▶ 80)
- Das Freilichtmuseum in Kumrovec (▶ 82)

Wohin zum … Übernachten?

Preise
Für die Übernachtung in einem Doppelzimmer zahlen Sie pro Person (im Sommer):
€ unter 250 Kn   €€ 250–500 Kn   €€€ über 500 Kn

KOPAČKI RIT

Galić €
Wer bei einem Besuch im Kopački Rit nicht in einem der großen Hotels in Osijek übernachten möchte, findet eine Alternative in den Privatunterkünften, die nahe dem Naturpark in der kleinen Ortschaft Bilje von mehreren Familien angeboten werden.

Ein paar Schritte abseits der Hauptstraße liegt in einer ruhigen Wohngegend das Haus der Familie Galić mit zwei Gästezimmern im Hauptgebäude und vier weiteren im Gartenhaus – alle sind mit Fernsehgerät und Dusche ausgestattet. Die Hausherrin kocht für einen kleinen Aufpreis ein Abendessen.

✚ 197 D4   ✉ Ritska 1, Bilje
☎ 031 75 03 93

Sklepić €
Das Dorf Karanac liegt 20 km nördlich von Bilje an einer Weinstraße in der Region Baranja nahe der ungarischen Grenze. Hier hat Landwirt Denis Sklepić einige Gebäude seines Hofes in eine komfortable Frühstückspension verwandelt. Holzfeuer, rustikale Betten, traditionelle Küche und die Gelegenheit zum Reiten und zu Kutschfahrten vermitteln einen angenehmen, authentischen Eindruck vom kroatischen Landleben.

✚ 197 D4
✉ Kolodvorska 58, Karanac
☎ 031 72 02 71; www.sklepic.hr

LONJSKO POLJE

Ravlić €
Die Familie Ravlić im Dorf Mužilovčica am alten Lauf der Save empfängt ihre Gäste in einem 200 Jahre alten Eichenholzhäuschen mit Blick auf einen See. Eine Holztreppe führt auf einen Balkon und in den ersten Stock zum Gästezimmer mit seinem rustikalen Holzmobiliar und verblichenen Schwarzweißfotos an den Wänden. Weitere Betten stehen in Schlafsälen in den alten Ställen. Im Hof tummeln sich Gänse, Enten und Hühner; zur Bereicherung des Speisezettels halten die Hausherren außerdem Turopolje-Schweine.

An Wochenenden wird das Haus gern von Geschäftsleuten aus Zagreb besucht, die hier die Nähe zur Natur und ausgedehnte Mittagsmahlzeiten im Garten genießen. Die Familie Ravlić arrangiert Reit- und Angelegenheiten sowie Bootsfahrten auf dem nahen See.

✚ 195 D3   ✉ Mužilovčica 72
☎ 044 71 01 51

OSIJEK

Waldinger €€
Dieses charmante, nach dem Maler Adolf Waldinger (19. Jh.) benannte Hotel, befindet sich in einem Jugendstil-Gebäude gegenüber vom Kroatischen Nationaltheater. Mit nur 16 Zimmern und geschmackvollen Aufenthaltsräumen, ist es beides: intim und stylish. Fast alle Räume verfügen über einen Whirlpool; es gibt eine Sauna und einen Fitnessraum. Das Caféhaus im Erdgeschoss stellt regelmäßig Künstler aus und erinnert an einen Literatensalon aus alter Zeit. Wer es gerne etwas billiger haben möchte, fragt nach den kleinen, einfach eingerichteten Zimmern in der Pension im Garten.

✚ 197 D3   ✉ Županijska 8
☎ 031 25 04 50; www.waldinger.hr

PLITVIČKA JEZERA

Jezero €€
Das größte und komfortabelste der drei Hotels im Nationalpark blickt

über den Kozjak-See. Die 229 Zimmer (davon fünf behindertengerecht) sind mit Internetanschluss und Satellitenfernsehen ausgestattet. Die abgelegene Lage täuscht: Das Haus verfügt über Tennisplätze, Wellnesszentrum, Sauna, Nachtclub, Konferenzräume und ein Spielzimmer für Kinder.

✚ 194 B1 ✉ bei Eingang 2
☎ 053 75 14 00;
www.np-plitvicka-jezera.hr

SAMOBOR

Livadić €

Im 19. Jh. als Bürgerhaus am Marktplatz errichtet, versetzt das freundliche familiengeführte Hotel mit Stil und Charakter seine Gäste in die Zeit des späten Habsburgerreiches. Die Zimmer sind groß, gemütlich und mit antikem Mobiliar, Teppichen und Parkettfußböden ausgestattet. Im üppig dekorierten Frühstücksraum sitzt man auf Stühlen mit hohen Lehnen und beginnt den Tag mit Rührei, kaltem Braten, Joghurt, frischem Obst und köstlichem Gebäck aus dem hauseigenen Café (▶ 87). Seine *kremšnite* gelten als die besten von Samobor.

✚ 194 B3 ✚ Trg Kralja Tomislava 1
☎ 01 336 58 50; www.hotel-livadic.hr

VARAŽDIN

Maltar €

Von den gegenwärtig nur drei zentral gelegenen Herbergsbetrieben in Varaždin ist dieses freundliche kleine Hotel mit seinen 15 funktional, aber komfortabel eingerichteten Zimmern wohl das beste. Man kann von 6 bis 12 Uhr frühstücken, das Stadtzentrum ist nur wenige Minuten entfernt. Hinter dem Gebäude befindet sich eine große Parkfläche.

✚ 194 C5 ✉ Ulica Prešernova 1
☎ 042 31 11 00

VUKOVAR

Lav €€

Nur wenige Besucher halten sich heutzutage gerne länger in Vukovar auf, doch wenn es spät geworden ist, kann man nun auch hier bequem übernachten. 1840 erbaut, wurde das Hotel Lav dreimal durch Kriegshandlungen zerstört, zuletzt während der serbischen Belagerung im Jahre 1991. Auf den Ruinen entstand ein privat geführter Neubau, der seit Februar 2005 in Betrieb ist und neben 42 Zimmern auch vier Luxusappartements mit Blick auf die Donau bietet.

✚ 197 E3 ✉ Strossmayerova 18
☎ 032 44 51 00; www.hotel-lav.hr

ZAGORJE

Dvorac Bežanec €€

Der im 17. Jh. für Graf Keglević erbaute Herrensitz gehört zu den schönsten seiner Art in Kroatien. Von seinen Besitzern aufgegeben, wurde er unter Tito erst als Kinderheim und dann als Räucherei genutzt. Die heutigen Besitzer ließen ihn restaurieren und eröffneten 1990 darin ein luxuriöses Herrenhaus-Hotel. Die Gäste werden hier verwöhnt: antikes Mobiliar gepaart mit moderner Kunst, exquisite Speisen und ein reich bestückter Weinkeller. Darüber hinaus bieten die Betreiber Gelegenheiten zum Reiten, Tennisspielen, zu Jagdausflügen, arrangieren aber auch Fahrten im Heißluftballon.

✚ 194 B4 ✉ Valentinovo, Pregrada
☎ 049 37 68 00; www.bezanec.hr

Lojzekova Hiža €

Das traditionelle Bergbauernhaus bei Marija Bistrica ist ein Musterbeispiel für den Trend zum Urlaub auf dem Bauernhof im Zagorje. Unter dem Dach befinden sich neun gemütliche Gästezimmer mit schrägen Dächern und knarrenden Holzfußböden. Im Hof scharren Enten und Puten (die gelegentlich in den Kochtopf wandern), durch den Garten fließt ein Bach. Die Hausherren keltern ihren eigenen Wein und verkaufen hausgemachte Schnäpse und Marmeladen.

✚ 194 4
✉ Gusakovec 116, Marija Bistrica (von der Straße nach Donja Stubica ausgeschildert)
☎ 049 46 93 25
www.lojzekovahiza.com

Wohin zum …
Essen und Trinken?

Preise
Preise pro Person für eine Vorspeise, ein Hauptgericht, Salat und ein Getränk:
€ unter 100 Kn   €€ 100 Kn–200 Kn   €€€ über 200 Kn

KOPAČKI RIT

Kod Varge €
Die Spezialitäten dieses rustikalen Lokals mit slawonischer Küche sind Karpfen, Wels und Barsch aus den umliegenden Gewässern. Probieren Sie die exzellente *kulen* (Salami) oder das pikante *fiš paprikaš* (Fischeintopf).
✚ 197 D4 ✉ Ulica Kralja Zvonimira 37A, Bilje ☎ 031 75 01 20
✦ tägl. 8–23 Uhr

OSIJEK

Slavonska Kuća €€
In der volkstümlichen Taverne am Rande der Festungsstadt Tvrđa sitzen die Gäste auf Holzbänken unter Jagd- und Angeltrophäen. Das Essen ist typisch slawonisch. Zu empfehlen sind *čobanac* (mit Paprika gewürztes Gulasch) und *riblja kobasica* (geräucherte Fischwurst).
✚ 197 D3 ✉ Ulica Firingera 26
☎ 031 36 99 55
✦ Mo–Sa 9–23, So 11–17 Uhr

SAMOBOR

Kavana Livadić €
Die *samoborska kremšnita*, ein köstliches Blätterteiggebäck mit süßer gelber Cremefüllung. Besonders gut schmeckt sie im Café, das zum Hotel Livadić gehört und das Flair eines Wiener Salons des 19. Jhs. verströmt.
✚ 194 B3 ✉ Trg Kralja Tomislava 1
☎ 01 336 58 50 ✦ tägl. 8–23 Uhr

Samoborska Pivnica €€
Gleich hinter dem Hotel Livadić, nur wenige Meter vom Marktplatz entfernt, empfängt dieser Bierkeller seine Gäste in einem höhlenartigen Ambiente mit niedrigen, weiß getünchten Deckengewölben.
✚ 194 B3 ✉ Šmidhenova 3
☎ 01 336 16 23 ✦ tägl. 9–23 Uhr

VARAŽDIN

Zalogajček €
Das Zalogajček, in einem schönen Innenhof am Hauptplatz von Varaždin gelegen, ist ein vegetarisches Café, das neben großen, preiswerten Salaten auch Delikatessen und spezielle Mittagsmenus anbietet.
✚ 194 D5 ✉ Franjevački Trg 1
☎ 042 20 09 44 ✦ Mo–Sa 10–20 Uhr

Zlatna Guška €€€
Im Keller unter dem im 17. Jh. errichteten Palais Zakmardy weckt die *Goldene Gans* mit Piken und Wappen an der Wand Erinnerungen an die Donaumonarchie. Unter den Gerichten auf der Karte fallen die »Dolche des Markgrafen von Brandenburg« ins Auge – Fleischspieße mit Schweine-, Hühner- und Rindfleisch.
✚ 194 C5 ✉ Habdelićeva 4
☎ 042 21 33 93 ✦ tägl. 10–23 Uhr

ZAGORJE

Grešna Gorica €
Im Restaurant eines Bauernhofs sitzt man auf langen Holzbänken vor Baumstümpfen, die als Tische dienen, und genießt den Blick über die Hügel auf die Burg Veliki Tabor. Zu Gerichten wie Hirschgulasch oder Schweinebraten werden hausgemachte Weine und als Nachtisch *štrukli* (Frischkäsestrudel) serviert.
✚ 194 B4 ✉ Taborgradska 3, Desinić ☎ 049 34 30 01
✦ tägl. 10–20 Uhr

Wohin zum …
Einkaufen?

SAMOBOR

Zu den kulinarischen Spezialitäten der Stadt gehören zwei Hinterlassenschaften der französischen Besatzung im Jahre 1808: *bermet*, ein Kräuterwermut, und *muštarda*, ein würziger Senf. Verkauft werden sie im Laden der Familie Filipec hinter dem Hotel Livadić. Weine der Region bietet das Restaurant Ivančić im nahe gelegenen Dorf **Plešivica** an.

VARAŽDIN

In der Fußgängerzone im Stadtzentrum ist das Angebot reich und vielfältig, insbesondere in der Ulica Gundulića mit ihren Wein-, Leder-, Schuh-, Mode- und Souvenirläden. Seidenkrawatten finden Sie in der **Croata**-Filiale an der Ecke des Trg Kralja Tomislava.

VUKOVAR

Als ungewöhnliches Souvenir bietet sich eine Miniaturreplik der Taube von Vučedol (▶ 58) aus Keramik an, die seit dem Krieg in den 1990er-Jahren ein Friedenssymbol geworden ist. Sie ist auch im Besucherbüro des Naturparks **Kopački Rit** erhältlich. In **Ilok** werden bei *Iločki Podrumi* an der Hauptstraße einige der besten Weißweine Kroatiens verkauft.

ZAGORJE

Eine Spezialität des Zagorje ist das *licitarsko srce*, ein mit Pfeffer und Honig gewürztes und mit Zuckerguss dekoriertes Lebkuchenherz. Wie bei uns ist es zwar essbar, wird aber traditionell als Liebesgabe verschenkt und zu Hause aufgehängt. Man findet die süßen Herzen überall in der Region, v. a. in **Marija Bistrica**.

Wohin zum …
Ausgehen?

SAMOBOR

Am Wochenende vor Rosenmontag ziehen **Karnevalsumzüge** durch die Stadt, bei denen die Teilnehmer Masken und Kostüme tragen. Krönender Abschluss des Karnevals ist ein Feuerwerk am Fastnachtsdienstag.

VARAŽDIN

Varaždins Straßen werden jeden Sommer zum Tummelplatz von Künstlern, Musikern und kostümierten Alleinunterhaltern. Von Mai bis September zieht jeden Samstagvormittag um 11 Uhr die **Stadtwache** vor dem Rathaus auf. Im Juni findet ein **Historisches Festival** mit Theater, Musik, Tanz und mittelalterlichen Turnierspielen für Kinder statt.

Von Ende August bis Anfang September folgt das zweiwöchige **Špancirfest** (Spaziergängerfest) mit Freiluftkonzerten, Akrobaten und Straßentheater. Bei den **Varaždiner Barockabenden** von Ende September bis Anfang Oktober wird in den Kirchen und Theatern der Stadt klassische Barockmusik gespielt.

FOLKLORE-FESTIVALS

Beim **Brodsko Kolo** wird Slavonski Brod Mitte Juni zum Schauplatz von Freiluftkonzerten, Tanzvorführungen und einem Schönheitswettbewerb, bei dem die schönste Frau in Volkstracht gekürt wird. Ein weiteres Großereignis sind die meist am ersten Juliwochenende stattfindenden **Đakovački Vezovi** (Đakovoer Stickereien) in Đakovo, bei denen die Musik der *tamburica* (der slawonischen Mandoline), Lipizzanerpferde und traditionelle Hochzeitskutschen im Mittelpunkt stehen. Nähere Auskünfte erhalten Sie bei den örtlichen Touristeninformationsbüros.

Istrien und Umgebung

Erste Orientierung

Istria (kroatisch: Istra) ist der kosmopolitischste Teil Kroatiens. Die nördliche Halbinsel in der Adria blieb vom Bürgerkrieg verschont, der beim Auseinanderfallen des alten Vielvölkerstaates Jugoslawien weite Landstriche in Schutt und Asche legte. Heute ist Istrien eine wohlhabende und selbstbewusste Region, die jeden Sommer Millionen Touristen aus ganz Europa anzieht.

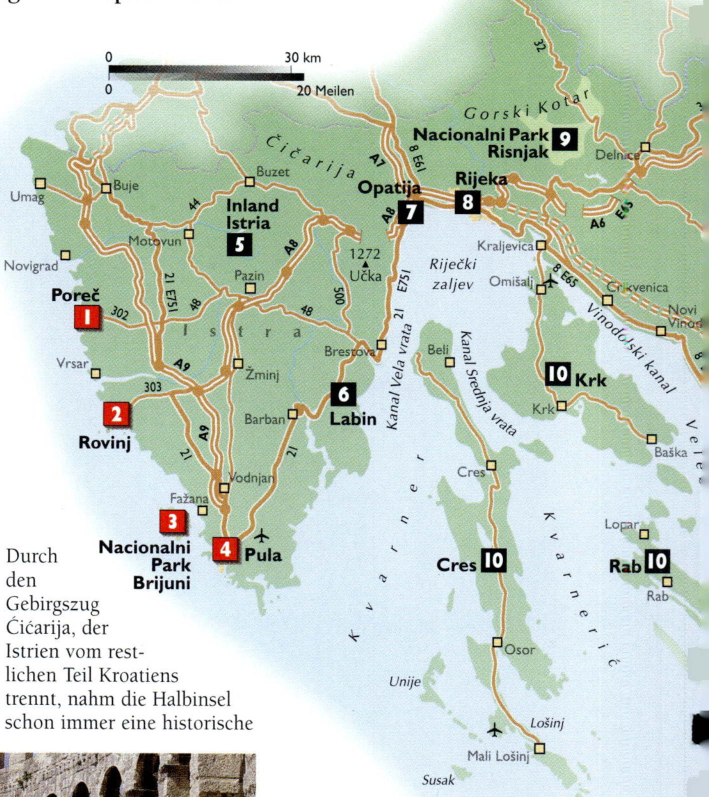

Durch
den
Gebirgszug
Ćićarija, der
Istrien vom restlichen Teil Kroatiens
trennt, nahm die Halbinsel
schon immer eine historische

Sonderrolle
ein. Lange
herrschten hier
die Venezianer und die österreichisch-ungarischen

In Pula steht das sechstgrößte römische Amphitheater der Welt

★ Nicht verpassen!

Nach Lust und Laune!

Etwas außerhalb

Oben: Beliebt sind Bootsausflüge entlang der Küste
Rechts: Rovinj – ein Gewirr alter Gassen
Unten: Euphrasius-Basilika

Monarchen, bevor das Land zwischen den Weltkriegen von den Italienern eingenommen wurde. Das italienische Erbe zeigt sich noch heute in den zweisprachigen Straßenschildern und an den kroatisch-italienischen Namen jeder Stadt: Pula/Pola, Poreč/Parenzo, Rovinj/Rovigno oder Motovun/Montona. Hafenstädte wie Rovinj mit ihren charakteristischen Glockentürmen (Campanili) wirken sehr italienisch. Auch die Küche kann mit vielen Pastagerichten, Olivenöl und den für die Region typischen Trüffeln den italienischen Einfluss nicht verleugnen. Triest erreicht man in einer knappen Stunde und nach Venedig kann man schnell mit einem Katamaran übersetzen.

Durch die Nähe Istriens zu Mitteleuropa überrascht es nicht, dass der Tourismus hier einen wahren Boom erlebt. Doch das istrische Hinterland mit seinen Weinbergen, Olivenhainen, Eichenwäldern und den unzähligen Hügeldörfern ist noch ursprünglich wie eh und je. Im Süden grenzt die Kvarner Bucht an Dalmatien. Krk und Cres sind die beiden größten Inseln in der Bucht.

Die Schönheiten Istriens an der Küste wie auch im Hinterland können Sie leicht in drei Tagen erkunden. Die Straßen sind sehr gut ausgebaut und die Entfernungen gering. So bleibt Ihnen viel Zeit für Ruhepausen und Besichtigungen.

Istrien in drei Tagen

Erster Tag

Vormittags
Genießen Sie die Altstadt von Poreč und besichtigen Sie die herrlichen Mosaiken und Fresken in der **1 Euphrasius-Basilika** (➤ 94f)

Mittags
Fahren Sie die Küstenstraße von Poreč nach Vrsar und dann weiter am Limski Kanal (➤ 97) entlang ins Hinterland. Im Dorf Flengi finden Sie an der Straße einige Restaurants. Alternativ fahren Sie gleich hinter dem kleinen Dorf Kloštar die schmale Küstenstraße hinunter in die Bucht, in der ein paar Restaurants fangfrische Muscheln und Austern anbieten.

Nachmittags und abends
Fahren Sie nun wieder zurück an die Küste nach **2 Rovinj** (➤ 96ff) und erkunden Sie die Altstadt. Steigen Sie zur Euphrasius-Basilika hinauf und bewundern Sie von oben den Sonnenuntergang. Setzen Sie sich zum Abendessen in eines der Restaurants (siehe unten).

Zweiter Tag

Vormittags

Stehen Sie früh auf und fahren Sie nach Fažana, wo die Boote zum **❸ Nacionalni Park Brijuni** (99f) ablegen. Im Nationalpark und auf Veli Brijun kann man mehrere Stunden verbringen und das Gelände zu Fuß, mit dem Fahrrad oder mit einer Miniaturbahn (rechts) erkunden.

Nachmittags und abends

Kehren Sie nach Fažana zurück, machen Sie einen kurzen Abstecher nach Vodnjan und trinken Sie auf dem Marktplatz dieser schönen alten Provinzstadt einen Kaffee. Wenn Sie Zeit haben, sollten Sie die »Mumien« in der Pfarrkirche besichtigen. Einen schönen Abend können Sie in der **Stancija Negričani** (➤ 108), einem prächtig restaurierten alten Bauernhof am Stadtrand von Vodnjan, verbringen.

Dritter Tag

Vormittags

Fahren Sie in die Altstadt von **❹ Pula** (➤ 101f) und besichtigen Sie das alte römische Amphitheater (links) mit seiner eindrucksvollen Arena. Anschließend können Sie hoch auf den Burgberg steigen und die herrliche Aussicht genießen, bevor Sie sich unten am alten römischen Forum eine Pause gönnen.

Nachmittags

Fahren Sie auf der Schnellstraße von Pula nach Pazin und machen Sie einen Ausflug zu den **❺ Bergdörfern** (➤ 103). In den Restaurants in und um Buzet und Motovun bekommt man Trüffelgerichte.

Abends

Im nahe gelegenen **Grožnjan** (➤ 104) können Sie von der Terrasse vor der Kirche aus den Sonnenuntergang bewundern und danach einen Drink unter der Arkaden genießen, bevor Sie nach Motovun zum Abendessen zurückkehren. Motovun ist nach der Abfahrt der Tagestouristen ein angenehmer Ort, in dem man einen Abend und vielleicht auch die Nacht verbringen kann.

Euphrasius-Basilika, Poreč

Die Basilika liegt versteckt in den engen Straßen der Altstadt von Poreč, dem beliebtesten Touristenort Kroatiens. Ihre herrlichen Mosaiken zählen zu den schönsten Europas.

Fährt man nach Poreč hinein, ist man zunächst eher enttäuscht: Zwischen 1960 und 1980 entwickelte sich hier sprunghaft der kroatische Tourismus, am Stadtrand entstanden in den Vorstädten Lanterna (Norden) und Plava Laguna und Zelena Laguna (Süden) riesige Bettenburgen. An der Riviera von Poreč gibt es heute nicht weniger als 100 000 Hotelbetten!

Trotzdem blieb inmitten der modernen Vorstädte der Altstadtkern intakt. Die Römer hatten einst die Halbinsel befestigt und hier ihre Stadt Parentium errichtet, die man noch heute am quadratischen Grundriss ihrer Hauptstraßen – der Nord-Süd-Verbindung Cardo Maximus und der Ost-West-Verbindung Decumanus – erkennen kann. Unweit der Kreuzung dieser beiden Hauptachsen liegt ein herrliches Bauwerk der frühchristlichen Architektur, das seit 1997 zum Weltkulturerbe der Unesco zählt.

Eines der prächtigsten Mosaiken der Basilika

Euphrasius-Basilika

Man betritt das Gotteshaus durch das Atrium, einen herrlichen Innenhof mit Rundbögen. Links sehen Sie das **achteckige Baptisterium** (Taufkapelle) mit einem tiefen Brunnen in der Mitte. Von hier aus gelangt man zum **Glockenturm** aus dem 16. Jh., den man besteigen kann.

Vom Innenhof aus liegt rechts der schönste Teil der Anlage, die **Basilika**. Die Kirche wurde 535–550 n. Chr. von Bischof Euphrasius auf den Fundamenten einer älteren Kirche, die dem hl. Maurus geweiht war, errichtet. Dieser Märtyrer aus dem 3. Jh. n. Chr. war der erste Bischof von Poreč.

Die klaren Linien des langen **Mittelschiffs** mit seinen weißen griechischen Säulen und Rundbögen lenken den Blick auf die Apsis, die üppig mit byzantinischen Mosaiken aus Blattgold und Perlmutt verziert ist. Das Hauptmosaik zeigt Christus, das Licht der Welt, mit seinen Aposteln. Darunter erkennt man einen Triumphbogen mit dem Lamm Gottes im Zentrum. Die Kuppel der Apsis zeigt die Jungfrau mit dem Kind, umgeben von Heiligen und Engeln. Zur Rechten der Jungfrau sitzt der hl. Maurus und daneben Bischof Euphrasius

Rechts oben: Die Apsis und der Altaraufbau

mit einem Modell der Kirche. Ein **Baldachin** aus dem 13. Jh. krönt die Apsis, auch er ist überreich mit Mosaiken verziert.

KLEINE PAUSE

Auf dem Decumanus und am Meer in Obala Maršala Tita finden Sie viele Cafés. Für ein Mittagessen empfiehlt sich die **Pizzeria Nono** in der Nähe der Touristeninformation (Zagrebačka 4, Tel. 052 45 30 88).

✚ 192 A4

Basilika
✉ Eufrazijeva
🕐 Sommer tägl. 8–20 Uhr; Winter 10–17 Uhr
✋ Kirche: frei; Museum und Campanile: preiswert

Touristenbüro
✉ Zagrebačka 9   ☎ 052 45 12 93
www.istria.com/porec

EUPHRASIUS BASILIKA: INSIDER INFO

Top-Tipps: Erkundigen Sie sich nach **klassischen Konzerten** in der Basilika – meist finden sie im Sommer am Freitag statt.
• Im Sommer fährt ein Wassertaxi zur Insel **Sveti Nikola**. Hier öffnete 1895 der erste öffentliche Strand von Poreč.

Geheimtipp: Suchen Sie rechts von der Apsis nach dem **Mosaik der Jungfrau Maria mit Elisabeth**: Eine Dienerin hebt den Vorhang und hört dem Gespräch der Jungfrau Maria mit ihrer Cousine Elisabeth zu.

Außerdem: Der **Bischofspalast**, den man vom Atrium aus betreten kann, birgt ein Museum für religiöse Kunst. Im Garten sind noch die Reste eines Mosaiks aus dem 4. Jh. aus der ursprünglichen Kirche des hl. Maurus erhalten. Es zeigt einen Fisch – Symbol und Erkennungszeichen der ersten Christen, die vielfach noch im Verborgenen ihren Glauben praktizieren mussten.

② Rovinj

Die Stadt zählt zu den malerischsten Städten Istriens und ist wohl einer der schönsten Orte der gesamten kroatischen Küste. Die farbenprächtigen Häuser spiegeln sich in der Adria und ziehen sich einen steilen Felsen hinauf. Auf diesem steht eine im venezianischen Stil gebaute Kirche.

Kaum einem anderen Ort ist es so gut gelungen, als historische Stadt, Fischereihafen und Touristenattraktion den Anforderungen einer modernen Infrastruktur gerecht zu werden, ohne die eigene Identität aufzugeben. Tabakgeruch hängt in der Luft, denn Rovinj ist auch eine Arbeiterstadt: Seit dem 19. Jh. steht direkt am Hafen eine Zigarettenfabrik. Mit einem hohen Prozentanteil italienisch sprechender Einwohner ist die Hafenstadt zugleich auch die italienischste unter allen Städten Kroatiens.

Die Altstadt von Rovinj vom Meer aus gesehen

Altstadt

Die ersten Häuser von Rovinj wurden auf einer Insel errichtet, die erst 1763 mit dem Festland verbunden wurde. Den schönsten Blick auf diese Altstadt hat man vom **Trg Maršala Tita**, dem großen Platz direkt am Hafen. In einem großen Palast aus dem 17. Jh. befindet sich heute das **Stadtmuseum von Rovinj** mit archäologischen Fundstücken, einer Galerie Alter Meister und mit Wechselausstellungen zeitgenössischer Kunst. Ganz in der Nähe liegt der **Balbi-Bogen**, der 1680 errichtet wurde. Der geflügelte Markuslöwe, das Symbol Venedigs, krönt ihn.

Durch den Bogen gelangt man in die Altstadt, ein Gewirr aus engen Gassen und vielen verborgenen Hinterhöfen. In den letzten Jahren wurde Rovinj von Künstlern entdeckt, weshalb man auf der Hauptstraße **Grisia** viele Kunstgalerien und Künstler findet, die hier ihre Werke verkaufen. Am zweiten Sonntag im August findet hier ein Kunstmarkt statt.

Kirche St. Euphemia

Welche Straße man auch entlanggeht: Alle führen zur **Kirche St. Euphemia**, die die Altstadt beherrscht. Der über 60 m hohe Glockenturm wurde 1677 nach dem Vorbild des Campanile auf dem Markusplatz in Venedig errichtet. Die übrigen Teile der Kirche entstanden im 18. Jh., die Fassade stammt aus dem 19. Jahrhundert.

Die Kirche ist der hl. Euphemia geweiht, einer Märtyrerin aus Kleinasien, die unter der Regentschaft von Kaiser Diokletian den Löwen zum Fraß vorgeworfen wurde. 500 Jahre nach ihrem Tod soll der Marmorsarkophag mit ihren Gebeinen angeblich aus Konstantinopel verschwunden und erst um 800 wieder in Rovinj aufgetaucht sein. Seither gilt die Heilige als Schutzpatronin der Stadt. Ihr Fest wird am 16. September begangen.

Der Sarkophag der Heiligen steht heute im rechten Seitenaltar. Hoch oben auf dem Glockenturm sieht man als Wetterfahne eine Kupferstatue der Heiligen und das Rad, mit dem sie gefoltert wurde. 200 ausgetretene, schmale Stufen führen auf den Turm, von dem aus man einen herrlichen Rundblick hat.

Limski Kanal

Die Westküste von Istrien wird durch den Limski Kanal in zwei Abschnitte geteilt. Beiderseits des 10 km tief ins Land hineinreichenden Fjords erheben sich eindrucksvolle Sandsteinklippen und dichte Wälder. Von Poreč, Vrsar und Rovinj fahren im Sommer Boote dorthin, beim Ausflug werden meist auch die Höhlen gezeigt, in denen früher Piraten und Eremiten lebten.

Strände und Inseln

Die Einheimischen gehen im Sommer am liebsten zu den Felsen unterhalb der Kirche, denn dort kann man auf mehreren Badeplattformen in der Sonne liegen. Schöner ist es vielleicht, vom Hafen aus die Küstenstraße entlang zum **Wald von Zlatni Rt** zu fahren. Ihn ließ Baron Hüttenrodt zwischen 1890 und 1910 anlegen. Von der Inselspitze aus hat man einen guten Blick auf **Crveni Otok**, die rote Insel. Sie ist die größere der zwei Inseln vor Rovinj. Auf Crveni Otok liegt das Hotel Istra (➤ 109). Die kleinere Insel ist touristisch relativ unerschlossen und hat einige unberührte Strände. Boote nach Crveni Otok legen im Sommer im Stadthafen in Rovinj und an der Anlegestelle (Delfin Jetty) in der Marina ab. Mit dem Boot kommt man auch nach **Sveti Katarina**, einer weiteren Insel vor der Küste von Rovinj.

Die Altstadt quillt über vor Bars, Restaurants und Galerien

KLEINE PAUSE

Setzen Sie sich in eines der vielen Cafés oder Restaurants direkt am Meer. Im **Baccus** direkt am Wasser (Via Carrere 5) kredenzt man istrische Weine, auch Trüffel und Olivenöl werden hier verkauft.

✠ 192 B4

Museum
✉ Trg Maršala Tita 11 ☎ 052 81 67 20 ⌚ Sommer Di–So 9–12, 19–22 Uhr; Winter Di–Sa 9–13 Uhr ✋ preiswert

Touristeninformation
✉ Obala Pina Budicina 12 ☎ 052 81 15 66; www.tzgrovinj.hr

ROVINJ: INSIDER-INFO

Top-Tipp: Beobachten Sie den **Sonnenuntergang** von der Terrasse vor der Kirche oder von der Bar *Valentino* (Ulica Svetog Križa, 28) aus. In der trendigen Cocktailbar liegen Kissen auf den Felsen aus, damit man die Füße direkt ins Wasser tauchen kann.

Geheimtipp: Das Ruđer Bošković Institut für Meeresforschung gegenüber dem großen Parkplatz im Norden der Stadt besitzt eines der **ältesten Aquarien** Europas. Es wurde 1891 gegründet und zeigt Kugelfische, Skorpionfische und andere einheimische Fischarten (Ostern–Okt. tägl. 9–21 Uhr).

3 Nationalpark Brijuni

Schon manch römischer Kaiser, die Habsburger und später die führenden Köpfe der kommunistischen Partei verbrachten auf diesen Inseln, die direkt vor der Küste Istriens liegen, gerne ihren Urlaub.

Der Nationalpark Brijuni schützt einen Archipel von 14 Inseln, die 3 km vor dem Fischerhafen Fažana im Meer liegen. Nur die beiden größten Inseln, Veli Brijun und Mali Brijun, darf man betreten. Schon vor über 2000 Jahren verbrachten die reichen Römer gerne auf Veli Brijun ihren Sommerurlaub. Die Relikte einer römischen Villa aus dem 1. Jh. kann man in der Verige-Bucht besichtigen. Weitere Sehenswürdigkeiten sind eine byzantinische Festung und eine venezianische Kirche aus dem 15. Jh. mit Inschriften in glagolitischer Schrift (▶ 173).

Die moderne Geschichte der Insel begann 1893, als die Insel vom österreichischen Industriellen Paul Kupelwieser gekauft wurde. Er stellte den Nobelpreisträger und Bakteriologen Robert Koch ein, um die Insel von der Malaria zu befreien. Anschließend ließ er ein Ferienzentrum für Prominente und Reiche errichten. Der österreichische Erzherzog Franz Ferdi-

Der Brijuni National Park verteilt sich auf viele kleine Inseln

nand und der deutsche Schriftsteller Thomas Mann weilten hier zur Sommerfrische, lebten in den Luxushotels, spielten im Casino, im Poloclub und auf dem Golfplatz und schwammen im beheizten Meerwasserbecken.

1947 entdeckte Marschall Tito **Veli Brijun** als Sommerresidenz und verbrachte bis zu seinem Lebensende bis zu sechs Monate des Jahres auf der Insel. Er lud die Großen der Welt, darunter Fidel Castro und Königin Elizabeth II. von England, auf seine Insel ein. Insgesamt empfing er hier etwa 90 Politiker aus aller Welt. Auch nach Titos Tod nutzten die kroatischen Politiker die Insel für diplomatische Treffen: 1995 bereiteten Präsident Tuđman und seine Generäle hier die Operation »Sturm« vor, durch die Kroatien aus den Händen des serbischen Militärs befreit werden sollte.

Von Fažana aus kann man im Sommer täglich drei- bis viermal (Winter zwei- bis dreimal) mit einer vom Nationalpark organisierten Bootstour nach Veli Brijun übersetzen. Reservierungen sind dringend empfohlen. Im Preis eingeschlossen sind eine Rundfahrt mit einer Miniatureisenbahn und eine dreistündige Führung, die auf dem Weg zum Safaripark durch offenes Parkland führt. Im Safaripark leben die Nachkommen derjenigen Tiere, die Tito einst von Staatsgästen als Geschenk erhielt.

Im Safaripark von Veli Brijun

Die Rundfahrt schließt auch einen Besuch des **Naturkundemuseums** mit ein. Im ersten Stock des Gebäudes hängen Fotos von Tito und seinen vielen Gästen. Titos offizielle Residenz war die Bijela Vila (Weiße Villa). Man sieht sie von weitem hinter den Büschen und Mauern an der Westküste aufragen. Auch heute noch wird sie von Posten bewacht.

KLEINE PAUSE

In der Nähe des Hafens von Veli Brijun gibt es ein Café. Restaurants findet man in den Hotels.

✚ 192 B3
Bootsausflüge zum Nationalpark
✉ Brijunska 10, Fažana ☎ 052 52 58 82; www.brijuni.hr 🖐 teuer

NATIONALPARK BRIJUNI: INSIDER-INFO

Top-Tipps: Hotelgäse in **Veli Brijun** haben die Möglichkeit, sich ein Fahrrad oder ein kleines Elektrofahrzeug auszuleihen, um die Insel auf eigene Faust zu entdecken. Besonderer Clou: Mieten Sie einmal Titos alten 1953er Cadillac.
• Im Sommer verkehren von Fažana aus Ausflugsboote nach **Mali Brijun.** Dort können Sie eine österreichisch-ungarische Festung besichtigen.

4 Pula

Die größte Stadt Istriens bietet eine bunte Mischung: Die Stadt mit römischen Wurzeln ist eine quirlige Hafenstadt und ein beliebter Touristenort. Größte Sehenswürdigkeit ist das original erhaltene römische Amphitheater.

Im 19. Jh. war Pula der wichtigste Marinestützpunkt der Habsburger und noch heute ist Pulas Hafen ein bedeutender Containerumschlagplatz. Dank ihrer gut erhaltenen Altstadt ist die Stadt ein wichtiger Touristenort, die meisten Ferienanlagen

liegen jedoch im Süden der Stadt auf der Halbinsel Punta Verudela.

Im sehr gut erhaltenen Amphitheater finden häufig Konzerte statt

Amphitheater

Mit dem Bau des Amphitheaters – mit der sechstgrößten Arena des römischen Weltreiches – wurde 30 v. Chr. unter der Herrschaft von Kaiser Augustus begonnen. Der ellipsenförmige Bau aus Sandstein ist 130 m lang und 100 m breit und wurde im 1. Jh. n. Chr. vollendet. Die Außenmauern bestehen aus zwei Bogenreihen und haben im Obergeschoss rechteckige Fenster. In der Römerzeit konnten hier 20 000 Zuschauer die Gladiatorenkämpfe verfolgen. Heute wird die Arena für Konzerte genutzt.

Im 16. Jh. gab es Pläne, das Amphitheater Stein für Stein abzutragen und nach Venedig zu verfrachten – zum Glück wurde dieser Plan nie ausgeführt. Wenn Sie nicht nur die grandiosen Ausmaße im Inneren des Amphitheaters bewundern, sondern

auch die Keller und das Museum für alte Weine und Oliven-
pressen sehen wollen, sollten Sie an einer Führung teilnehmen.

Weitere römische Sehenswürdigkeiten

Zwei weitere interessante Bauwerke aus römischer Zeit kann
man leicht zu Fuß erreichen: Der Tempel des Augustus wurde
14 n. Chr. fertig gestellt und dem römischen Kaiser geweiht.
Er besteht aus hohen korinthischen Säulen und steht an einer
Ecke des ehemaligen römischen Forums. Während der
Sommermonate können der Innenraum und die Sammlung
römischer Skulpturen bewundert werden. Auf dem Platz des
antiken Forums befindet sich heute der größte Platz der Stadt.

Der **Sergi-Bogen**, auch Zlatna Vrata (Goldener Bogen)
genannt, ist ein römischer Triumphbogen, der im 1. Jh. n.
Chr. von einer reichen Familie gestiftet wurde,
um drei Brüder zu ehren, die in der Schlacht
von Actium gekämpft hatten.

Der Tempel des
Augustus

KLEINE PAUSE

Das **Cvajner Café** ist eines der schönsten am
Hauptplatz. Setzen Sie sich an einen Tisch auf
der Straße oder ruhen Sie sich innen aus.
Neben den ausgestellten modernen Kunst-
werken finden sich innen auch Fresken aus
dem 16. Jahrhundert.

✚ 192 B3

Touristeninformation
✉ Forum 3 ☎ 052 21 91 97; www.pulainfo.hr

Arena
✉ Ulica Flavijevska ☎ 052 21 90 28 ◴ Mai–Sept.
tägl. 8–21; Okt.–April 9–16 Uhr ✋ mittel

PULA: INSIDER-INFO

Top-Tipps: In der römischen Arena finden große Shows statt. Erkundigen Sie
sich aber auch danach, wann im Burghof oder im römischen Theater hinter dem
Archäologischen Museum **Jazz- und klassische Konzerte** stattfinden.
• Steigen Sie auf das venezianische **Kaštel**, eine sternenförmige Anlage hoch
über der Altstadt. Das Museum ist nicht besonders interessant, aber die
Aussicht von den Festungswällen und vom alten Wachturm ist grandios.
• Im **Archäologischen Museum** können Sie römische Mosaiken, Skulpturen, römische Münzen, Töpferwaren und Öllampen bestaunen (Sommer Mo–Sa
9–20, So 10–15 Uhr, Winter Mo–Fr 9–15 Uhr).

Geheimtipp: Ganz versteckt hinter einem Parkplatz in der Nähe des Forums
liegt ein wunderbar erhaltenes römisches Bodenmosaik aus dem 2. Jh., das die
Legende von den Qualen der Dirke erzählt: Die Kinder des Zeus binden dabei
ihre Stiefmutter an die Hörner eines Stieres.

Nach Lust und Laune!

Das befestigte Bergdorf Buzet

5 Bergdörfer im Hinterland

Das Hinterland Istriens erinnert mit seinen Olivenhainen, den Weinbergen, grünen Hügeln und Dörfern häufig an die Toskana. Die meisten der hier lebenden Italiener wurden nach 1945 jugoslawische Staatsbürger. Bei ihrer Wiederentdeckung durch die alternative Kulturszene vor wenigen Jahren waren viele der exponiert gelegenen Dörfer fast ausgestorben.

Das heute meistbesuchte Dorf ist Motovun, das 277 m hoch über dem Tal der Mirna aufragt und von Eichenwäldern umgeben ist. Auf den Weinbergen wachsen die Trauben für die beliebten Malvasier- und Teran-Weine. Im Sommer ist das Dorf so überlaufen, dass die Behörden schon dazu übergegangen sind, Straßenmaut für alle Autos zu verlangen. Wenn Sie das vermeiden wollen, parken Sie Ihr Auto unten am Berg und gehen zu Fuß zum Dorf hinauf.

Man betritt das Dorf durch das alte Stadttor, in dem noch römische Inschriften und die steinernen venezianischen Löwen erkennbar sind. Biegen Sie bei der Stadtloggia nach links ab, die Gasse führt Sie zum länglichen Markplatz, der von einem Campanile aus dem 13. Jh. überragt wird. Auf dem Platz steht ein alter Brunnen mit einem Relief des venezianischen Markuslöwen von 1322.

Von hier aus kann man einen Rundgang um die mittelalterlichen Stadtmauern unternehmen und die

Eine der typischen engen Gassen in Grožnjan

Inschrift auf einem Stein auf der Glagolitischen Allee

prächtige Aussicht genießen. Motovun zieht vor allem Ende Juli zum jährlich stattfindenden Filmfest ein großes Publikum an.

Nicht weniger beliebt ist inzwischen wieder das Dorf Grožnjan, das um 1960 fast ausgestorben war. Damals wurde es zu einem Künstlerdorf erklärt und die alten Steinhäuser an Maler und Musiker vermietet. In den Gassen kann man gemütlich bummeln und sich unterwegs die Ausstellungen in den Kunstgalerien ansehen.

Hoch über dem Tal der Mirna liegt auch das größte aller Bergdörfer, Buzet. Von hier aus ist es nicht mehr weit zur Glagolitischen Allee (▶ 173) und zur kleinen Stadt Hum. Im Herbst kann man oft Bauern mit ihren Hunden sehen, die in den Eichenwäldern nach Trüffeln suchen.

✚ 192 B4
Touristeninformation
✉ Trg Andrea Antico 1, Motovun
☎ 052 68 16 42

6 Labin

Tauchen Sie ein in die mittelalterliche Atmosphäre der historischen Stadt hoch über der Ostküste Istriens und verbringen Sie ein paar angenehme Stunden in den zahlreichen Kunstgalerien und Ateliers des Ortes. An herrlichen Renaissance- und Barockpalästen vorbei führt ein Spaziergang vom Marktplatz (Titov Trg) durch das Stadttor hinaus. Steigen Sie die Stufen zur Kirche der hl. Jungfrau Maria hinauf. Über ihrem Portal wacht ein venezianischer Löwen mit Flügeln,

der wilde Grimassen schneidet und eine Weltkugel im Maul hält.

Im nahe gelegenen Lazzarini-Palast befindet sich das Nationalmuseum (Sommer Mo–Fr 10–13, 17–19, Sa, So 10–13 Uhr; kürzere Öffnungszeiten im Winter). Am interessantesten ist die Nachbildung einer Kohlemine – Labin hat lange von der Kohleförderung gelebt. Mit einem Sturzhelm können Sie gekrümmt durch die finsteren und engen Gänge des Bergwerks laufen. Wieder an der frischen Luft, haben Sie die Möglichkeit, entlang den Stadtmauern die ganze Stadt zu umrunden. In Rabac, dem kleinen Fischerdorf etwa 4 km unterhalb von Labin, findet man malerische Kiesbuchten und hübsche Badestrände.

✚ 192 B4
Touristeninformation
✉ Aldo Negri 20 ☎ 052 85 55 60

Blick auf die Marina in Opatija

Für Kinder

- Aquarien gibt es in Pula (innerhalb der Mauern einer k.u.k-Festung an der Punta Verudela), Poreč (außerhalb von Decumanus in der Altstadt) und Rovinj (➤ 98)
- Mini-Kroatien, außerhalb von Rovinj, zeigt bekannte kroatische Bauten en miniature
- Radeln durch das Waldgebiet von Zlatni Rt (➤ 98)
- Das römische Amphitheater von Pula (➤ 101)
- Eine Bootsfahrt durch den Limski-Kanal (➤ 97)

7 Opatija

Opatija ist einer der Orte, den man am Besten mit dem Etikett »verblühte Schönheit« versehen kann. Der Berg Učka schützt die Stadt vor dem kalten Wind. Das einzigartige Mikroklima an der Kvarner Bucht machte Opatija zu einem beliebten Winterdomizil der Habsburger, deren Belle-Époque-Villen und Luxushotels am Seeufer noch heute begeistern. Sie lassen ein wenig den alten Glanz Opatijas erahnen: Königliche Hoheiten, Herzöge und Schriftsteller wie Anton Tschechow (1860–1904) haben hier einst Urlaub gemacht.

Das schönste Bauwerk aus der Habsburgerzeit ist die Villa Angiolina inmitten eines riesigen Parks gleich neben dem Kvarner-Amalia-Hotel (➤ 108). Eine 12 km lange See-promenade, die Lungomare (offiziell: Šetalište Franz Josef I.), verbindet Opatija mit Volosko und Lovran.

✚ 192 C4
Touristeninformation
✉ Ulica Vladimira Nazora 3
☎ 051 27 17 10

8 Rijeka

Die größte Hafenstadt Kroatiens ist eine Industriestadt. Direkt am Hafen stehen die alten ockerfarbenen Gebäude aus der Habsburgerzeit, die reich mit Reliefs und Skulpturen mit nautischen Themen geschmückt sind. Gleich hinter dem Hafen liegt der immer gut besuchte Korzo, die wich-tigste Einkaufsmeile der Stadt. Ein Bogen unter dem Uhrenturm führt in den ältesten Teil der Stadt, deren Mit-telpunkt die Kirche des hl. Vitus bil-det. Ihn findet man auch auf dem 100-Kuna-Schein abgebildet. Steigen Sie vom Ufer der Rječina die vielen Stufen (oder die Buslinie 1) zur Pilgerkirche von Trsat hinauf, wo angeblich die Engel im Jahre 1291 das Haus von Maria hingebracht haben sollen. Wunderbare Ausblicke über die Rječimaschlucht haben Sie vom nahe gelegenen Schloss Trsat (Sommer tägl. 9–20; Winter 9–17 Uhr).

✚ 192 C4
Touristeninformation
✉ Korzo 33   ☎ 051 33 58 82

9 Nationalpark Risnjak

Wenn es Ihnen unten an der Küste zu heiß wird, sollten Sie von Rijeka aus landeinwärts fahren, dort erwarten Sie in den Bergen von Gorski Tar kühle Buchen- und Tannenwälder. Bären, Wölfe und Luchse sind im Park zu Hause, doch zu sehen bekommt man sie selten. Die Parkverwaltung befindet sich im Dorf Crni Lug. Von hier aus führt Sie der gut ausgeschilderte 4 km langer Leska-Wanderweg durch den Nationalpark, am Wegrand stehen In-formationstafeln, die über die Beson-derheiten der Landschaft informieren. Ein etwas schwieriger Weg führt hi-nauf zum 1528 m hohen Gipfel des Veliki Risnjak.

✚ 193 D5   ✉ Crni Lug
☎ 051 83 61 33   ✋ mittel

Der Leska-Lehrpfad im Nationalpark Risnjak ist ein schöner Wanderweg

Etwas außerhalb

⑩ Inseln im Kvarner

Die breite Kvarner Bucht trennt Istrien im Norden von der Dalmatinischen Küste im Süden. Obwohl die Inseln in der Bucht nicht ganz so attraktiv wie die weiter südlich gelegenen Inseln sind, haben sie ebenfalls Interessantes zu bieten: Bauwerke aus der römischen und venezianischen Geschichte, lebhafte Hafenstädte und einige der schönsten Strände Kroatiens. Jede der drei Inseln kann man mit Fähren oder über Brücken erreichen. Mit der Fähre hat man während der Sommermonate

Gänsegeier im Umweltzentrum Caput Insulae auf Cres

Inseln im Kvarner

sogar die Möglichkeit, von Krk nach Cres und weiter nach Rab zu fahren.

Cres

Die 40 km lange und sehr schmale Insel ist eigentlich ein Teil der versunkenen Bergkette Učka. Von Brestova in Istrien und von Valbiska auf der Insel Krk fahren regelmäßig Fährschiffe nach Cres. Den Nordteil der Insel bedecken Wiesen und Wälder, der Süden ist dagegen sehr felsig und wird nur als Schafweide genutzt.

An der Nordküste sollte man in Beli das Umweltzentrum Caput Insulae (tägl. 9–19 Uhr, Dez. und Jan. geschl.; www.caput-insulae.com) besichtigen. Zu den Projekten des Zentrums gehört auch eine Krankenstation für Eurasische Gänsegeier, die auf Cres brüten. Durch den Rückgang der Schafzucht auf der Insel sind sie jedoch vom Aussterben bedroht.

Cres, die Hauptstadt der Insel, liegt an einer schönen Bucht inmitten von grünen Hügeln. Die malerische Stadt mit ihrer venezianischen Loggia, einem Campanile, alten Stadttoren und vielen Renaissance-Palästen lädt zu einem ausgedehnten Stadtbummel ein. Osor an der Südküste ist die älteste Siedlung auf der Insel und wirkt mit ihren alten Steinhäusern, den engen Gassen und der Kathedrale aus dem 15. Jh. wie ein großes Freiluftmuseum. Eine Brücke verbindet Osor mit der Insel Lošinj.

✚ 192 C3
Touristeninformation
✉ Cons Ulica 10, Stadt Cres
☎ 051 57 15 35

Krk

Die größte Insel Kroatiens erreicht man über eine mautpflichtige Brücke bei Kraljevica, das an der Küstenstraße südlich von Rijeka liegt. An der Nordwestküste befinden sich die beliebten Ferienorte Omišalj, Njivice und Malinska.

Die Hauptstadt Krk ging aus der alten römischen Siedlung Curicum hervor, von der noch Teile der alten Stadtmauern erhalten sind. Im Stadtzentrum stehen eine romanische Kathedrale und die Kirche des hl. Quirin aus dem 12. Jh. Der gemeinsam genutzte Glockenturm trägt eine markante Zwiebelkuppel. Baška an der Südspitze der Insel hat einen herrlichen, 2 km langen Sand- und Kieselstrand.

Der Strand ist im Sommer sehr überlaufen. Wem das zu unruhig ist, der kann mit einem Wassertaxi in eine der nächsten Buchten fahren. Landeinwärts steht in der Kirche Sv.Lucija von Jurandvor eine Nachbildung des Baška Tablet: Der Stein aus dem 11. Jh. zeigt die älteste Inschrift in glagolitischer Schrift (➤ 173).

✚ 192 C4
Touristeninformation
✉ Trg Sveti Kvirina 1, Krk
☎ 051 22 13 59

Rab

Im Sommer besteht die Möglichkeit, von Baška aus direkt nach Lopar auf Rab überzusetzen. Sie ist die schönste Insel in der Kvarner Bucht. Die Ostküste gegenüber dem Festland ist steinig und hat durch den kalten Fallwind Bora ein raues Klima. Die Westküste ist jedoch grün und hat viele schöne Buchten. Sandstrände gibt es in Lopar, San Marino und Kampor, aber die eigentliche Attraktion der Insel ist die Altstadt von Rab, die auf einer Halbinsel neben dem Hafen liegt. Von den zum Meer hin geöffneten Plätzen führt ein Gewirr enger Gassen durch die Altstadt, die von drei Parallelstraßen durchschnitten wird: Konja Ulica (Untere Straße), Srednja Ulica (Mittlere Straße) und Gornja Ulica (Obere Straße). Schon von weit draußen auf dem Meer erkennt man die »Skyline« Rabs mit ihren vielen Glockentürmen.

Im Meer baden kann man an der Promenade im Komrčar Park oder in Kandarola auf der Halbinsel Frkanj (Wassertaxi). Den FKK-Badestrand machte der britische König Edward VIII. populär (➤ 12f). Fähren zur Insel Rab fahren ganzjährig in Jablanac ab, das 100 km südlich von Rijeka an der Küstenstraße liegt.

✚ 193 D3
Touristeninformation
✉ Trg Municipium Arba, Rab
☎ 051 77 11 11

Glockentürme gehören zur charakteristischen Silhouette von Rab

Wohin zum … Übernachten?

Preise
Für die Übernachtung in einem Doppelzimmer zahlen Sie pro Person (im Sommer):
€ unter 250 Kn   €€ 250–500 Kn   €€€ über 500 Kn

BRIJUNI INSELN

Neptun-Istra €€
Obwohl die Insel nicht mehr den vornehmen Ruf wie in den 1920er-Jahren hat, reisen die Reichen und Berühmten auch heute noch gerne nach Veli Brijun. Das hübsche Hotel mit 87 Zimmern und Suiten liegt direkt am Quai und bietet herrliche Ausblicke auf den Hafen. Im Preis enthalten sind unbegrenzte Freifahrten zum Festland und zurück. Auf der Insel können Sie Fahrräder und Boote leihen, reiten oder auch Golf spielen (Preisnachlass für Hotelgäste).
✚ 192 B3 ✉ Veli Brijun
☎ 052 52 58 07; www.brijuni.hr

BERGDÖRFER IM HINTERLAND

Kaštel €€
Im alten Stadthaus aus dem 18. Jh. mit einem ruhigen Garten direkt am Hauptplatz von Motovun vereint man Tradition und modernen Stil. Die 29 Räume sind sehr schön ausgestattet. Eine Kunstgalerie befindet sich neben der Bar. Von der Dachterrasse aus hat man einen herrlichen Blick über die Festungsmauern auf das Mirna-Tal. Die Spezialität des Restaurants sind wunderbare Trüffelgerichte.
✚ 192 B4 ✉ Trg Andrea Antico 7, Motovun ☎ 052 68 16 07; www.hotel-kastel-motovun.hr

Stancija Negričani €€
Das alte Bauernhaus liegt neben der Hauptstraße von Vodnjan nach Barban. Mario und Mirjana Modrušan bieten ihren Gästen zehn individuell mit Antiquitäten eingerichtete Zimmer. Im Garten befinden sich ein Swimmingpool, ein Volleyball-Feld, eine Bowlingbahn und Kinderschaukeln, außerdem kann man Fahrräder mieten oder reiten. In der Küche werden ausschließlich Produkte aus biologischem Anbau verwendet.
✚ 192 B4 ✉ an der Straße von Vodnjan nach Barban ☎ 052 39 10 84; www.stancijanegricani.com

OPATIJA

Kvarner-Amalia €€
Das herrliche alte Grandhotel mag seit seiner Eröffnung 1884 etwas von seiner alten Pracht verloren haben, trotzdem spürt man noch die alte Eleganz der Nobelherberge aus der Habsburgerzeit. Die helle klassische Fassade schmücken Engel mit Trompeten; prächtige Gartenanlagen voller Blumen reichen bis hinunter zum Meer. Im Sommer wird immer noch allabendlich zum Tanz auf der Terrasse aufgespielt. Zur Hotelanlage gehört außerdem ein beheizter Swimmingpool.
✚ 192 C4 ✉ Ulica Tomašića 1–4
☎ 051 27 12 33; www.liburnia.hr

Mozart €€€
Im rosafarbenen, stilvoll, aber dennoch modern renovierten Luxushotel ahnt man den alten Glanz der Belle Époque in Opatija. Die Hotellobby ist im Art-déco-Stil eingerichtet, die 26 Zimmer haben meist einen Balkon mit Blick aufs Meer. Obwohl das Hotel mit allem erdenklichen Komfort ausgestattet ist, hat es sich den alten Charme der Habsburgerzeit bewahrt: Das Personal trägt alte Uniformen, das Kaffeehaus erinnert an Wien, ein Pianist spielt Mozart und die Zimmer sind mit Antiquitäten ausgestattet.
✚ 192 C4 ✉ Šetalište Maršala Tita 138 ☎ 051 71 82 60; www.hotel-mozart.hr

POREČ

Fortuna €€

Das große moderne Hotel auf der bewaldeten Insel Sveti Nikola erreicht man von Poreč aus in nur fünf Minuten mit den hoteleigenen Booten. Zu den Annehmlichkeiten des Hotels gehören Swimmingpools im Garten, Tennisplätze, eine hauseigene Felsenküste, ein Kinderspielplatz und Unterhaltungsprogramme für den Abend. Das Hotel vermietet auch Apartments im Isabella Castle, einer Villa aus dem 19. Jh. auf Sveti Nikola. Autos müssen auf dem Festland in der Nähe des Hafens auf einem bewachten Parkplatz geparkt werden.

192 A4 · Otok Sveti Nikola · 052 46 50 00; www.valamar.hr · April–Okt.

PULA

Scaletta €€

Das kleine, charmante und von einer Familie geführte Hotel ist wahrscheinlich das schönste, das man in Pula finden kann. Es liegt direkt an der Straße, die zum Amphitheater führt. Das Hotel im alten Stadthaus hat nur zwölf Zimmer, jedes aber mit Badezimmer und Klimaanlage. Reservierungen sind dringend anzuraten. Das angeschlossene Restaurant gehört zu den besten in Pula.

192 B3 · Ulica Flavijevska 26 · 052 54 10 25; www.hotel-scaletta.com

ROVINJ

Adriatic €€

Das älteste Hotel von Rovinj wurde 1912 eröffnet und liegt an markanter Stelle direkt am Meer an der Ecke des Marktplatzes. Es lohnt sich, den Aufpreis für ein Zimmer mit Meerblick zu zahlen, da man vom Hotel einen herrlichen Blick über den Hafen bis hinüber zur Insel Sveti Katarina hat. Die Zimmer sind groß und behaglich eingerichtet. Überall spürt man noch den Charme der österreich-ungarischen Monarchie, vor allem im typischen Wiener Café und auf der Terrasse. Das Hotel liegt zentral, viele Restaurants und Bars findet man in der Nähe an der Seeufer-Promenade.

192 B4 · Obala Pina Budicina · 052 81 50 88; www.maistra.hr

Istra €€

Obwohl es auf den ersten Blick wie ein hässlicher Kasten auf der schönen Insel Crveni Otok wirkt, ist das große, moderne Hotel doch der ideale Standort für einen geruhsamen Strandurlaub in der Nähe von Rovinj. Die 352 Zimmer, darunter auch Familienzimmer, sind einfach, aber trotzdem komfortabel eingerichtet. An der Felsenküste kann man im Meer baden. Über einen Damm haben die Gäste Zugang zu den FKK-Stränden auf einer kleinen Insel. Das Hotel vermietet Kanus oder Motorboote, man kann surfen, im Pool schwimmen, Tennis spielen oder einige der zahlreichen Restaurants und Bars aufsuchen. Wem es auf der Insel trotzdem langweilig wird, der hat im Sommer eine stündliche Bootsverbindung nach Rovinj (bis 24 Uhr).

192 B4 · Crveni Otok · 052 80 25 00; www.maistra.hr · April–Okt.

Villa Angelo d'Oro €€€

Das erste Boutique-Hotel von Rovinj liegt mitten in der Altstadt in einem ehemaligen Bischofspalast aus dem 17. Jh. Alle Räume sind individuell und geschmackvoll mit Antiquitäten und Ölgemälden ausgestattet. Hier kann man romantisch-stilvoll Urlaub machen! Im Sommer wird im Garten neben den plätschernden Brunnen das Frühstück serviert, abends wird bei Kerzenschein festlich gespeist. Das Gourmet-Restaurant und der ausgezeichnete Weinkeller bieten Spezialitäten, ausgesuchte Weine aus Istrien und die besten Schinken- und Käsesorten des Landes. Von der Loggia auf dem Hoteldach genießt man einen herrlichen Ausblick aufs Meer. Wer Lust hat, kann mit Booten zu den nahen Inseln übersetzen.

192 B4 · Via Svalba 38–42 · 052 84 05 02; www.rovinj.at · März–Dez.

Wohin zum ...
Essen und Trinken?

Preise
Preise pro Person für eine Vorspeise, ein Hauptgericht, Salat und ein Getränk:
€ unter 100 Kn   €€ 100 Kn–200 Kn   €€€ über 200 Kn

INLAND ISTRIEN

Barbacan €€

Direkt vor den Stadttoren von Motovun liegt das schicke Restaurant, das mit zahlreichen Trüffel-Spezialitäten aufwartet. Sie haben die Wahl zwischen einfachen Omeletts mit schwarzen Trüffeln bis hin zu eigenwilligen Kreationen wie Polenta mit Trüffeln oder Schafskäse mit Trüffelsauce. Der Innenraum mit seinen Steinmauern strahlt Gemütlichkeit und Wärme aus.

✚ 192 B4 ✉ Ulica Barbacan 1, Motovun ☎ 052 68 17 91
🕐 März–Nov. Di–So 12.30–15.30, 18.30–21.30, Mo 12.30–15.30 Uhr

Humska Konoba €

In diesem Wirtshaus direkt am Stadttor von Hum, mit 23 Einwohnern offiziell die kleinste Stadt der Welt, isst man die klassischen Gerichte Istriens wie *fuži* (Nudeln) mit Gulasch oder gegrilltem Lamm. Unbedingt probieren sollte Sie die *supa*: Dazu wird Rotwein im Krug erwärmt, mit Zucker, Pfeffer und Olivenöl gewürzt und mit Toastbrot gegessen. *Biska*, ein Branntwein aus Mistelzweigen, gilt als Spezialität des Hauses.

✚ 192 B4 ✉ Hum 2
☎ 052 66 00 05
🕐 tägl. 11–22 Uhr, Juni–Okt; im Winter nur Sa–So

Stari Oštarija €€

Das alte Dorfgasthaus am Kirchplatz wurde 2005 als Nobelrestaurant wiedereröffnet und tischt nun istrische Highlights wie *maneštra* (Gemüsesuppe), *fuži* (Pasta), *ombolo* (Schweinefilet), Steak mit Trüffeln und die regionale Spezialität *frittata* (Trüffelomelette), begleitet von den Weinen Istriens, auf. Als Dessert sollten Sie *dolce istriano*, einen hausgemachten Kuchen, probieren. Das Restaurant befindet sich in großartiger Lage hoch oben über den Klippen und eröffnet so eine tolle Sicht auf die Neustadt.

✚ 192 B4 ✉ Ulica Petra Flega 5, Buzet ☎ 052 69 40 03
🕐 Mi–Mo 12–23 Uhr

Toklarija €€€

Von außen sieht dieses Restaurant im alten Steinhaus nicht besonders einladend aus, dabei ist es eines der exklusivsten Restaurants in Istrien. Die alte restaurierte Ölmühle liegt in einem kleinen Dorf hoch oben über dem Tal der Mirna. Auch wenn Sie nur eine Kleinigkeit essen wollen, sind Sie willkommen. Die Köche fühlen sich der »Slow food«-Bewegung verbunden. Probieren Sie das 5-Gänge-Menü mit Suppe, Schinken, einem Nudelgericht, einem Hauptgang und einem Nachtisch. Unbedingt reservieren.

✚ 192 B4 ✉ Sovinjsko Polje 11 (an der Hauptstraße von Buzet nach Motovun) ☎ 052 66 30 31
🕐 Mi–Mo 13–22 Uhr

Zigante €€€

Das berühmte Restaurant gehört zur Kette der Zigante Tartufi (▶ 112). Trüffeln findet man in den Eichenwäldern im Tal der Mirna rund um das Dorf Livade bei Motovun. So überrascht es wenig, dass hier hauptsächlich Trüffelgerichte auf der Speisekarte stehen. Beschließen Sie Ihr Essen mit einem Trüffeleis. Im Herbst kommen die Gäste aus Zagreb, Italien und Slowenien angereist, nur um in diesem bekannten Restaurant zu tafeln!

✚ 192 B4 ✉ Livade 7
☎ 052 66 43 02 🕐 tägl. 12–23 Uhr

LIMSKI KANAL

Fjord €€

Das Restaurant liegt an dem Steg, an dem die Boote von Poreč und Rovinj einen Zwischenhalt machen. Von der großen Terrasse aus hat man einen herrlichen Blick auf die Bucht. Auf der Speisekarte stehen frischer Fisch, Meeresfrüchte, Muscheln und Austern aus dem Fjord, aber auch hervorragend zubereitete, preiswerte Cevapcici, die mit Fritten, rohen Zwiebeln und Avjar (eine Auberginen- und Paprikapaste) serviert werden.

✚ 192 B4 ✉ Limski Kanal, nahe Kloštar ☎ 052 44 82 22
🕐 tägl. 12–22 Uhr

OPATIJA

Le Mandrağ €€€

Passend zu seiner Lage am Ende der Lungomare-Promenade und mit Blick auf den Fischerhafen von Volosoko von der Terrasse aus, verwendet Le Mandrağ nur absolut frische Produkte der Region und gibt ihnen eine unerwartet kreative Note. Meeresfrüchte kommen als *sashimi* oder Tintenfisch-Gazpacho auf den Tisch, Muscheln in einer Suppe mit istrischem Schinken und Zitronenschaum. Wenn Sie sich einmal so richtig verwöhnen wollen, bestellen Sie das Neun-Gänge-Probiermenü, das kleine Portionen saisonaler Spezialitäten bietet. Seit seiner Eröffnung im Jahr 2004 hat das Le Mandrağ schon einige Preise für seine ungewöhnliche kroatische Küche gewonnen.

✚ 192 C4 ✉ Obala Frana Supila 10, Volosko ☎ 051 70 13 57; www.le mandrac.com 🕐 tägl. 12–23 Uhr

PULA

Valsabbion €€€

Das Valsabbion gilt als das beste Restaurant in Istrien und hat schon zweimal einen Preis des »besten Restaurants Kroatiens« gewonnen. Hier werden nur frische Zutaten der jeweiligen Jahreszeit verwendet und so deren Geschmack minimal zur Geltung gebracht. Probieren Sie doch eines der angebotenen 6-Gänge-Menüs mit Fisch oder Fleisch und den dazu passenden Weinen. Der ultimative Luxus ist ein gastronomisches Menü mit zehn Gängen. Im Wellness-Hotel hat man von den oberen Stockwerken einen herrlichen Blick auf den Hafen.

✚ 192 B3 ✉ Pješčana Uvala
☎ 052 21 80 33
🕐 tägl. 12–24 Uhr; geschl. Jan.

ROVINJ

La Puntuleina €€€

Genießen Sie vom Altstadtrestaurant hoch oben über den Badefelsen eine der romantischsten Aussichten auf Rovinj! Tagsüber kann man hier herrlich in der Sonne sitzen, abends versammeln sich die Gäste, um bei einem Glas Wein den Sonnenuntergang zu beobachten. Die Küche bietet hervorragende kreative istrische und italienische Küche. Sie können sich aber auch für das 4-Gänge-Menü mit frischen Meeresfrüchten und Nudeln entscheiden.

✚ 192 B4 ✉ Ulica Svetog Križa 43
☎ 052 81 31 86 🕐 Sommer tägl. 12–15 Uhr, 18–23 Uhr

Veli Jože €€

Die altmodische *konoba*, eine Gastwirtschaft direkt am Meer, hebt sich eindeutig von den anderen Touristenkneipen im Hafen ab. Innen wurde alles rustikal mit Holzbänken, Musikinstrumenten und sogar einem Fahrrad an den Wänden gestaltet. Im Sommer stehen Tische draußen auf der Straße. Auf der Speisekarte finden sich typische Gerichte aus Istrien: geräucherter Schinken, Schafskäse, gegrilltes Gemüse, Nudelgerichte, *fuži* (Nudeln) mit Gulasch, gegrilltes Lammfleisch mit Kartoffeln und hervorragende Steaks mit Trüffeln. Das Restaurant ist sehr beliebt, deshalb sollte man entweder sehr früh kommen oder warten, bis man einen Tisch im Freien ergattert.

✚ 192 B4
✉ Ulica Svetog Križa 3
☎ 052 81 63 37
🕐 März–Dez. tägl. 11–24 Uhr

Wohin zum …
Einkaufen?

Der Bauer Giancarlo Zigante verdiente sich einen Platz im Guinness Book of World Records, als er 1999 in der Nähe von Buje die größte weiße Trüffel fand, die jemals gefunden wurde: Sie wog 1310 g.

Schnell war er in ganz Istrien berühmt – heute besitzt er eine Ladenkette namens **Zigante Tartufi**, in der ausschließlich Trüffelprodukte angeboten werden: schwarze und weiße Trüffeln und viele Produkte auf Trüffelbasis wie Trüffelöl, Trüffel mit Oliven, Trüffel mit Pilzen, *tartufata*, Trüffelpaste und Schafskäse mit Trüffeln. Die Angestellten geben gerne Auskunft und verraten Rezepte. Sie können sich auch Ihre persönliche Auswahl an Produkten zusammenstellen, Geschenke werden liebevoll verpackt.

Die Läden von Zigante Tartufi bieten außerdem eine große Auswahl an lokalen Spezialitäten und Getränken wie Honig, Wein und *biska* (Mistelschnaps). Das größte Geschäft befindet sich in Buzet, am Anfang der Altstadt am Trg Fontana (tägl. 9–20 Uhr, Tel. 052 66 33 40). Weitere Geschäfte finden Sie in Buje, Grožnjan, Livade, Motovun und Pula. Wer will, kann auch über das Internet bestellen: www.zigantetartufi.com.

An das Geschäft in Grožnjan ist eine Weinbar angeschlossen: In der alten venezianischen Loggia kann man einheimischen Wein verkosten und dazu kleine Gerichte, natürlich mit Trüffeln verfeinert, probieren. Zum Geschäft in Livade gehört auch ein Restaurant (▶ 110).

Weine aus Istrien, Spirituosen und Produkte von Zigante Tartufi erhält man auch bei **Eva** (Ulica Veli Jože 4, Motovun) und **Baccus** (Via Carrera 5, Rovinj).

Souvenirshops gibt es in Pula, Poreč und Rovinj. Rovinj ist bekannt für seine Künstlerkolonie.

Wohin zum …
Ausgehen?

Die Sommerabende an der Küste Istriens sind so mild, dass die meisten Leute nichts lieber tun als einfach nur draußen zu sein, den abendlichen *korzo* auf den großen Plätzen und Straßen mitzumachen oder in einem der vielen Cafés zu sitzen.

Während der Sommermonate sollten Sie sich nach Konzerten erkundigen, die in den Kirchen und auf den großen Plätzen von Poreč, Rovinj und Pula veranstaltet werden. In Poreč finden Konzerte in der Euphrasius-Basilika statt, in Rovinj in der Kirche der hl. Euphemia und im Franziskanerkloster und in Pula in der herrlich gelegenen Arena des römischen Amphitheaters. Auch in anderen Küstenorten wie Umag, Novigrad und Vrsar werden Konzerte veranstaltet. Jazzkonzerte kommen im Innenhof des Stadtmuseums von Poreč zur Aufführung.

Im Hinterland Istriens treffen sich in Grožnjan jeden Sommer junge Musiker in der internationalen Sommerschule, der **Jeunesses Musicales Croatia**. Weitere Informationen über Veranstaltungen erhalten Sie in jeder Touristeninformation, viele werden auch auf den in den Straßen aushängenden Plakaten angekündigt.

In Pula und Motovun finden im Juli internationale Filmfestspiele statt, bei denen kroatische, ausländische und vor allem auch avantgardistische Filme gezeigt werden. Fragen Sie in der Touristeninformation nach oder informieren Sie sich im Internet unter www.pulafilmfestival.hr und www.motovunfilmfestival.com

Nord- und
Mitteldalmatien

Erste Orientierung

Dalmatien bildet auf Landkarten einen langen, schmalen Küstenstreifen zwischen dem Adriatischen und dem Dinarischen Gebirge. Hier findet man die bekannten Postkartenmotive von Kroatien – Hafenstädte, die von venezianischen Kirchtürmen gekrönt werden, und mit Lavendel bedeckte Inseln in tiefblauem Wasser. Die nördlichen Inseln um Zadar gehören zu den unberührtesten der Adria, während weiter im Süden, rund um Split, Inseln wie Brač und besonders Hvar bei Besuchern immer beliebter werden.

★ Nicht verpassen!

1 Nationalpark Krka ➤ 118
2 Trogir ➤ 120
3 Split ➤ 123
4 Brač ➤ 126
5 Hvar ➤ 129

Nach Lust und Laune!

6 Nin ➤ 133
7 Zadar ➤ 133
8 Vransko Jezero ➤ 134
9 Nationalpark Kornati ➤ 134
10 Kathedrale von Šibenik ➤ 134
11 Salona ➤ 135
12 Vis ➤ 135
13 Makarska ➤ 136

Der Glockenturm der Kathedrale von Zadar

Historisch betrachtet war Dalmatien immer von Kroatien getrennt – die Region trägt die Stempel ihrer Eroberer. Die Griechen gründeten Handelssiedlungen in Hvar (Pharos) und Vis (Issa) und legten Weingärten an, die noch heute bestellt werden. Die Römer bauten die Stadt Salona. Kaiser Diokletian, der hier geboren wurde, zog sich später nach Split zurück; sein Palast bildet das Zentrum der heutigen Stadt. Fast 400 Jahre lang herrschten die Venezianer in Dalmatien und hinterließen wunderschöne Kirchen und Theater in Šibenik, Trogir und Hvar. In jüngster Geschichte wurde Norddalmatien während des Krieges 1991–95 zum Kriegsschauplatz, als die serbischen Truppen in Knin die Serbische Republik Krajina gründeten und Dalmatien vom restlichen Kroatien abschnitten. Die Dörfer im Hinterland von Zadar und Šibenik wurden während des Krieges größtenteils von ihren Bewohnern verlassen und verströmen bis heute eine gespenstische Atmosphäre.

Reisen in Dalmatien ist heute ziemlich unkompliziert: Die meisten Sehenswürdigkeiten liegen entlang der Küstenstraße Magistrala, regelmäßige Auto- und Personenfähren verbinden die Inseln mit dem Festland.

Blick von Skradin in der Nationalpark Krka

Ob überwältigende Natur oder abgelegene Inselstrände, Mitteldalmatien bietet von allem etwas. Da Brač und Hvar beliebte Sommerziele sind, sollte man längere Wartezeiten für die Fähren einplanen und rechtzeitig am Hafen sein.

Nord- und Mitteldalmatien in vier Tagen

Erster Tag

Vormittags

Es lohnt sich früh aufzustehen, um den **1 Nationalpark Krka** (➤ 118f) zu besichtigen und die Wasserfälle zu bewundern. Fahren Sie mit dem Boot flussaufwärts zum Kloster in Visovac und kehren Sie zu Mittag in Roški Slap ein.

Nachmittags und abends

Weiter geht die Fahrt nach **10 Šibenik** (➤ 134), hier ist die Kathedrale die größte Attraktion. Die Küstenstraße bringt Sie in die mittelalterliche Stadt **2 Trogir** (➤ 120ff). In einem der Cafés an der Riva können Sie den Sonnenuntergang genießen und danach noch einen kleinen Bummel durch die Altstadt anschließen.

Zweiter Tag

Vormittags

Man sollte Trogir nicht verlassen, ohne die Kathedrale besichtigt zu haben. Bis nach **3 Split** (links, ➤ 123ff) ist es nur eine kurze Fahrt mit dem Auto oder dem Bus.

Nachmittags und abends

Planen Sie für die Besichtigung der Ruinen des Diokletianpalastes ausreichend Zeit ein. Wer will, kann anschließend durch den Hafen bummeln. Auf dem Rückweg lohnt sich eine Pause im *Caffe Vidilica*, dessen Terrasse einen wunderbaren Blick auf die Stadt bietet. Wer möchte, kann im Restaurant *Kod Jože* (➤ 139) einkehren und anschließend mit dem Bus nach Trogir zurückfahren.

Dritter Tag

Vormittags

In Split legt im Hafen die Fähre nach Supetar auf der Insel **4 Brač** (➤ 126ff) ab. Supedar ist Ausgangspunkt für die Panoramafahrt Richtung Südküste. Die Straße führt durch Pinienwälder bis zum Berg Vidova Gora mit Sicht über Brač und Hvar. Auf dem Gipfel ist ein Restaurant.

Nachmittags und abends

Fahren Sie weiter nach Bol und spazieren Sie von dort entlang der Promenade nach Zlatni Rt (links), wo man einen erholsamen Nachmittag am Strand verbringen kann. Ein 4 km langer Klippenweg führt nach Murvica. Das dortige Restaurant *Konoba Marija* (➤ 138) ist eines der am spektakulärsten gelegenen Restaurants Dalmatiens!

Vierter Tag

Vormittags

Im Sommer empfiehlt es sich, ein Taxi oder Ausflugsboot von Bol nach Jelsa auf **5 Hvar** (➤ 129ff) zu nehmen, dort können Sie mit dem Bus in die Stadt Hvar (unten) weiterfahren. Auch von Split fährt eine Fähre in die Stadt Hvar oder nach Stari Grad. Mit dem Auto muss man in Stari Grad die Fähre verlassen, denn in der Stadt Hvar dürfen nur Fußgänger von Bord gehen.

Nachmittags und abends

Genießen Sie die restlichen Stunden des Tages mit einem Bummel durch Hvar. Dazu gehört auch eine Besichtigung der Festung. Etwas ganz Besonderes ist der Besuch einer Vorstellung im Theater Hvarsko Kazalište (➤ 140).

Nationalpark Krka

Bei einem Ausflug ins Hinterland der Küste sollte man unbedingt diesen Nationalpark besuchen. Hier erwarten Sie ein Bad unter Wasserfällen und eine Bootsfahrt durch einen Kalkstein-Canyon zu einem abgelegenen Inselkloster.

Der Fluss Krka braucht von seiner Quelle nahe Knin im Dinarischen Gebirge insgesamt 72 km bis zur Mündung in die Adria bei Šibenik. Auf seinem Weg bildet er Seen und Wasserfälle.

Von **Šibenik** aus fahren Busse in den Nationalpark, von den Küstenorten bieten Veranstalter organisierte Busausflüge an. Die klassische Anreise erfolgt über Skradin, von wo aus die Nationalparkboote (im Eintrittspreis enthalten) die Besucher durch eine bewaldete Schlucht in den Park bringen. Die Boote legen an einer Holzbrücke unterhalb der Kaskaden von **Skradinski Buk** an: Am spektakulärsten Punkt des Parks sieht man die Wassermassen in 17 Kaskaden über 45 m in die Tiefe stürzen.

Oben: Das Kloster im Visovac-See beherbergt ein Museum

Oben rechts: Die flachen Gewässer am Fuß der Wasserfälle von Skradinski Buk

Einen weiteren Eingang und einen großen Besucherparkplatz finden Sie bei **Lozovac**. Shuttlebusse bringen die Besucher zum höchsten Punkt des Wasserfalls. Die Fahrt ist eindrucksvoll, denn unterwegs öffnen sich immer neue wunderbare Ausblicke auf den Fluss. Auch am oberen Punkt kann man den oben genannten zweistündigen Rundgang beginnen. Von November bis Februar, wenn weder Busse noch Boote in Dienst sind, ist es erlaubt, die Strecke mit dem eigenen PKW bis zum höchsten Punk der Fälle in Lozovac oder zu ihrem Fuß in Skradin zu fahren.

Schiffsausflüge

Im Sommer verkauft der Kiosk nahe der Bushaltestelle Tickets für weitere Bootstouren in die **Krka-Schlucht**. Die kürzeste Fahrt (2 Std. für Hin- und Rückfahrt) führt nach Visovac zu einem Franziskanerkloster, das 1445 auf einer Felseninsel im Fluss gegründet wurde. Das Museum beherbergt eine bebilderte kroatische Ausgabe von *Aesops Fabeln* aus dem 15. Jh., eines von lediglich drei Exemplaren, die weltweit noch erhalten sind. Andere Schiffsausflüge führen nach Roški Slap (4 Std.), wo die Wasserfälle über 25 m hoch sind.

KLEINE PAUSE

In Roški Slap und Skradinski Buk finden Sie am oberen und unteren Ende der Wasserfälle Cafés. **Kristijan** in einer alten Steinmühle am Anlegesteg in Roški Slap bietet erstklassigen gepökelten Schinken, Käse und Oliven und verkauft hausgemachten Wein und Weinbrand.

✚ 198 C3
✉ 12 km nördlich von Šibenik ☎ 022 20 17 77; www.npkrka.hr
🕐 Sommer tägl. 8–20; Winter 9–16 Uhr
✋ teuer (von 20 Kn im Winter bis 70 Kn im Sommer)

NATIONALPARK KRKA: INSIDER-INFO

Außerdem: Ein Boot fährt von Roški Slap flussaufwärts durch einen wilden Canyon zum **orthodoxen Kloster Krka** im weniger besuchten Nordteil des Parks. Dieser Ausflug lässt sich gut mit dem Besuch von Roški Slap kombinieren (Gesamtzeit 6 Std.). Sinnvollerweise sollt man für diesen Ausflug einen weiteren Aufenthaltstag im Park einplanen, da man zunächst nach Roški Slap anreisen muss.

2 Trogir

Bereits im 3. Jh. v. Chr. wurde der Ort von griechischen Siedlern gegründet und wird durch einen schmalen Kanal vom Festland getrennt. Heute präsentiert sich Trogir als eine ruhige Stadt mit Cafés, Yachthafen, autofreien Straßen und einer herrlichen Kathedrale im Zentrum.

Eine Brücke verbindet die Altstadt mit dem Festland, der Zugang erfolgt durch das **Kopnena Vrata** (Landtor), einen Torbogen aus dem 17. Jh., das von der Statue des Heiligen Johannes von Trogir gekrönt wird. Der Bischof Giovanni Orsini lebte hier im 12. Jh. und gilt heute als Stadtpatron und Beschützer der Stadt.

Ein Gewirr aus engen Wegen und Pflasterstraßen voll schicker Geschäfte, Restaurants und Kunstgalerien erwartet den Besucher hinter dem Torbogen. Beim Stadtbummel durch Höfe und vorbei an Kirchen und Palästen sollte man auf die vielen

Am Wasser

Das Westportal der Kathedrale von Trogir

architektonischen Details achten. Ein Muss ist die **Kathedrale**, mit deren Bau im 13. Jh. begonnen wurde. Das Bauwerk wurde in verschiedenen Abschnitten bis zum 16. Jh. errichtet und wird von einem Kirchturm in venezianischer Gotik gekrönt. Das Westportal ist ein Werk von Meister Radovan aus dem Jahr 1240: Zu sehen sind unzählige Heilige und Engel, dazu Szenen aus dem ländlichen Alltagsleben und den bäuerlichen Jahreszeiten. Der obere Portalbogen stellt die Geburt Christi dar, während die Pfeiler auf beiden Seiten Adam und Eva zeigen. Im Inneren der Kathedrale finden sich u. a. eine achteckige Steinkanzel aus dem 13. Jh. und ein geschnitztes Chorgestühl aus Holz. Die aus dem 15. Jh. stammende Kapelle des Hei ligen Johannes von Trogir ist mit gemeißelten Engeln und Putten und kunstvoll geschnitzten Sarkophagen ausgeschmückt.

Eine Plakette am Rathaus neben der Kathedrale weist darauf hin, dass Trogir seit 1997 UNESCO-Weltkulturerbestätte ist. Auf der gegenüberliegenden Seite des Platzes befindet sich eine venezianische Loggia, die früher als Gerichtshof diente. Ein aus dem 15. Jh. stammendes Relief zeigt Justitia; sie wurde von Nikola Firentinac geschaffen.

Die Hauptstraße Gradska führt hinunter zur **Gradska Vrata** (Stadttor) und leitet den Besucher zur **Riva**, einer schönen Promenade mit Aussicht bis zur Insel Čiovo. Wer möchte, kann hier den Inselrundgang beginnen, er führt unter anderem an der aus dem 15. Jh. stammenden Festung Kamerlengo vorbei.

KLEINE PAUSE

Es gibt unendlich viele Cafés und Eissalons entlang der **Riva** und in den Straßen und Plätzen rund um die Kathedrale.

✚ 199 D3
Touristeninformation
✉ Trg Ivana Pavla II
☎ 021 88 14 12

Die Brustwehr der Festung Kamerlengo, die als Sitz des venezianischen Statthalters gebaut wurde

TROGIR: INSIDER-INFO

Top-Tipps: Wer mit dem Auto anreist, sollte über die Brücke nach **Čiovo** fahren und dort parken. Auf dem Spaziergang nach Trogir hat man eine wunderbare Sicht auf die Altstadt inmitten der Insel.

• Der Turm der **Festung Kamerlengo** (Sommer tägl. 9–19 Uhr) bietet ebenfalls schöne Ausblicke auf und über die Stadt.

• Trogir ist ein guter Ausgangspunkt für einen Besuch von **Split** (➤ 123ff); von der Bushaltestelle neben der Brücke in die Altstadt fährt stündlich die Buslinie 37 ab.

• Im Sommer verkehren **Fähren** von der Riva zu den einsamen Inseln und Buchten von Veli Drvenik und Mali Drvenik.

Geheimtipp: Über dem Portal der Dominikanerkirche an der Riva befindet sich ein **Relief der Jungfrau Maria.** Sie wird von Maria Magdalena begleitet, deren nackter Körper nur von ihrem bis auf die Füße fallenden Haar bedeckt wird.

3 Split

Die zweitgrößte Stadt Kroatiens wurde rund um die Ruinen des Palastes des römischen Kaisers Diokletian (3. Jh.) errichtet. Kreuzfahrtschiffe und Fähren verkehren im Hafen, der das Tor zu den dalmatinischen Inseln vor der Küste ist.

Viele Reisende sehen Split während ihrer Einfahrt in den Hafen zunächst vom Wasser aus: Hinter Palmen und Straßencafés entlang dem Ufer erheben sich Hochhäuser der modernen, aufstrebenden Stadt. Die faszinierende Mischung aus alten Bauwerken und modernem Leben in den Straßen macht den besonderen Reiz der lebhaften Hafenstadt aus. Am stärksten spürt man dies im Herzen der Stadt, innerhalb der Mauern des Diokletianpalastes.

Oben: Blick vom Hafen auf die Stadt

Unten: Cafés vor dem Diokletianpalast

Diokletianpalast

Diokletian (245– ca. 312 n. Chr.) wurde in Salona als Sohn von Sklaven geboren, stieg aber im Alter von 39 Jahren zum römischen Kaiser auf. Er war berühmt-berüchtigt für seine Christenverfolgung: Während seiner Herrschaft starben sowohl der hl. Maurus, Bischof von Poreč (▶ 94), als auch die hl. Euphemia, Stadtpatronin von Rovinj (▶ 97), den Märtyrertod. Diokletian war aber auch

Weitere Sehenswürdigkeiten

• Wenn Sie an der Küste 30 Minuten nach Westen gehen oder den Bus 12 von der Riva nehmen, kommen Sie zur Galerija Meštroviǧ (im Sommer Di–So 9 bis 21 Uhr; im Winter Di–Sa 9–16, So 10–15 Uhr), einem Museum und Skulpturengarten in der ehemaligen Strandvilla des Bildhauers Ivan Meštroviǧ. Die Eintrittskarte gilt auch für die Heilig-Kreuz-Kapelle, die Meštroviǧ eigens für die Ausstellung seines Reliefzyklus' über das Leben Christi baute.

• Die Stufen der Senjska am westlichen Ende der Riva führen auf die Marjan-Halbinsel, einen grünen Hügel mit Waldwegen, abgelegenen Kapellen und Höhlen und einer wunderbaren Aussicht über das Meer bis hin zu den Inseln Šolta, Brač, Hvar und Vis. Ein zweistündiger Rundweg führt zunächst 2 km über den Klippenweg bis zur Kapelle St. Hieronymus und dann zurück über den Gipfel bei Telegrin (178 m). Wer möchte, kann auf dem Rückweg eine Pause im *Caffe Vidilica* einlegen, von dessen Terrasse man über die Stadt und den Hafen blickt.

ein Herrscher mit vielen neuen Ideen, er teilte das Reich und führte das Konzept der Abdankung ein. 305 zog er sich in sein Geburtsland Dalmatien in die Garnisonsstadt Salona zurück und verbrachte seine letzten Jahre in dem großartigen Kaiserpalast, den er eigens für diesen Zweck hatte bauen lassen.

Bereits im 7. Jh. war der Palast ein Zufluchtsort für Flüchtlinge aus Salona, und noch heute bietet er einheimischen Familien ein Heim. Leider ist nur wenig vom Originalbau erhalten – so braucht es viel Vorstellungskraft, sich den alten römischen Palast vorzustellen.

Von der Riva aus betritt man das Palastareal durch das **Bronzetor**, wo sich auch der Eingang zum Podrum befindet (Sommer Mo–Sa 9–21, So 9–18 Uhr, Winter Mo–Sa 9–14 Uhr). In den unterirdischen Räumen wurden früher wahrscheinlich Gefangene gehalten.

Antike Statuen im Diokletianpalast

Von der Galerie führen Stufen zum **Peristyl**, dem Haupthof des Palastes und Hauptplatz des gesamten Komplexes. Die schwarze Sphinx aus Granit, die das Mausoleum des Kaisers bewacht, stammt aus dem Jahr 1500 v. Chr. Sie war eine von zwölf Sphinxen aus Ägypten, die ursprünglich hier standen; die anderen wurden von Christen enthauptet, da sie in ihnen ein Symbol des heidnischen Kaisers sahen.

Das achteckige Mausoleum wurde im 7. Jh. zu einer Kathedrale umgebaut (Juni–Sept. tägl. 8–19 Uhr; Okt.–Mai tägl. 8–12, 16–19 Uhr). Diese präsentiert sich in einer ungewöhnlichen Mischung aus römischen, romanischen und gotischen Baustilen. Entlang des Dom ziehen sich Reliefs von Wagenrennen, daneben hän-

Blick vom Narodni Trg zum Uhrturm und Eisernen Tor

gen Porträts von Diokletian und seiner Frau. Altäre sind den Heiligen Domnius und Anastasius geweiht, die beide durch Diokletian den Märtyrertod starben und jetzt in seiner Grabstätte verehrt werden. Ein Aufstieg auf den daneben stehenden Glockenturm wird mit herrlichen Blicken über den Hafen und die Palastanlage belohnt.

Gegenüber der Kathedrale führt eine Gasse zum römischen Jupitertempel, der heute als **Taufkirche** dient. Das Taufbecken stammt aus dem 11. Jh. und ist verziert mit einem Relief von König Zvonimir. Man folgt dem Cardo, der wichtigsten Nord-Süd-Achse des Palastes, und verlässt ihn durch das Goldene Tor. Dahinter befindet sich eine große Bronzeskulptur von Ivan Meštrovič (➤ 52f). Sie stellt Grgur Ninski (Gregor von Nin) dar, einen Bischof aus dem 9. Jh., der sich dafür einsetzte, das Lateinische in den Kirchen durch die kroatische und glagolitische Sprache zu ersetzen. Kopien dieser Originalstatue befinden sich in Varaždin und Nin.

KLEINE PAUSE

Die Riva mit ihren vielen **Cafés** entlang dem Wasser bietet sich zu jeder Tageszeit für eine Pause an.

✚ 199 D3

Touristeninformation
✉ Crkvica Svetog Roka, Peristil ☎ 021 34 56 06; www.visitsplit.com

SPLIT: INSIDER-INFO

Top-Tipp: Der wichtigste **Lebensmittelmarkt** befindet sich vor dem Silbernen (östlichen) Tor des Diokletianpalastes; hier kann man frisches Obst, Gemüse, Brot und Käse kaufen.

Außerdem: Das **Archäologische Museum** (Sommer Mo–Sa 9–13, 17–20 Uhr, Winter 9–14 Uhr) liegt etwas nördlich des Zentrums und ist das älteste Museum Kroatiens. Es zeigt griechische und römische Kunstwerke wie etwa Weinkrüge und Öllampen aus Vis und Marmorstatuen der römischen Götter Bacchus und Diana. Ausgestellt sind außerdem Schmuck, Keramik und Grabbeigaben aus der römischen Stadt Salona (➤ 135).

4 Brač

Brač, die größte Insel vor der dalmatinischen Küste, ist ein Ort der Superlative – vom höchsten Berg in der Adria blickt man auf den berühmtesten Strand Kroatiens. Von Split erreicht man die Insel in weniger als einer Stunde Fahrtzeit.

Die Mehrzahl aller Besucher reist mit der Autofähre von Split nach Supletar. Während des Sommers verkehren zusätzlich schnelle Katamarane zwischen Split und Bol an der Südküste. Zwischen Sumartin (Ostspitze von Brač) und Makarska auf dem Festland besteht ganzjährig ein regelmäßiger Fährverkehr. Brač

ist die einzige Insel Dalmatiens mit eigenem Flughafen, im Sommer gibt es Anschlussflüge nach Zagreb.

Nachteil der leichten Erreichbarkeit ist die vergleichsweise hohe Zahl an Besuchern. Außerhalb der Saison ist Brač jedoch eine ruhige Insel mitt Weinbergen, Obstgärten und versteckt in Buchten liegenden Fischerdörfern. Die Insel ist berühmt für ihren weißen Kalkstein, der hier seit den Zeiten der Römer abgebaut wird und für so verschiedene Bauwerke wie den Diokletianpalast in Split und das Weiße Haus in Washington D.C. verwendet wurde.

Die meisten Besucher kommen in **Supetar** an, dem größten Ort der Insel, der doch wenig mehr ist als ein Dorf mit niedrigen Häusern rund um den Hafen. Sobald eine Fähre anlegt, bricht im Ort Geschäftigkeit aus – die restliche Zeit ist Supetar jedoch ein verschlafenes Nest, in dem viele Leute aus Split Ferienhäuser besitzen. Die Hotels konzentrieren sich im Westen

Die auffällige Spitze des Strandes von Zlatni Rat bei Bol

der Stadt, wo sich auch mehrere Kiesstrände direkt gegenüber von Split befinden.

Die wichtigste Straße durchquert die Insel von Norden nach Süden, eine Nebenstraße führt durch Pinienwälder bis auf die Spitze von **Vidova Gora** (778 m), dem höchsten Berg aller adriatischen Inseln. Auf dem Gipfel steht ein weißes Steinkreuz – die sagenhafte Aussicht reicht über den Strand von Slatni Rat zu den Inseln Hvar und Korčula. Auch von Bol aus lässt sich der Gipfel über einen gut ausgeschilderten Weg besteigen.

Ganz oben: Ausblick auf die Küste zwischen Bol und Murvica

Bol

Der einzige Ort an der Südküste schmiegt sich an die südlichen Hänge der Vidova Gora an. Im Sommer herrscht hier viel Trubel: Tagesausflügler von Hvar strömen an die Strände und diverse Veranstalter bieten Schiffsausflüge und Wassersportarten wie Windsurfen, Segeln, Tauchen und Freeclimben (Klettern ohne Hilfsmittel) an.

Die Hauptattraktion ist jedoch **Zlatni Rat,** das »Goldene Horn«: Der meistfotografierte Strand Kroatiens ist eine dreieckige Landzunge aus feinem Kies. Sie reicht 300 m weit ins Meer hinaus, in ihrer Mitte befindet sich ein schattiger Pinienwald. Ein 2 km langer Spazierweg führt vom Strand von Bol aus entlang der Promenade Richtung Westen zur Landzunge. Zlatni Rat ist im Sommer sehr besucht; einsamere Plätze findet man zwischen den Felsenhöhlen, die auch von FKK-Anhängern bevölkert werden.

Drachenhöhle

Von Zlatni Rat führt eine unbefestigte Straße 4 km lang entlang den Klippen nach **Murvica**, wo sich das Restaurant *Konoba Marija* (► 138) befindet. Ein Abstecher in die Berge oberhalb Murvicas bringt den Besucher zur Drachenhöhle **Zmajeva Špilja**. Die Wände dieser Höhle wurden im 16. Jh. von Mönchen mit Bildern von Drachen und anderen Fabelwesen verziert. Die Mönche hatten hier Schutz gesucht, bevor sie die Einsiedelei von Blaca gründeten. Besucher der Höhle müssen mit dem Fremdenführer telefonisch einen Termin vereinbaren (Tel. 091 514 97 87), er wird sie dann am Restaurant erwarten. Wer die Höhle auf eigene Faust aufsucht, muss sich mit einem Blick durch das Tor auf die Bilder zufrieden geben. Ein mit roten Pfeilen markierter Weg führt vom höchsten Punkt des Dorfes ostwärts in ungefähr einer Stunde zur Höhle. Die anfänglich nur leichte Steigung wird zunehmend schweißtreibend steil. Bei den Ruinen des aus dem 18. Jh. stammenden Klosters biegt der Weg nach links zu der 200 m entfernten Drachenhöhle ab.

Die wunderbare Aussicht bei Zlatni Rat

KLEINE PAUSE

Es gibt eine Unzahl von Cafés am Hafen in Bol und im Sommer am Strand von **Zlatni Rat**. Für ein Essen mit Aussicht bieten sich **Konoba Marija** (► 138) oder **Vidova Gora** (tägl. 10–24 Uhr im Sommer; Tel. 021 54 90 61) auf dem Gipfel der Vidova Gora an.

✚ 199 E2

Touristeninformation
✉ Porat Bolskih Pomoraca, Bol ☎ 021 63 56 38

BRAČ: INSIDER-INFO

Top-Tipp: Der beliebteste Strand ist sicherlich Zlatni Rat, aber der einzige Sandstrand der Insel befindet sich in **Lovrečina**. Er liegt an der Nordküste 5 km vom Dorf Postira entfernt.

Geheimtipp: Zwei Wege führen zur **Einsiedelei von Blaca** aus dem 16. Jh.: ein 12 km langer Küstenpfad von Zlatni Rat oder ein holpriger Weg, der von der Straße nach Vidova Gora abbiegt. Im Sommer werden Bootstouren in die Bucht von Blaca angeboten, von dort aus ist es nur eine kurze Wanderung bergauf zum Kloster.

Außerdem: Ein lohnenswerter **Ausflug durch die nordwestliche Insel** führt über die Küstenstraße ab Supetar bis Sutivan, dann ins Landesinnere in das hübsche Dorf Ložića hoch über einer Schlucht. Die Hauptstraße führt hinunter ans Meer bei Milna. Hier ankern im Sommer häufig Yachten in einer geschützten Bucht. Um nach Supetar zurückzukehren, biegt man in Ložišća links ab und folgt dem Gebirgskamm – vorbei an Marmorsteinbrüchen – nach Nerežišća.

5 Hvar

Eine der bezauberndsten Inseln der Adria ist Hvar. Weinberge und Lavendelfelder prägen das Gesicht der Insel, die auch wegen ihres Klimas so beliebt ist. Die Hauptstadt Hvar hat sich zum schicksten Ort der dalmatinischen Küste entwickelt.

Ein Kalksteinkamm in der Mitte bildet das Rückgrat der lang gezogenen, dünnen Insel; steile Klippen stürzen zu einsamen Stränden und Höhlen hinab. Im Frühling und im Frühsommer ist die Insel ein einziges Farbenmeer. Die Insel hat mehr

Rund um Hvar duften die Lavendelfelder, die hier auf dem Kalksteinboden zu kommerziellen Zwecken angepflanzt wurden

Sonnenstunden als irgendein anderer Ort an der Adriaküste. Die kürzeste Verbindung vom Festland bietet die Autofähre von Drvenik nach Sucuraj, allerdings schließt sich daran eine lange Autofahrt quer über die Insel zur Stadt Hvar an. Eine Alternative bietet die Autofähre von Split nach Stari Grad, der alten Hauptstadt. Fußgänger können mit einer Personenfähre direkt von Split nach Hvar fahren oder im Sommer einen schnellen Katamaran von Split nach Jelsa wählen.

Stadt Hvar
Die schönste Anfahrt nach Hvar ist diejenige mit der Fähre: Vom Meer aus erlebt man die Stadt als ein Gewirr brauner Steinhäuser, die sich rund um die Bucht drängen, darüber erheben

sich die alte Festung und die mittelalterlichen Mauern. Im Sommer gleicht der Hafen einem Ameisenhaufen: Schnittige Yachten liegen vor Anker, Fähren entladen ihre Fracht und Wassertaxis bringen Sonnenhungrige zu abgelegenen Stränden. Auch wenn es viele Sehenswürdigkeiten gibt, so ist Hvar doch mehr eine Stadt zum Ausspannen – der abendliche *korzo* ist einer der lebendigsten in ganz Kroatien.

Die meisten Cafés finden Sie am **Trg Svetog Stjepana.** Die Piazza im venezianischen Stil mit Steinpflaster und einem Brunnen aus dem 16. Jh. öffnet sich malerisch zum Meer. Die Westseite wird von der Kathedrale und dem vierstöckigen Campanile beherrscht. Aufmerksame Beobachter werden feststellen, dass sich die Anzahl der bogenförmigen Fenster mit jedem Stockwerk erhöht. An der Seeseite des Platzes, am inneren Hafen, befindet sich das **Venezianische Arsenal**. Es war groß genug für die Reparatur von Galeeren. Im obersten Stockwerk befindet sich eines der ältesten öffentlichen Theater Europas, das 1612 eröffnet wurde und noch heute bespielt wird.

An der anderen Seite des Platzes, hinter den Renaissancepalästen der Adligen aus dem 16. Jh., führen Stufen hinauf zur **Zitadelle** (im Sommer tägl. 8–22 Uhr). Die venezianische Festung wurde 1557 errichtet. Innen befindet sich ein kleines Museum mit Amphoren und Gefängniszellen, zu denen man hinuntersteigen kann. Die Hauptattraktion ist jedoch unzweifelhaft der Blick über die Häuserdächer bis zu den Pakleni-Inseln und weiter zur Insel Vis am Horizont.

Stadtstrände in Hvar

Ein kurzer Weg von den Fähranlegern nach Süden führt zu einem Franziskanerkloster, das sich auf einer Landspitze über einer kleinen Bucht mit Kiesstrand erhebt. Auf der anderen Seite des Hafens setzt sich die Promenade noch ungefähr 2 km fort. Sie führt an Felsenstränden und Badeplateaus vorbei.

Wer einen erholsamen Nachmittag am Strand verbringen möchte, nimmt ein Wassertaxi zu den **Pakleni-Inseln**: Die Kette smaragdgrüner kleiner Inseln liegt direkt vor der Stadt, hier findet man schattige Pinienwälder und abgelegene Kiesstrände. Die nächstgelegene Insel **Jerolim** wird vor allem von FKK-Anhängern aufgesucht. Wem das zu freizügig ist, der sollte zur größten Insel, **Sveti Kliment**, fahren.

Stari Grad

Die Stadt wurde von griechischen Siedlern aus Paros im 4. Jh. v. Chr. gegründet und Pharos genannt. Bis die Venezianer im 13. Jh. ihre Hauptstadt in die Stadt Hvar verlegten, war Stari Grad die größte Siedlung der Insel. Ihr heutiger Name Stari Grad bedeutet einfach »Altstadt«. Wenn auch nicht ganz so schick wie Hvar, so ist sie dennoch eine attraktive Stadt in einer geschützten Bucht, ihr Hafen ist der wichtigste Fährhafen der Insel.

Die engen gepflasterten Straßen hinter dem Hafen bieten sich zum Bummeln an, dabei entdeckt man versteckte Schmuckstücke wie die aus dem 12. Jh. stammende **Johanneskapelle**, die ein Fußbodenmosaik aus dem 6. Jh. besitzt. Gleich nebenan befindet sich eine archäologische Fundstätte des griechischen Pharos, die Ausgrabungen dauern noch an.

Wie gemalt: Pakleni-Inseln bei Sonnenuntergang

Direkt hinter der Strandpromenade liegt das Sommerhaus des Dichters Petar Hektorović (1487–1572): **Tvrdalj Petar Hektorovića** (im Sommer tägl. 10–13, 17–20 Uhr). Es wurde als Festung gebaut, in der die Stadtbewohner im Fall einer türkischen Invasion Zuflucht finden konnten. Der ummauerte Garten mit einem Fischteich und Granatapfelbäumen ist ein wunderbarer Ort, um in Ruhe die lateinischen Inschriften zu studieren.

Jelsa

Die drittgrößte Stadt auf Hvar liegt an der Nordküste mit Sicht auf Brač und die Makarska Rivijera.

Hauptsehenswürdigkeit ist die achteckige **Johanneskapelle** aus dem 16. Jh., die in einer engen Gasse hinter dem Hafensteht. Eine Küstenstraße führt nach 4 km zum Fischerdorf Vrboska,

einem ruhigen Urlaubsort mit schönen Stränden auf der Halbinsel Glavica.

Im Sommer fahren Wassertaxis von Jelsa nach Vrboska und zum Inselchen Zečevo mit seinen FKK-Stränden. Wenn man Lust auf Abwechslung hat, kann man sich vom Hafen mit einem Boot nach Zlatni Rat auf Brač (➤ 127) übersetzen lassen.

Hvars Kathedrale und der Hauptplatz

KLEINE PAUSE

Hvars Hafen ist im Sommer eine einzige Promenade – viele Besucher sitzen stundenlang in den Cafés und Bars entlang dem Wasser, um das Leben zu genießen **Ulica Petra Hektorovića** etwas oberhalb der Nordseite des Hauptplatzes ist die Straße mit den angesagtesten Restaurants – hier findet man gleich drei erstklassige Adressen in einer Straße (➤ 138f).

✚ 199 E2

Touristeninformation
✉ Trg Svetog Stjepana ☎ 021 74 10 59; www.hvar.hr

HVAR: INSIDER-INFO

Top-Tipp: Die Wartezeiten für einen **Platz auf der Autofähre** von und nach Hvar sind im Sommer lang, deswegen sollte man seine Reise sorgfältig planen und frühzeitig im Hafen eintreffen.

Außerdem: Die **Kiesstrände und -buchten an der Südküste** sind weniger touristisch entwickelt als die Strände in der Stadt Hvar, in Jelsa und Stari Grad. Man erreicht sie durch den Straßentunnel, der unter dem Sveti Nikola, dem höchsten Berg der Insel, hindurchführt. An der 8 km langen Strecke zwischen Sveta Nedjelja und Zavala liegen einsame Strände und Dörfer, die sich an steile Südhänge schmiegen. In den Weinbergen wird ein Großteil der besten Weine der Insel angebaut.

Nach Lust und Laune!

6 Nin

Das auf einer Insel vor Dalmatiens nördlicher Spitze liegende Nin besitzt nur eine Straße. Kommt man über die Steinbrücke und durch das Eingangstor des Ortes, würde man nicht glauben, dass sich hier früher das geistliche und weltliche Zentrum Kroatiens befand. Zwischen dem 9. und 12. Jh. wurden hier sieben Könige gekrönt; der Bischof von Nin war der mächtigste Mann im Land. Einer der Bischöfe, Gregor von Nin, wurde durch eine Bronzeskulptur von Ivan Meštrović verewigt; das Original steht in Split (➤ 125), eine Kopie in Nin.

Die größte Sehenswürdigkeit von Nin ist jedoch die aus dem 9. Jh. stammende Heilig-Kreuz-Kirche, eine einfache, weiße gewölbte Kapelle in Form eines griechischen Kreuzes. Oft wird behauptet, sie sei die kleinste Kathedrale der Welt. Sie steht malerisch auf einer Wiese im Stadtzentrum, umgeben von den Ruinen eines römischen Tempels.

Fast genauso großartig ist die Kirche St. Nicholas, die auf einem kleinen Grabhügel ca. 1 km entfernt von Nin an der Straße nach Zadar steht und ebenfalls aus dem 9. Jh. stammt. Ihr Turm wurde im 16. Jh. von den Venezianern während der Kämpfe mit den Türken angebaut.

Sabunike, 2 km nördlich von Nin, besitzt einen der schönsten Strände Kroatiens mit Aussicht auf die Insel Pag und das Velebit-Gebirge.

✠ 198 B4

Touristeninformation
✉ Trg Braće Radića 3 ☎ 023 26 52 47

7 Zadar

Die zweitgrößte Stadt Dalmatiens war früher byzantinische und venezianische Hauptstadt und eine Seemacht, die mit Venedig konkurrierte. Heute ist sie eine seltsame Mischung aus wuchernden Vororten und einer engen Altstadt. Diese liegt auf einer kleinen Landzunge und wird zum Teil noch von einer mittelalterlichen Stadtmauer umschlossen. Die Lücken, die das heftige Bombardement der Alliierten im Zweiten Weltkrieg hinterließ, wurden durch Betonzweckbauten geschlossen, die sich heute mit Einkaufszentren, alten Kirchen und Pflasterstraßen mischen.

Im Herzen der Stadt befindet sich das alte römische Forum, dessen Steine zum Bau der Donatuskirche verwendet wurden. Diese hübsche byzantinische Kirche aus dem 9. Jh. ist einem irischen Bischof in Zadar gewidmet, der sie selbst gebaut haben soll. Direkt daneben steht die romanische Kathedrale aus dem 12. Jh., von deren Kirchturm aus man eine phantastische Sicht hat. Auf dem Forum liegen auch die Kirche und das Kloster St. Maria. Die Schatzkammer zeigt eine Ausstellung religiöser Kunst unter dem Titel *Zlato i Srebro Zadra* (Gold und Silber aus Zadar) mit außergewöhnlichen Reliquien, die die einheimischen Gold- und Silberschmiede geschaffen haben und eine Rekonstruktion einer Kapelle aus dem 11. Jh. (Mo–Sa 10–13, 17–19, So 10–13 Uhr).

Für Kinder

- Schiffsausflüge in den Nationalpark Krka (➤ 118f)
- Rad- und Bootsausflüge nach Vransko Jezero (➤ 134)
- Bunari: »Die Geheimnisse von Šibenik« lautet das Thema einer Multimedia-Show über die Geschichte Šibeniks in den Gewölben der aus dem 15. Jh. stammenden Brunnen neben der Kathedrale (tägl. 10–23 Uhr, ➤ 134)
- Die Strände an der Makarska Rivijera (➤ 136)

Die neueste Attraktion der Stadt ist die Morske Orgulje (Meeresorgel). An der Riva, der Hafenpromenade, führen Stufen ins Wasser, die häufig von Menschen bevölkert sind, die den Sonnenuntergang genießen und dabei den von den Wellen und Unterwasserpfeifen erzeugten Orgeltönen lauschen.

Von Zadar aus setzen Fähren zu den wenig besuchten Inseln Ugljan, Pašman und Dugi Otok (Lange Insel) über.

✛ 198 B4
Touristeninformation
✉ Narodni Trg 5 ☎ 023 31 61 66

8 Vransko Jezero

Kroatiens größter Süßwassersee liegt 25 km südlich von Zadar im Hinterland der Strandorte Biograd und Pakoštane. Seit 1999 ist der gesamte See ein Naturschutzgebiet; hier überwintern mehr als 100 verschiedene Arten von Wasservögeln. Im Vogelschutzgebiet am Nordwestufer nistet eine Kolonie von Purpurreihern. Im Sommer kann man Ruderboote mieten und auf den See hinausfahren oder den See alternativ mit dem Fahrrad umrunden (30 km).

✛ 198 C4

9 Nationalpark Kornati

Eine Schiffstour durch die Inselwelt der Kornaten ist ein unvergessliches Erlebnis. Die Inseln liegen vor der Küste zwischen Zadar und Šibenik und bilden eine Wunderwelt aus Klippen, Buchten, Unterwasserhöhlen und kleinen Felseninseln.

Zum Nationalpark Kornaten gehören 89 Inseln und Riffe, der gesamte Archipel umfasst 140 Inseln, die sich nach Norden bis zur spektakulären Bucht Telašcića auf Dugi Otok erstrecken. Den größten Teil des Jahres sind die Inseln unbewohnt, aber im Sommer öffnen die Bewohner von Murter ihre Fischrestaurants in den Buchten und vermieten einfache Häuser und Fischerboote für einen Robinson-Urlaub. Die Inseln sind ein Paradies für Segler und die schönste Möglichkeit, sie zu erkunden. Wer keine Gelegenheit zum Segeln hat, kann alternativ an organisierten Ausflügen von Murter, Zadar und Šibenik aus teilnehmen.

✛ 198 B3
Touristeninformation
✉ Ulica Butina 2, Murter
☎ 022 43 57 40; www.kornati.hr
✋ Park: teuer

10 Kathedrale von Šibenik

Die aus dem 15. Jh. stammende Kathedrale St. Jakob, die sich stolz über der Mündung der Krka erhebt, ist vielleicht das schönste Beispiel kroatischer Kirchenarchitektur. Zum größten Teil ist sie das Werk von Juraj Dalmatinac, einem Architekten, der zwar in Zadar geboren, aber in Venedig ausgebildet wurde. Ivan Meštrović hat ihm zu Ehren die Statue auf dem Vorplatz der Kathedrale geschaffen. Nach seinem Tod 1473 wurde die Kathedrale von Nikola Firentinac vollendet, er schuf das Kuppeldach und das beeindruckende Tonnengewölbe. Das Ergebnis ist eine harmonische Mischung aus venezianischer Gotik und Renaissance. Die äußeren Torbögen, gefertigt von Dalmatinac, sind überreich verziert. Die Seitentür gegenüber dem Rathaus wird von einem Paar brüllender Löwen und den Statuen von Adam und Eva geschmückt.

Gleich daneben befindet sich Dalmatinacs verspieltes Meisterstück: Ein Fries mit 74 Steinköpfen verziert das Äußere der Apsiden und zeigt ein faszinierendes

Viele Inseln befinden sich im Nationalpark Kornati

Spiegelbild der Gesellschaft des
15. Jhs. Es wird kolportiert, dass diese
Steinköpfe Abbilder der Bürger sind,
die sich geweigert hatten, für den Bau
der Kathedrale Geld zu spenden. In
der Kathedrale lohnt sich ein Besuch
der kleinen versteckten Taufkirche mit
ihren fein ziselierten Steinengeln, zu
der rechts vom Altar Stufen hinunter-
führen.

✚ 198 C3 ✉ Trg Republike Hrvatske,
Šibenik ⏱ tägl. 9–7 ✋ frei

Die Kathedrale St. Jakob in Šibenik

🔟 Salona

Die bedeutendste archäologische Fundstätte Kroatiens besitzt eine außergewöhnliche Stimmung: die Ruinen einer
römischen Stadt mit 60 000 Einwohnern inmitten von Feldern, dazu am
Horizont die Hochhäuser von Split. Zu
Zeiten der Römer war dies der größte
Ort entlang der Küste.

Tritt man durch das Eingangstor der
Nekropolis von Manastirine, hat man
das Gefühl, einen archäologischen Trö-
delladen voller Gräber und Sarkophage
zwischen Steinhaufen zu betreten. Im
Presbyterium einer römischen Basilika
befindet sich die gewölbte Grabkam-
mer von Domnius: Der erste Bischof
von Salona wurde im nahe gelegenen
Amphitheater 304 während der Christenverfolgung durch Diokletian enthauptet.

Salonas römisches Amphitheater

Vom Archäologischen Museum
Tusculum führt ein Weg zur tiefer gelegenen Stadt, die sich rund um die
Ruinen einer imposanten Kirche er-
streckt. Läuft man entlang den römischen Mauern in die Felder, so erreicht man das gut erhaltene Amphitheater, das 15 000 Besuchern Platz
bietet. Viele Kunstschätze von Salona
werden heute im Archäologischen
Museum von Split ausgestellt (➤ 125)

✚ 199 D3 ✉ 5 km von Split
☎ 021 21 29 00 🚌 Bus nach Split
⏱ Sommer: tägl. 9–19 Uhr; Winter Mo bis
Fr 9–15 Uhr, Sa 9–14 Uhr ✋ mittel

🔟 Vis

Vis war vom Zweiten Weltkrieg bis
1989 für Ausländer gesperrt, da die
Insel als Militärstützpunkt genutzt
wurde. Außer ein paar Fischern und
Weinbauern verließen die meisten
Bewohner während dieser Zeit das
Eiland. Heute erweist sich diese Abgeschiedenheit, die Vis vor den nega-
tiven Einflüssen des Massentourismu
bewahrt hat, als Vorteil. Der hübsche
Ort kommt als Badeort in Mode, viele
teure Yachten gehen hier im Sommer
vor Anker. Inzwischen besteht eine
tägliche Anbindung zum Festland: Ein
Katamaran fährt in weniger als zwei

Historische Festungen

Im Hinterland der dalmatinischen Küste befinden sich zwei historische Festungen, deren Schicksal die Geschichte dieser Region eindrucksvoll widerspiegeln. Im 10. Jh. waren beide Stützpunkte der mittelalterlichen kroatischen Könige, im 16. Jh. wurden beide von den Türken erobert und zu Hauptmilitärlagern an den Grenzen zum venezianischen und osmanischen Reich ausgebaut. Die Festung Klis (Sommer Di–So 9–19 Uhr; Winter 10—16 Uhr) liegt auf einem felsigen Steilhang bei Salona; von ihrem mit Gras bewachsenen Befestigungswall hat man eine wunderbare Aussicht. Die Festung bei Knin (Sommer tägl. 7–19; Winter 7–15 Uhr) liegt 56 km nördlich von Šibenik und wurde in den 1990er-Jahren von den Truppen der Serbischen Republik Krajina besetzt, die in Knin stationiert waren. Heute weht die kroatische Fahne auf den Zinnen, seit die Festung 1995 gegen Ende des Bürgerkrieges befreit wurde.

Stunden von Split nach Vis.

Die Griechen gründeten im 4. Jh. v. Chr. die Siedlung Issa an der Stelle der heutigen Stadt Vis; die Überreste des alten griechischen Friedhofs liegen direkt hinter dem Hafen. Während der Napoleonischen Kriege (1811–15) war die Insel von den Engländern, die hier auch im Zweiten Weltkrieg einen Stützpunkt hatten, besetzt. Tito errichtete für eine kurze Zeit sein Hauptquartier in einer Höhle am Berg Hum. Eine Wanderung über die Klippen westlich des Hafens führt zum verlassenen Fort Georg III., das über dem Tor eine primitiv gearbeitete britische Fahne besitzt und einen wunderbaren Blick über die Bucht bis nach Hvar bietet.

Auf der anderen Seite der Bucht führt ein Bummel durch den Vorort Kut zu einem kleinen englischen Friedhof mit Ehrenmalen für die Opfer der Napoleonischen Kriege und die »Genossen von Titos Befreiungskampf«. Von der Stadt Vis aus fahren Busse über die Insel, vorbei an Weinbergen und steilen Terrassen zum sehenswerten Fischerhafen Komiža. Im Sommer werden Schiffsausflüge von Komiža zur Blauen Grotte (Modra Špilja) auf der nahe gelegenen Insel Biševo angeboten.

✚ 199 D2
Touristeninformation
✉ Šetalište Stare Isse 5
☎ 021 71 70 17

🔞 Makarska Rivijera

Die Riviera von Makarska ist eine Kette schöner Kiesstrände im Schatten des Biokovo-Massivs. Ehemalige Fi-scherdörfer wie Brela, Baška Voda, Tučepi und Podgora sind heute attraktive Ferienorte. Die Stadt Makarska liegt in einer hufeisenförmigen Bucht, in der es während der Hochsaison hoch hergeht. Der Pauschaltourismus hat hier die größten Wunden in Dalmatien hinterlassen: Makarska fehlt der unverwechselbare Charme vieler venezianischer Städte entlang der Küste, nichtsdestotrotz ist die Stadt ein guter Ausgangspunkt für einen erholsamen Familienurlaub.

Über der Küste erhebt sich der Tafelberg Biokovo, dessen Gipfel Sveti Jure (1762 m) der zweithöchste Berg Kroatiens ist. Wandern Sie an einem klaren Tag von Makaska auf den Sveti Jure: Sie werden für Ihre Mühen mit einer herrlichen Fernsicht bis nach Italien belohnt!

✚ 199 F2
Touristeninformation
✉ Obala Kralja Tomislava
☎ 021 61 20 02

Strände der Rivijera Makarska; im Hintergrund das Biokovo-Massiv

Wohin zum … Übernachten?

Preise
Für die Übernachtung in einem Doppelzimmer zahlen Sie im Sommer pro Person:
€ unter 250 Kn   €€ 250–500 Kn   €€€ über 500 Kn

BRAČ

Palaca Dešković €€€

Dieser Palast aus dem 15. Jahrhundert in der Nähe des Hafens von Pučišća wurde von der Gräfin Dešković in ein kleines Luxushotel umgebaut, in dessen Zimmern ihre eigenen Bilder hängen. Der Ort ist für seinen regionalen Marmor bekannt.

✚ 199 E3 ✉ Pučišća ☎ 021 77 82 40;
www.palaca-deskovic.com

HVAR

Palace/Riva €€€

Das im alten Stile am Hafen stehende Hotel Riva wurde komplett renoviert und hat 2005 als schickes Boutique-Hotel neu eröffnet. Es ist das erste kroatische Mitglied des Clubs *Small Luxury Hotels of the World*. Zur gleichen Hotelgruppe gehört auch das Hotel Palace, das sich in dem alten venezianischen Gouverneurspalast mit Uhrenturm und Loggia an der Hauptstraße befindet. Der Palast wird einer gründlichen Erneuerung unterzogen und öffnet 2008 als Fünf-Sterne-Hotel.

✚ 199 E2 ✉ Riva, Hvar
☎ 021 75 07 50; www.suncanihvar.com

NATIONALPARK KRKA

Skradinski Buk €

Die meisten Leute besuchen die Wasserfälle im Rahmen eines Tagesausflugs von der Küste aus. Um den Nationalpark genauer zu erkunden, sollte man in diesem Familienhotel, das 2002 in einem restaurierten Stadthaus in der Hafenstadt Skradin eröffnet wurde, übernachten. Die 28 Zimmer sind einfach eingerichtet; von der Terrasse blickt man auf das Wasser. Die Anlegestelle für die Boote zum Nationalpark liegt nur 300 m entfernt.

✚ 198 C3 ✉ Burinovac, Skradin
☎ 022 77 17 71; www.skradinskibuk.hr

SPLIT

Peristil €€€

Das Peristil war bei seiner Eröffnung 2005 das erste Hotel innerhalb der Mauern des Diocletianspalastes. Es ist eine kuriose Mischung aus Altem und Neuem mit römischen Bögen und antiken Mauern. Dies ist der richtige Ort, wenn Sie im Zentrum des Geschehens sein möchten.

✚ 199 E3 ✉ Poljana Kraljice Jelen 5
☎ 021 32 90 70; www.hotelperistil.com

TROGIR

Concordia €€

Das kleine Stadthaus aus dem 18. Jh. nahe der Festung Kamerlengo ist heute ein kleines Hotel mit Blick auf die Insel Čiovo. Jedes der 14 Zimmer hat eine Dusche, TV und Klimaanlage. Für Hotelgäste steht außerdem ein Parkplatz zur Verfügung

✚ 199 D3 ✉ Obala Bana Berislavića 22
☎ 021 88 54 00;
www.concordia-hotel.htnet.hr

VIS

Tamaris €€

Die Zimmer befinden sich in einer Habsburger Villa aus dem 19. Jh. im Herzen von Vis nahe dem Fährhafen. Alle 27 Zimmer haben hohe Decken und Holzdielen. Fragen Sie nach einem Zimmer mit Blick über den Hafen und die Bucht.

✚ 199 D2
✉ Obala Sveti Juria 30, Vis
☎ 021 71 13 50

Wohin zum …
Essen und Trinken?

Preise
Preise pro Person für eine Vorspeise, ein Hauptgericht, Salat und ein Getränk:
€ unter 100 Kn   €€ 100–200 Kn   €€€ über 200 Kn

BRAČ

Konoba Marija €€
Wahrscheinlich hat kein Restaurant in Kroatien eine bessere Lage – hoch oben auf einer Terrasse mit Blick über die Pinienwälder und das Meer bis zur Insel Hvar. Man kann den 4 km langen Feldweg von Bol entlang den Klippen bis zum Weinort Murvica zu Fuß laufen oder mit dem Fahrrad fahren. Wem das zu anstrengend ist, der nimmt das Auto. Über dem offenen Feuer werden Fisch und Fleisch gegrillt – eine Empfehlung ist das Brač-Lamm oder der gemischte Grillteller für zwei Personen, dazu mundet ein Krug Wein aus den umliegenden Weinbergen.

199 E2   Murvica, nahe Bol
April–Okt. tägl. 10–24 Uhr

Palute €
Das beliebte Restaurant liegt direkt an der Uferpromenade in Supetar, unweit des Anlegers der Fähre aus Split. Die Karte bietet eine große Auswahl von Fleisch- und Fischgerichten vom Grill zu zivilen Preisen. Für Liebhaber eines einfachen, guten traditionellen Essens empfiehlt sich der lokale Schafskäse, gefolgt von gegrilltem Lamm mit Beilagen. Die Familie betreibt auch eine komfortable Frühstückspension in Fußnähe zum Hafen.

199 E3   Porat 4, Supeta   021 63 17 30   April–Okt. tägl.10–23 Uhr

HVAR

Konoba Menego €€
Dinieren Sie bei Kerzenlicht oder im Freien, wobei ein altes Weinfass als Tisch dient. Die von einer Familie geführte Taverne befindet sich in einem alten Haus an den Treppen vom Hafen zum Schloss. Hier ist alles hausgemacht oder stammt aus der Umgebung, vom Wein von den Pakleni- Inseln bis hin zum Ziegenkäse mit Honig von der Insel Hvar. Da vor allem kalte Speisen und Käse angeboten werden, eignet sich die Taverne eher für einen Imbiss oder kleines Mittagessen. Zum Nachtisch empfehlen sich die »betrunkenen Feigen«, die mit Mandeln gefüllt und in Weinbrand getränkt werden, dazu ein türkischer Mokka mit Walnuss- oder wildem Orangenlikör. Die Familie Kovačević besitzt auch einen Weinberg und ein Sommerrestaurant auf der nahe gelegenen Insel Sveti Kliment.

199 E2   Groda, Hvar
021 74 20 36
April–Okt. tägl. 12–14, 17–22 Uhr

Luna €€
Das Luna ist eines von drei In-Restaurants in dieser Straße, die nur einige Stufen vom Hauptplatz entfernt liegen. Auf der Karte der schicken Trattoria stehen italienische und mediterrane Gerichte. An warmen Abenden kann man auf der Dachterrasse essen.

199 E2
Ulica Petra Hektorovića 5, Hvar
021 74 14 00
April–Okt. tägl. 12–24 Uhr

Paladini €€€
Das elegante Restaurant befindet sich in einem wunderschönen Renaissancepalast aus dem 16. Jh., der der Familie Paladini als Belohnung für ihre Verdienste in der Seeschlacht zwischen der venezianischen und

der türkischen Flotte geschenkt wurde. In einem Garten werden unter Orangen- und Zitronenbäumen dalmatinische Gerichte, frischer Fisch, gegrillter Tintenfisch und Pasta serviert.

199 E2
Ulica Petra Hektorovića 4, Hvar
021 74 21 04
Mai–Dez. tägl. 12–15, 18–24 Uhr

Zlatna Školjka €€€

Die »goldene Muschel« im Restaurantviertel der Stadt Hvar serviert Slow-Food-Gerichte unter Verwendung einheimischer Produkte und entwickelt traditionelle Gerichte weiter. Auf der Speisekarte finden sich Spezialitäten wie Ziegenkäse in Olivenöl, Gnocchi mit Mandeln, mit Ziegenkäse gefülltes Fleisch oder Kaninchen mit Feigen. Eine Reservierung ist im Juli und August ratsam.

199 E2
Ulica Petra Hektorovića 8, Hvar
098 168 87 97
Sommer tägl. 12–15, 19–24 Uhr

Kod Jože €€

Versteckt in einem alten Steinhaus in einer ruhigen Gasse nahe dem Strassmayerov Park liegt diese ausgezeichnete *konoba* (Taverne) mit erstklassigen Fleisch- und Fischgerichten. Die Spezialität des Hauses ist frischer Fisch, besonders Seebarsch, Petersfisch, Hummer und Tintenfisch, aber es gibt auch panierte Froschschenkel, gegrilltes Gemüse und Mangoldrisotto. Die Auswahl an Steaks ist hervorragend: Probieren Sie einmal das mit dalmatinischem Schinken und Käse gefüllte Steak. Gegessen wird auf der schattigen Terrasse und im Restaurant, das mit alten Weinfässern und Fischernetzen dekoriert ist.

199 D3 Ulica Sredmanuška 4
021 34 73 97 Mo–Fr 9–24, Sa–So 12–24 Uhr

Konoba Škrapa €

In den Gassen von Trogir befindet sich eine große Auswahl an Restaurants, viele mit schönen Höfen und Gärten, aber für das klassische dalmatinische Essen ist das Škrapa unübertroffen. Hier sollten Sie sich auf die Basics konzentrieren: Schinkenplatten oder dampfenden Schalen mit *fažol* (Bohneneintopf). Die Atmosphäre ist hektisch und die Tischdekoration ist ausgefallen. Aber das Essen macht Spaß und Sie werden nirgendwo ein besseres Preis-Leistungs-Verhältnis finden.

199 D3 Ulica Hrvatskih Mučenika 9 021 88 53 13
Mo–Sa 11–23, So 16–23 Uhr

Doručak Kod Tihane €€

Das erste Hotel in Vis wurde 1911 eröffnet und feierte 2004 seine Wiedereröffnung als Restaurant direkt am Wasser. Die ursprüngliche Jugendstileinrichtung mit Kronleuchtern und freigelegten Steinwänden wurde sorgfältig renoviert. An Sommerabenden kann man auf der Terrasse essen; Kerzenlicht und der Blick über das Wasser tragen zur romantischen Atmosphäre bei. Zu den Spezialitäten des Fischrestaurants gehören Fischpastete, Shrimp-Risotto, gegrillter Tintenfisch, Muscheln und gegrillter frischer Fisch. Am Besten trinkt man dazu den einheimischen Vugava-Wein. Krönender Abschluss ist *hruštule* – das traditionelle Gebäck aus Vis.

199 D2 Obala Sveti Jurja 5, Vis
021 71 84 72
tägl. 8–24 Uhr April–Okt.

Villa Kaliopa €€€

Viele der Yachtbesitzer, die im Sommer im Hafen von Vis vor Anker gehen, kehren in diesem romantischen, aber teuren Restaurant ein. Den von Mauern eingefassten Garten der Villa aus dem 16. Jh. schmücken Brunnen und Statuen. Die Speisekarte bietet hauptsächlich frischen Fisch und Meeresfrüchte und orientiert sich dabei am saisonalen Angebot.

199 D2
Ulica Vladimira Nazora 32, Vis
021 71 17 55
im Sommer tägl. 17–24 Uhr

Wohin zum …
Einkaufen?

Die besten Einkaufsmöglichkeiten bieten die Städte Split, Šibenik, Trogir und Zadar. In der schicken Stadt Hvar finden Sie modische und extravagante Boutiquen. Jede Insel hat ihre eigene Spezialität – in Hvar ist es der Lavendel, in Brač der Marmor, in Vis der Wein.

HVAR UND VIS

Wo auch immer man im Sommer auf Hvar hinkommt, überall wird Lavendel verkauft – als Trockenblumen, Öl, Seife oder Shampoo. Ein anderes außergewöhnliches Souvenir von der Insel sind die Spitzen, die aus Agavenfasern gefertigt werden. Die Technik wurde von den Kanarischen Inseln importiert und wird ausschließlich von den Nonnen des Benediktinerklosters in der Stadt Hvar angewandt.

Sowohl auf Hvar als auch auf Vis findet man Kellereien, die den einheimischen Wein verkaufen. Auf Vis empfehlen sich der trockene Weißwein Vugava und der rote Viški Plavac.

SPLIT

Die zweitgrößte Stadt Kroatiens besitzt ein großes Angebot an Kaufhäusern, Einkaufszentren und Boutiquen. Die meisten Geschäfte finden sich dicht am Wasser in der belebten Fußgängerzone der mittelalterlichen Stadt. Die Hauptverkehrsstraße ist die **Marmontova**, in der man viele schicke Boutiquen mit Damenbekleidung und Schuhen, aber auch importierter italienischer Designerware zu akzeptablen Preisen findet. Die Stände in den unterirdischen Gewölben des **Diokletianpalastes** bieten ein buntes Sortiment an Kunsthandwerk und billigen Souvenirs.

In Split befindet sich der Hauptmarkt vor dem Osttor des Palastes; das Angebot reicht von Bioweintrauben bis hin zu billigen Turnschuhen.

Wohin zum …
Ausgehen?

Auf den dalmatinischen Inseln und entlang der Küste hat man die Qual der Wahl: Man kann surfen, tauchen und raften, aber auch einfach nur gemütlich in einer Bar am Wasser sitzen.

MUSIK UND THEATER

Viele Küstenorte organisieren im Sommer Kulturfestivals mit Konzerten und Vorstellungen in Kirchen sowie Open-Air-Veranstaltungen im Juli und August. Besonders schön sind die Aufführungen mittelalterlicher und barocker Musik sowie Kammermusik in der **Donatkirche in Zadar** sowie die Konzerte in der **Kathedrale von Trogir** und im Innenhof der **Festung Kamerlengo.**

In Split finden im **Hrvatsko Narodno Kazalište** (Kroatisches Nationaltheater) in der Trg Gaje Bulata (Tel: 021 34 43 99; www.hnk-split.hr) ganzjährig Opernaufführungen, Ballett- und Theatervorstellungen statt. Das überragende Ereignis sind jedoch die **Sommerfestspiele Split** (Splitsko ljeto). Im Juli und August wird das Peristyl des Diokletianpalastes zur Freilichtbühne umgebaut; Höhepunkt ist die alljährliche Aufführung von Verdis Oper *Aida.*

In der Stadt Hvar lohnt sich der Besuch einer Vorstellung im **Hvarsko Kazalište**, das 1612 eröffnet wurde. Obwohl es im 19. Jh. umfangreich restauriert wurde, blieb viel vom ursprünglichen Theatergefühl erhalten. Klassische und moderne Aufführungen finden den ganzen Sommer über statt. Auch das nahe gelegene Franziskanerkloster lädt zu abendlichen Konzerten ein.

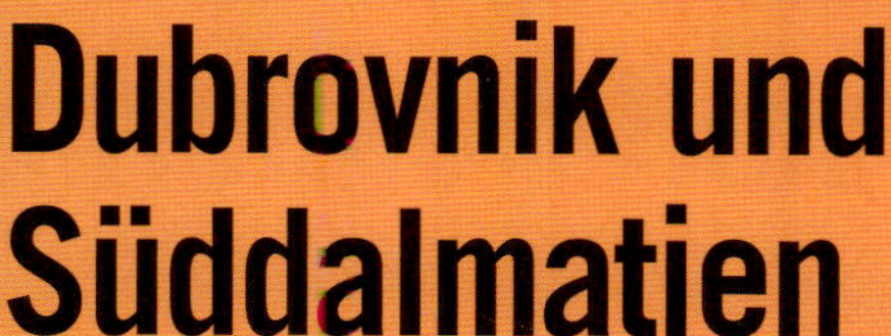

Dubrovnik und Süddalmatien

Erste Orientierung

Dubrovnik ist unzweifelhaft das Zentrum der süddalmatinischen Küstenregion. Die Stadt mit ihrer hervorragend erhaltenen Stadtmauer wurde vom englischen Dichter Lord Byron (1788–1824) als »Perle der Adria« bezeichnet.

Während der größte Teil Dalmatiens von Venedig kontrolliert wurde, regierte Dubrovnik 450 Jahre lang als mächtiger Stadtstaat Ragusa. Dieser zollte den osmanischen Sultanen und ungarischen Königen einen fiktiven Tribut, weigerte sich jedoch, von ihnen regiert zu werden. Während des goldenen 15. und 16. Jhs.

wurde die Stadt durch den Seehandel reich und war als »Athen Kroatiens« im Mittelmeerraum bekannt. Die Stadt war ein Schmelztiegel verschiedener Kulturen und ein Anziehungspunkt für die besten Künstler, Wissenschaftler, Kartografen und Seeleute der damaligen Zeit. In diese Blütezeit fällt auch der Bau der mächtigen Stadtbefestigung. Während der Belagerung 1991–92 wurde Dubrovnik leider stark zerstört. Dank des gelungenen Wiederaufbaus hat man heute jedoch wieder das Gefühl, sich in einem zum Leben erwachten Freilichtmuseum mit Kirchen, Palästen, Cafés und Pflasterstraßen zu befinden.

Dubrovnik ist ein guter Ausgangspunkt für die Erkundung Süddalmatiens: Von hier

Fensterrose eines Franziskanerklosters

Oben: Stadtmauern von Dubrovnik

ist es nicht weit zu den Inseln Mljet, Lopud und Šipan, zu den Weinbergen der Halbinsel Pelješac und nach Korčula. Nördlich von Dubrovnik führt die Magistrala auf dem Weg ins Neretva-Delta, wo die meisten Zitrusfrüchte Kroatiens angebaut werden, ein kurzes Stück durch Bosnien-Herzegowina. Im Süden befindet sich hinter dem hübschen Badeort Cavtat das fruchtbare Konavle-Tal, es liegt eingezwängt zwischen den Bergen Bosniens und Montenegros

Rechts: Boote am Anleger in Cavtat

★ **Nicht verpassen!**

1 Dubrovnik Altstadt ➤ 146

2 Mljet ➤ 150

3 Korčula ➤ 152

Nach Lust und Laune!

4 Lastovo ➤ 155

5 Pelješac ➤ 155

6 Trsteno ➤ 156

7 Elafitski Otoci (Elaphitische Inseln) ➤ 156

8 Lokrum ➤ 157

9 Cavtat ➤ 157

Winzer bei der Arbeit

Süddalmatien bietet mehr als nur Dubrovnik. Während dieser kurzen Fahrt zu den Hauptattraktionen der Region können Sie durch schöne Wälder wandern, den berühmtesten Wein Kroatiens probieren und ein abgelegenes Inselkloster besuchen.

Dubrovnik und Süddalmatien in drei Tagen

Erster Tag

Vormittags

Bummeln Sie durch die steilen Gassen und die historischen Bezirke der Altstadt von **❶ Dubrovnik** (links, ➤ 146ff), die sich beiderseits der Hauptstraße Stradun erstrecken. Anschließend kann man sich bei einem Kaffee auf der Terrasse des *Gradska Kavana* entspannen, bevor man in der *Lokanda Peskarija* (➤ 160) am Hafen einkehrt.

Nachmittags und abends

Ein Gang über Dubrovniks Stadtmauern bietet eine einzigartige Aussicht. Die Eintrittskarte für die Stadtmauer schließt auch den Besuch der Festung Tvrđava Lovrijenac außerhalb des Pile-Tores ein. Diejenigen, die die Treppen zur Festung bewältigt haben, erwartet dort ein wunderbarer Blick auf den Sonnenuntergang. Das Abendessen können Sie dann bei *Orhan* (➤ 160) genießen.

Zweiter Tag

Vormittags und mittags

Im Hafen von Gruž geht es an Bord des Katamarans *Nona Ana*, der im Sommer täglich um 9 Uhr zur Fahrt nach **❷ Mljet** (rechts, ➤ 150f) ablegt. Auf der Insel haben Sie sechs Stunden Aufenthalt – Zeit genug, um den Nationalpark Mljet zu Fuß oder mit dem Fahrrad zu erkunden und mit dem Boot zum benediktinischen Inselkloster St. Maria aus dem 12. Jhd. zu fahren.

Abends

Den zweiten Abend in Dubrovnik sollte man in der Altstadt verbringen, vor allem im Sommer ist hier viel los. Vielleicht hat man Glück und kann während der Sommerfestspiele (➤ 162) eine Vorstellung besuchen; sonst empfiehlt sich ein Essen bei **Rozarij** (➤ 161) und anschließend ein Besuch im **Café Troubadour**, wo es fast jeden Abend ab 22 Uhr Live-Jazz zu hören gibt

Dritter Tag

Vormittags

Auf der Küstenstraße Magistrala geht es Richtung Norden. Nach einer Pause bei den Gärten von 6 **Trsteno** (➤ 156) fahren Sie weiter zur 5 Halbinsel **Pelješac** (➤ 155). Für das Mittagessen im Hafen von Mali Ston empfehlen sich die hiesigen Austern, der anschließende Verdauungsspaziergang führt über die Stadtmauern im nahe gelegenen Veli Ston.

Nachmittags und abends

Bei der Fahrt über die Halbinsel Pelješac können Sie überlegen, ob Sie in der Kellerei Dingač in Potomje halten möchten, um einige Weine zu probieren und vielleicht auch zu kaufen. Denken Sie jedoch daran, rechtzeitig im Hafen von Orebič einzutreffen, um die Fähre für die kurze Überfahrt nach 3 **Korčula** (unten, ➤ 152ff) nicht zu verpassen. Den Abend können Sie in Korčula mit einem Bummel durch die Stadt und einem Essen bei **Morski Konjic** (➤ 161) verbringen. Im Sommer werden Montagabend und Donnerstagabend am Revelin-Turm *Moreška*-Säbeltänze aufgeführt (➤ 26f).

❶ Altstadt von Dubrovnik

Dubrovnik gilt als das Juwel in Kroatiens Krone – eine Stadt voller Architekturdenkmäler aus Gotik und Renaissance. Die Häuser drängen sich dicht auf einer felsigen Landspitze und werden von Stadtmauern aus dem 15. Jh. geschützt.

Von 1358 bis 1808 herrschte von hier aus die unabhängige Stadtrepublik Ragusa, die zu den reichsten Städten Europas zählte und die angeblich drittgrößte Handelsflotte der damaligen Welt besaß. Nach dem verheerenden Erdbeben 1667 musste ein großer Teil der Stadt neu gebaut werden. Dubrovnik präsentierte sich nach dem Wiederaufbau erneut mit einem sehr harmonischen Stadtbild.

Dubrovnik erlangte während der Belagerung 1991–92 Weltbekanntheit, als serbischer Granatbeschuss die Altstadt traf und mehr als 70 % der Häuser beschädigt wurden. Geht man heute durch Dubrovnik, sieht man nur noch wenige Spuren des jüngsten Krieges: Die Stadt hat ihr altes Selbstvertrauen wieder gewonnen und auch die Touristen sind zurückgekehrt.

In der Altstadt von Dubrovnik sind heute kaum noch Kriegsschäden zu sehen

Anreise

Innerhalb der Stadtmauern sind Autos verboten, die Altstadt ist aber ausgesprochen fußgängerfreundlich. Am besten betritt man sie durch **Vrata od Pile**, das Pile-Tor, vor dem auch die meisten Busse halten. Gehen Sie über die Steinbrücke und die hölzerne Zugbrücke zum äußeren Tor: Über dem Torbogen befindet sich eine Statue des heiligen Blasius, eines armenischen Bischofs aus dem 3. Jh., der als Märtyrer starb. Er wurde der Schutzpatron von Dubrovnik, nachdem er einem örtlichen Priester im Traum erschienen war und diesen vor einem Angriff der Venezianer gewarnt hatte. Das Pile-Tor führt direkt zur Hauptstraße der Altstadt, der Stradun. Der andere Haupteingang zur Stadt – **Vrata od Ploče** (Ploče-Tor) – liegt am östlichen Ende Dubrovniks.

Stradun

Der bekannteste Boulevard Kroatiens ist sowohl eine belebte Einkaufsstraße als auch der Ort des abendlichen *korzo*. Ursprünglich bildeten prächtige Paläste die Straßenfront, nach dem Erdbeben wurden die Häuser jedoch einheitlich wiederaufgebaut – alle Häuser und Geschäfte besitzen nun Torbögen im Erdgeschoss und grüne Fensterläden in den oberen Stockwerken.

Am Ostende erweitert sich die Stradun unterhalb des Uhrturms zum Luža-Platz mit der **Roland-Statue** (▶ 178) in seiner Mitte. Auf einer Seite sehen Sie die Kirche Sv. Vlaha (St. Blaise), die einen Altar mit einer vergoldeten Statue des Heiligen aus dem 15. Jh. besitzt. Auf der gegenüberliegenden Seite erhebt sich der **Sponza-Palast**, Ragusas ehemaliges Zollamt und eines der wenigen Gebäude, die das verheerende Erdbeben überstanden haben.

Ein Blick auf die Stradun, Dubrovniks bekannteste Einkaufsstraße

Franjevački Samostan

Das direkt hinter dem Pile-Tor gelegene Franziskaner-Kloster mit seinem wunderschönen Kreuzgang stammt aus dem 14. Jh. Das Museum besitzt ein Holzportrait des hl. Blasius (14. Jh.). In der Nähe des Kreuzgangs steht eine Apotheke aus dem Jahr 1317 – sie soll die älteste ständig in Betrieb befindliche Apotheke Europas sein.

Spaziergang auf den Mauern

Den Höhepunkt eines jeden Dubrovnikbesuchs bildet der Spaziergang auf den Stadtmauern, die an manchen Stellen bis zu 25 m hoch und 6 m breit sind. Bollwerke und Türme verstärken den wehrhaften Charakter. Für den rund 2 km langen Rundgang sollten Sie mindestens eine Stunde einkalkulieren. Werfen Sie einen Blick in die Höfe und Gärten und genießen Sie die Dachlandschaft der renovierten Altstadt und die Fernsicht über das Meer zur Insel Lokrum. Die schönste Aussicht hat man vom Dach der Festung Tvrđava Minčeta, sie wurde vom Florentiner Michelozzo Michelozzi 1455 entworfen. Am Besten beginnt man den Rundgang am Pile-Tor, alternativ am Ploče-Tor und an der Tvrđava Sv. Ivana. Die Stadtmauer ist im Sommer täglich von 9–19 Uhr geöffnet, im Winter von 10–15 Uhr. Die erhobenen Eintrittsgelder werden für Renovierungsarbeiten verwendet. Das Ticket gilt auch für den Besuch der Festung Lovrijenac, sie befindet sich außerhalb des Pile-Tores.

Dominikanski Samostan

Die Kirche aus dem 15. Jh. mit einem schönen Kreuzgang samt Orangenbäumen erreicht man über eine große Treppe innerhalb des Ploče-Tores. Im Museum befindet sich ein Gemälde der Maria Magdalena von Tizian (ca.1488–1576) sowie ein Bild der Jungfrau Maria mit Kind von Ivan Meštrović (1883–1962).

Oben: Im Rektorenpalast ist heute das Stadtmuseum untergebracht

Katedrala

Dubrovniks barocke Kathedrale wurde 1713 vollendet. Weiße Wände vermitteln Licht und Raum, die Schatzkammer hinter dem Altar bildet dazu einen auffallenden Gegensatz; sie zeigt eine makabre Ausstellung filigraner Gold- und Silberarbeiten lokaler Künstler. Zu den Ausstellungsgegenständen gehören ein Schädelbehälter für den Kopf des Heiligen Blasius und ein Kästchen aus dem 16. Jh., in dem eine Windel von Jesus liegen soll.

Oben links: Blick auf die Dächer der Altstadt

Knežev Dvor

Dubrovniks Stadtmuseum befindet sich im Rektorenpalast, dem früheren Sitz der Republik Ragusa. Hier lebte der *knez* (Rektor) während seiner Amtszeit, die nur einen Monat dauerte. Zum Museum gehören die Staatsgemächer, die mit antiken Möbeln eingerichtet sind, sowie der frühere Kerker. Während der Sommerfestspiele finden im Hof klassische Konzerte statt.

✚ 198 B1
Touristeninformation
✉ Stradun ☎ 020 32 15 61; www.tzdubrovnik.hr

Franjevački Samostan
✚ 202 A2 ✉ Stradun 2 🕓 tägl. 9–18 Uhr ✋ mittel

Dominikanski Samostan
✚ 202 B2 ✉ Ulica Svetog Dominika 🕓 tägl. 9–17 Uhr ✋ preiswert

Katedrala
✚ 202 B1 ✉ Pred Dvorom 🕓 Sommer Mo–Sa 8–20, So 11–20 Uhr; Winter Mo–Sa 8–17.30, So 11–17.30 Uhr ✋ Schatzkammer: preiswert

Knežev Dvor
✚ 202 B1 ✉ Pred Dvorom
🕓 Mai–Okt. tägl. 9–18 Uhr; sonst Mo–Sa 9–14 Uhr ✋ mittel

2 Mljet

Die südlichste der bekannteren kroatischen Inseln ist ein wunderschönes Stück Erde mit Pinien und Eichenwäldern, steilen Klippen, Salzwasserseen und kleinen Buchten.

Mljet ist 37 km lang und nur 3 km breit. Für viele Kroaten ist die Insel ein mystischer Ort – hier soll die Nymphe Calypso gewohnt haben. Der Sage nach soll sie Odysseus verführt und den Schiffbrüchigen in ihrer Höhle an der Südküste sieben Jahre gefangen gehalten haben. Nachzulesen ist die Geschichte in Homers Heldengedicht *Odyssee*.

Die meisten Besucher kommen als Tagesausflügler, um den 31 km² großen Nacionalni Park Mljet zu besuchen. Am einfachsten erreicht man die Insel mit dem Katamaran *Nona Ana*, der für die Anfahrt von Dubrovnik aus zwei Stunden braucht. Tickets erhält man morgens ab 8 Uhr am Hafen in Gruž. Von Juni bis September bringt das Schiff die Besucher direkt nach **Polače** im Nationalpark, dort haben sie sechs Stunden Zeit für die Besichtigung. Zu anderen Zeiten, wenn das Boot in Sobra hält, ist eine Übernachtung sinnvoll. Während der Hochsaison im Sommer werden auch organisierte Ausflüge in den Nationalpark von Dubrovnik, Cavtat, Korčula und Orebić aus angeboten, dabei ist der Eintritt bereits im Preis eingeschlossen.

Die Insel Mljet steht heute als Nationalpark unter Schutz

Wussten Sie das?

Mljet ist der einzige Ort in Europa, wo es wilde Mungos gibt. Der graue indische Mungo wurde 1910 hier angesiedelt, um die Schlangen auf der Insel zu dezimieren, inzwischen ist er hier heimisch.

Kommt man in **Polače** an, kann man am Hafenkiosk die Eintrittskarte kaufen und erhält auch einen Übersichtsplan. Im Eintrittspreis inbegriffen ist der Minibus-Transfer zum Nationalparkhauptquartier in Pristanište. Mindestens genauso schön aber ist der Spazierweg, der hinter den Ruinen eines römischen Palastes aus dem 4. Jh. beginnt. Er führt zum Ufer des Veliko Jezero, dem größeren der beiden Salzseen, die beide durch einen schmalen Kanal mit dem Meer verbunden sind. Ein Fußweg führt um die beiden Seen, die bei der Stari Most (Alte Brücke) zusammentreffen. Hier kann man im Sommer Fahrräder, Kanus und Ruderboote mieten.

Ebenso im Eintritt inbegriffen ist die Bootfahrt von Pristanište oder Stari Most zur **Insel St. Maria** – fast jeder kennt das Motiv mit dem Benediktinerkloster aus dem 12. Jh. auf einer kleinen Insel mitten im See. Zu Titos Zeiten als Hotel genutzt, ist es jetzt vom Verfall bedroht, aber immer noch ein faszinierender Ort.

Blick aus der Ferne auf Mljet

KLEINE PAUSE

Es gibt einige Cafés und Restaurants an der **Promenade in Polače**. Auf der **Insel St. Maria** öffnet im Sommer ein Restaurant, ebenso am Ufer des Veliko Jezero, es heißt **Mali Raj**.

✚ 198 A1

Nacionalni Park Mljet
✉ Pristanište 2 ☎ 020 74 40 58; www.np-mljet.hr ✋ teuer

MLJET: INSIDER-INFO

Top-Tipp: Eine Wanderung auf den Gipfel des **Montokuc** (253 m), den höchsten Punkt des Nationalparks, wird mit einer tollen Sicht über die Insel belohnt. Der Weg ist vom Ufer des Veliko Jezero, nahe Pristanište, ausgeschildert.

Außerdem: Auch wenn die meisten Besucher nur zu einem Kurzausflug kommen, ist es möglich, länger auf der Insel zu bleiben. In **Pomena** (▶ 159) gibt es ein **Hotel**, und in Polače werden Zimmer direkt am Wasser vermietet. Saplunara an der Südspitze von Mljet besitzt einen der schönsten Sandstrände Dalmatiens. Auch wenn das Dorf ziemlich verlassen wirkt, gibt es doch einige einheimische Familien, die im Sommer Zimmer vermieten und ein Fischrestaurant führen.

3 Korčula

Die Stadt mit ihren venezianischen Mauern erscheint wie eine Miniaturausgabe von Dubrovnik. Stolz erhebt sie sich auf einer Halbinsel. Korčula liegt am Rand einer der grünsten Inseln der Adria: Die hier wachsenden Zypressen- und Pinienwälder wurden schon von den alten Griechen angelegt.

Am einfachsten erreicht man Korčula mit der regulär von Orebić auf die Halbinsel Pelješac übersetzenden Autofähre, sie legt in **Dominće**, 2 km südlich der Stadt Korčula, an. Reisende ohne Autos können auch die Fähre wählen, die direkt im Hafen von Korčula anlegt. Die Fähren von Rijeka nach

Dubrovnik stoppen ebenfalls in Korčula; außerdem halten hier die Fähren und Katamarane, die von Split nach Vela Luka, der größten Stadt der Insel an der Westspitze (45 km von Korčula entfernt), weiterfahren. Eine schnelle Fährverbindung von Dubrovnik nach Korčula wurde 2007 eingerichtet.

Die Stadt

Korčula ist eine eng bebaute Stadt, die dicht gedrängt auf der kleinen Halbinsel liegt und immer noch in weiten Teilen von den mittelalterlichen Stadtmauern und runden Türmen umschlossen wird. Bummeln Sie durch die malerische Altstadt.

Der Hauptzugang zur Altstadt führt durch das **Kopnena Vrata** (Landtor), das man über die breiten Stufen, die zum Revelin-Turm führen, erreicht. Über dem Torbogen sehen Sie ein Relief des geflügelten venezianischen Markuslöwen. Der aus dem 15. Jh. stammende Turm wurde restauriert

und beherbergt nun eine Dauerausstellung über die *Moreška*-Säbeltänzer (➤ 26f), die im Sommer zweimal pro Woche in der Nähe auftreten.

Eine einzige Straße durchläuft die gesamte Altstadt, von ihr zweigen enge Gassen beidseitig zum Meer ab. Bis zum kleinen Marktplatz ist es nur ein kurzer Weg: Er wird beherrscht von der **Kathedrale St. Markus**, mit deren Bau im 13. Jh. begonnen wurde. Während der nachfolgenden 300 Jahre wurde sie in einer Mischung aus Gotik und Renaissance fertig gestellt.

In der **Schatzkammer** des Kathedrale befindet sich eine große Auswahl an Kunstgegenständen, darunter ein Altarbild aus dem 15. Jh., und eine naive *Verkündigung* der einheimischen Künstlerin Ana Fištanic. Das **Stadtmuseum** (July–Aug. tägl. 9 bis 21 Uhr; April–Juni und Sept. bis Okt. 9–14 Uhr) befindet sich in einem Palast aus dem 16. Jh. auf der anderen Seite des Platzes. In der Nähe befindet sich das Marco-Polo-Haus, das der Geburtsort des Reisenden Malco Polo (1254–1324) sein soll. Im Sommer kann man den Turm besteigen und es existieren Pläne, hier ein Marco-Polo-Museum einzurichten.

Ankunft beim großen Eingangstor der Stadt

KLEINE PAUSE

Die **Cocktail Bar Gaudí** in der Šetalište Petra Kanavelica ist ein wunderbarer Ort für einen Aperitif am Meer.

✚ 199 F2

Touristeninformation
✉ Obala Franje Tuđmana ☎ 020 71 57 01

KORČULA: INSIDER-INFO

Top-Tipps: Es lohnt sich, eine Vorstellung der *Moreška*-Säbeltänze zu besuchen. Die Aufführungen finden jeden Montag- und Donnerstagabend sowie während der Festspiele statt.

• Die **Weißweine** der Insel sind lohnenswert, nicht nur der Grk aus Lumbarda, sondern auch Pošip und Rukatac.

• Nehmen Sie im Sommer ein Wassertaxi zur **Insel Badija**, wo Sie mehrere schöne Kiesstrände und einen FKK-Strand vorfinden. Alternativ können Sie auch mit dem Bus oder Boot zum Weindorf Lumbarda fahren (6 km von Korčula entfernt). Wandern Sie von dort durch die Weinberge zum schönen Sandstrand bei Prižna.

Geheimtipp: Das **Ikonenmuseum** (Sommer tägl. 10–13, 18–20 Uhr) nahe der Šetalište Petra Kanavelica beherbergt eine Sammlung orthodoxer Ikonen aus Kreta, die während eines Krieges zwischen venezianischen und türkischen Truppen erbeutet wurde. Eine überdachte Brücke führt vom Museum zur Allerheiligenkirche mit ihrem geschnitzten Altarbild, das sich unter einem Baldachin aus dem 15. Jh. befindet.

Nach Lust und Laune!

4 Lastovo

Die Insel südlich von Korčula war für Ausländer von 1976 bis 1989 gesperrt. In den letzten Jahren hat sie sich zu einem schicken Urlaubsziel für Segler und Individualtouristen entwickelt. Die Insel ist mit dem Festland durch eine täglich verkehrende Fähre aus Split verbunden und bald soll es eine zweimal die Woche fahrenden schnellen Fähre von Dubrovnik und Korčula. Die Schiffe kommen im Hafen von Ubli an. Vom Hafenort sind es 10 km nach Lastovo, dem größten Ort der Insel.

Mit einer Bevölkerung von weniger als 1000 Einwohnern erscheint Lastovo wie ein verwunschener Ort. Die Gäste können hier über die grüne Insel wandern, an einsamen Stränden schwimmen oder im Sommer Schiffsausflüge zu den unbewohnten Nachbarinseln unternehmen. Lastovo gehörte wie Istrien in der Zeit zwischen den beiden Weltkriegen zu Italien.

Jedes Jahr am Karnevalsdienstag findet auf der Insel einer der seltsamsten Karnevalsumzüge Kroatiens statt: An diesem Tag wird eine Strohpuppe namens Poklad auf einem Esel durch die Stadt geführt und anschließend verbrannt. Dazu führen Tänzer eine lokale Version des Säbeltanzes auf.

✚ 199 F1
Touristeninformation
✉ Lastovo ☎ 020 80 10 18

5 Pelješac

Die lange, gebirgige Landzunge ist in Kroatien für die teuren Dingač- und Postup-Rotweine bekannt. Eine einzige Straße verläuft über die 90 km lange Halbinsel, sie bietet herrliche Aussicht auf die Inseln Korčula, Lastovo, Mljet, Hvar und Vis. Die Zwillingsstädte Mali Ston und Ston bewachen den Zugang zur Halbinsel, befestigt mit Mauern aus dem 14. Jh.,

Weinberge auf der Halbinsel Pelješac

Wein aus Pelješac

In Potomje kann man die einheimischen Weine in den Kellereien Dingač und Matuško Vina probieren und kaufen. Der beste Rotwein, Dingač, wird aus Plavac-Mali-Trauben gekeltert, die auf den Südhängen angebaut werden.
Dingač (Tel. 020 74 20 10)
Matuško Vina (Tel. 020 74 23 93)

die einstmals das zweit-
längste Verteidigungs-
system in der Welt nach
der chinesischen Mauer
bildeten. In Ston ist ein
Rundgang um die Mau-
ern möglich; der Ab-
schnitt nach Mali Ston
wird gerade wieder auf-
gebaut. Von Ston führt
eine Straße zum hüb-
schen Strandort Orebić,
der von Korčula nur
durch einen 2 km
schmalen Kanal getrennt
ist. Dabei kommt man
durch die Weinberge bei
Potomje, dem Zentrum
der Dingač-Weinanbaus.

✚ 198 A2
Touristeninformation
✉ Trg Mimbeli, Orebić
☎ 020 71 37 18

⑥ Trsteno

Im 16. Jh. baute der
Adlige Ivan Gučetić sein
Sommerhaus im Küsten-
ort Trsteno. Hier trafen
sich berühmte Dichter, Künstler und
Politiker aus der Gesellschaft Ragusas.
Haus und Garten blieben im Besitz
der Familie Gučetić bis 1947.

Ein Spaziergang durch den botanischen Garten ist ein Erlebnis: Schattige Wege führen zwischen Hecken
hindurch, viele exotische Bäume wurden aus Samen gezogen, die Seeleute
von ihren Reisen mitgebracht hatten.
Besonders sehenswert ist der dekora-
tive Fischteich direkt hinter der Villa;
hier bewacht ein Neptun mit seinem
Dreizack eine Grotte, die von einem
Paar Nymphen flankiert wird.

Die Gärten wurden durch ein
Feuer nach einem Granatbeschuss

Neptungrotte in den Trsteno-Gärten

1991 stark beschädigt, haben sich inzwischen aber glücklicherweise wieder gut erholt. Ein steiler Pfad führt
hinunter zum Hafen von Trsteno: Die
Inseln, die Sie sehen, sind die Elaphitischen Inseln.

✚ 198 B1 ☎ 020 75 10 19
🕐 Sommer tägl. 8–19 Uhr; Winter 8–17 Uhr
✋ mittel

⑦ Elafitski Otoci (Elaphitische Inseln)

Auf den kleinen, autofreien Inseln
Koločep, Lopud und Šipan finden Sie
ruhige Häfen – und das alles nur eine

Für Kinder

- Spaziergang auf Dubrovniks Mauern (➤ 148)
- *Moreška*-Säbeltänze auf Korčula (➤ 26f und 154)
- Schwimmen im Toten Meer von Lokrum (➤ 157)
- Die Strände von Cavtat (➤ 157)

Čilipi

Cavtat ist die größte Stadt in der Region Konavle. Sie liegt an einer hufeisen-förmigen Bucht zwischen Dubrovnik und der Grenze zu Montonegro. Berühmt ist die Region für ihre traditionellen Kostüme, die im Sommer jeden Sonntag morgen in Cilipi bewundert werden können. Vor der Kirche finden dann Folklore-Vorstellungen und alte Tänze statt.

kurze Überfahrt entfernt vom Trubel Dubrovniks.

Während des goldenen Zeitalters von Ragusa bauten sich hier viele Adlige aus Dubrovnik ihre Sommer-häuser. Fähren vom Hafen in Gruž setzten regelmäßig über, außerdem fahren Schnellboote von Dubrovniks altem Hafen im Sommer zu den In-seln und bieten ihren Gästen so die Möglichkeit, auch zwei Inseln an einem Tag zu besuchen.

Obst- und Gemüsegärten, Weinber-ge, Pinienwälder, alte, aus Stein gebau-te Kapellen und Kirchen, Fischerdörfer und einsame Strände prägen die ruhi-gen Inseln, nicht einmal 1000 Einwoh-ner leben hier. Der beste Sandstrand befindet sich in Šunj auf Lopud.

⊞ 198 B1

🞮 Lokrum

Nur 15 Minuten mit dem Boot von Du-brovnik entfernt befindet sich die klei-ne, bewaldete Insel Lokrum (siehe Wan-derung S. 180ff), die man gut im Rah-men eines Halbtagesausflugs besuchen kann. Der englische König Richard Lö-wenherz (1157–99) soll hier während eines Kreuzzuges Schiffbruch erlitten haben. Im 19. Jh. schuf sich Erzherzog Maximilian von Habsburg, der jüngere Bruder des österreichisch-ungarischen Königs Franz Josef I., auf Lokrum ein ganz besonderes Refugium: Er ließ das alte Benediktinerkloster in eine Villa umbauen. Die Gärten, die er anlegte, können noch heute besichtigt werden.

Es gibt gute Bademöglichkeiten auf der Insel, sowohl im warmen Salzwas-sersee, dem Mrtvo More (Totes Meer), als auch am einmalig gelegenen FKK-Strand auf der Ostseite der Insel. Der Weg dorthin ist vom Bootsanleger ausgeschildert. Im Sommer verkehren regelmäßig Schiffe vom alten Hafen in

Dubrovnik nach Lokrum; im Winter sollte man nach gelegentlich angebo-tenen Wochenendausflügen oder nach einem Wassertaxi zur Insel fragen.

⊞ 198 B1

🞬 Cavtat

Cavtat befindet sich knapp 20 km südlich von Dubrovnik und nur weni-ge Minuten vom Flughafen entfernt. Er zählt mit seiner Lage an einer huf-eisenförmigen Bucht, die auf beiden Seiten von Halbinseln eingeschlossen wird, zu den schönsten Badeorten Kroatiens. Vom Ort blickt man auf die Insel Supetar und Dubrovnik. Im 3. Jh. v. Chr. lag hier die griechische Stadt Epidauros; 1000 Jahre später flohen ihre Einwohner nach Norden und gründeten Dubrovnik.

Der Maler Vlaho Bukovac (1855–1922) wurde hier geboren; sein Haus und Studio am Meer können besich-tigt werden. Das von ihm stammende Gemälde vom Hafen von Cavtat aus dem 19. Jh. hängt über der Kanzel in der nahe gelegenen Maria-Schnee-Kirche. Von der Kirche führt ein Weg zum Gipfel der Halbinsel Rat, wo sich das griechische Epidauros be-fand. Das kuppelförmige Mausoleum Račić an gleicher Stelle schuf Ivan Meštrović für eine reiche Reeder-familie aus Cavtat.

Mit seinen Cafés auf der Uferpro-menade und einem 5 km langen Weg, der die Strände und Pinienwälder ver-bindet, ist Cavtat ein idealer Ort für einen erholsamen Urlaub am Meer. Im Sommer besteht eine regelmäßige Schiffsverbindung zum alten Hafen von Dubrovnik.

⊞ 198 C1
🚍 Bus 10 von Dubrovnik
Touristeninformation
✉ Tiha 3 ☎ 020 47 90 25

Wohin zum … Übernachten?

Preise
Für die Übernachtung in einem Doppelzimmer zahlen Sie im Sommer pro Person:
€ unter 250 Kn   €€ 250–500 Kn   €€€ über 500 Kn

CAVTAT

Supetar €€

Das kleine attraktive Hotel am Wasser befindet sich in einem alten Haus und hat eine wundervolle Aussicht über die Bucht zur Halbinsel Sustjepan. In der Nähe liegen ein Kiesstrand und eine Badeplattform, doch die Gäste dürfen auch den Pool im Hotel Croatia, einem 5-Sterne-Luxushotel auf der anderen Seite der Bucht, benutzen. Die Cafés und Restaurants auf der Uferpromenade sind nur wenige Minuten entfernt, ebenso der Hafen, von dem aus regelmäßig Schiffe nach Dubrovnik verkehren.

✚ 198 C1
✉ Obala Stjepana Radića
☎ 020 47 98 33; www.hoteli-croatia.hr/supetar ⊙ April–Okt.

DUBROVNIK

In der Altstadt von Dubrovnik gibt es nur zwei kleine Hotels. Die meisten Top-Hotels befinden sich vor dem Ploče-Tor; die Hotels für Pauschaltouristen konzentrieren sich auf den Halbinseln Lapad und Babin Kuk (5 km westlich der Stadt) oder in den Ferienorten Cavtat, Mlini und Plat im Süden.

Grand Villa Argentina €€€

Im Gästebuch des Argentina stehen Tito, Margaret Thatcher, Richard Burton und Elizabeth Taylor. Zum Hotel, das als die beste Adresse der Stadt gilt, gehören ein modernes Gebäude sowie vier Villen. Die hübsche Villa Orsula stammt aus den 1930er-Jahren, die Villa Scheherazade ist ein Prachtbau aus dem frühen 20. Jh. Treppen führen durch den Garten zu einem kleinen Privatstrand; den Gästen stehen ein Meerwasserpool und ein Hallenbad zur Verfügung. Die Altstadt ist zu Fuß in 10 Minuten zu erreichen.

✚ 202 bei C2   ✉ Frana Supila 14
☎ 020 44 05 55; www.gva.hr

Hilton Imperial €€€

Das Imperial, eines der ältesten Hotels in Dubrovnik, wurde 1895 direkt vor dem Pile-Tor gebaut und feierte 2005 seine Wiedereröffnung. Das Hotel verbindet Jugendstilarchitektur und Charme mit allen modernen Annehmlichkeiten, die der Gast erwartet, einschließlich eines Hallenbades und eines Fitness Clubs mit Sauna und Whirlpool. Die Zimmer sind mit Holz und Marmor ausgestattet; einige haben Balkon mit Meerblick.

✚ 202 bei A2
✉ Ulica Marijana Blažića 2
☎ 020 32 03 20;
www.dubrovnik.hilton.com

Pucić Palace €€€

Das 5-Sterne-Hotel eröffnete 2003 in einem Palast aus dem 18. Jh. am Marktplatz der Altstadt seine Pforten. Es ist ein echtes Schmuckstück – seine, dezenten Luxus ausstrahlende, Atmosphäre diente vielen kleinen Stadthotels in Kroatien als Vorbild. Die 19 Zimmer sind mit Originalgemälden, antiken Möbeln, handgewebten Teppichen und dunklen Holzfußböden ausgestattet, dazu kommen moderne Annehmlichkeiten wie DVD-Spieler und Satelliten-TV. Ein hoteleigenes Straßencafé, Weinlokal und Terrassenrestaurant mit nahöstlicher Küche runden das Angebot ab. Gäste können außerdem die hoteleigene Yacht chartern.

✚ 202 B1
✉ Ulica Od Puča 1
☎ 020 32 62 00;
www.thepucicpalace.com

Stari Grad €€€

Das kleine Hotel findet man in der Altstadt in einem alten Herrenhaus nahe dem Pile-Tor. Die alten Spiegel, Kronleuchter, antiken Möbel und Teppiche tragen zum Charme des Hauses mit seinen acht Zimmern bei. Besonders schön ist die kleine Dachterrasse mit wunderbarem Blick über die Stadt.

✠ 202 A2 ✉ Od Sigurate 4
☎ 020 32 22 44; www.hotelstarigrad.com

Vila Curić €€

Das Haus mit 14 modernen Apartments befindet sich außerhalb der Stadt in einer ruhigen Straße auf der Halbinsel Babin Kuk. Vom Hügel blickt man auf den Hafen von Gruž und die Brücke bei Rijeka Dubrovačka. Jedes Apartment hat Küche, Bad und Wohnzimmer, einige haben auch Balkon oder Terrasse. Zusätzlich werden einige Doppelzimmer vermietet. Die Strände und die Promenade von Babin Kuk sind gut erreichbar und zur Altstadt fährt ein Bus. Fazit: ein guter Ort, um einen Urlaub am Meer mit einem Stadtbesuch zu verbinden.

✠ 202 bei A2
✉ Ulica Mostarska 2
☎ 020 43 65 55; www.vila-curic.hr
🚌 Bus 6

Villa Dubrovnik €€€

Das kleine Hotel in einem modernen, weißen Flachbau zwischen Gärten mit Orangen- und Zitronenbäumen auf den Klippen ca. 1 km östlich der Altstadt ist lange der romantischste Ort in Dubrovnik gewesen. Treppen führen zu einem privaten Strand hinab und von der Restaurantterrasse fällt der Blick über das Meer zur Insel Lokrum. Ursprünglich für die Offiziellen des kommunistischen Regimes errichtet, wurde es während des Bürgerkrieges als Unterkunft für Flüchtlinge und Soldaten genutzt. 2007 schloss es für eine Grundrenovierung, um 2008 wieder zu öffnen.

✠ 202 bei C2
✉ Ulica Vlaha Bukovca 6
☎ 020 42 29 33; www.villa-dubrovnik.hr
🕐 April–Okt.

Zagreb €€

Dieses Hotel des alten Stils auf der Lapad-Halbinsel eröffnete 1932. Die Zimmer sind einfach eingerichtet, sehr komfortabel und in einer hübschen pinkfarbenen Villa aus dem 19. Jh. untergebracht, und im Garten befinden sich hochgewachsene Palmen. Der Kiesstrand von Lapad ist nur ein paar Schritte entfernt und es fahren regelmäßig Busse nach Pile Gate.

✠ 202 bei A2 ✉ Šetalište Kralja Zvonimira 27, Lapad ☎ 020 43 89 30; www.hotels-sumratin.com
🚌 Bus 5, 6, 7 🕐 April–Okt.

Korčula €€

Die größten Pauschalhotels befinden sich am Stadtrand von Korčula. Wer zentraler wohnen möchte, sollte das Korčula wählen. Die 20 Zimmer befinden sich in einem weißen Steingebäude aus dem Jahr 1912, das direkt vor der Stadtmauer neben einem der Eingänge zur Altstadt steht. Nehmen Sie auf der Terrasse einen Drink und genießen Sie den Sonnenuntergang mit Blick auf die Pelješac-Halbinsel.

✠ 199 F2
✉ Obala Franje Tudmana 5, Korčula
☎ 020 71 10 78; www.htp-korcula.hr

Odisej €€

Das einzige größere Hotel der Insel liegt im Nationalpark Mljet in einer kleinen Bucht beim hübschen Ort Pomena. Die 156 Zimmer verteilen sich über weiße Bungalows, auch zwei Apartments mit Küche, Wohnzimmer und Balkon mit Meerblick können gemietet werden. Vom Hotel aus werden viele Aktivitäten wie Tauchen, Segeln (auch mit Unterricht) und Radfahren angeboten. Von Pomena führt ein kurzer Spaziergang durch die Wälder zum Malo Jezero, dem kleineren der beiden Salzwasserseen der Insel.

✠ 198 A1 ✉ Pomena
☎ 020 36 21 11; www.hotelodisej.hr
🕐 April–Okt.

Wohin zum …
Essen und Trinken?

Preise
Preise pro Person für eine Vorspeise, ein Hauptgericht, Salat und ein Getränk:
€ unter 100 Kn   €€ 100–200 Kn   €€€ über 200 Kn

CAVTAT

Galija €€€

Die altmodische Taverne mit Weinkeller liegt in einer kopfsteingepflasterten Straße, die hinauf zum Friedhof führt. Im Winter kann man drinnen essen, schöner aber sind die Sommerabende auf der wunderschönen Terrasse unter Pinien. Das dalmatinische Essen und die Weine sind ausgezeichnet, von der Fischpastete als Appetithäppchen bis zu geräuchertem Schinken, Meeresfrüchterisotto, gedünstetem Seebarsch, gegrilltem Fisch und Steaks als Hauptgerichten. Wer etwas Ausgefallenes möchte, sollte Seeigel, Garnelen in Honig oder Carpaccio vom Barsch mit Parmesan und Rucola probieren.

✝ 198 C1 ✉ Vuličeviceva 1
☎ 020 47 85 66
◷ März–Okt. tägl. 11–24 Uhr

DUBROVNIK

Buffet Škola €

Im winzigen Buffet Škola, direkt hinter der Stradun, bekommt man die besten Sandwichs der Stadt. Nichts Exotisches, einfach nur dicke Scheiben hausgemachten Brotes mit dalmatinischem Schinken oder Käse in Öl mit Tomaten. Das Škola finden Sie am Fuß einer engen Gasse, die nach Prijeko führt. Im Sommer stehen einige Tische auf der Straße.

✝ 202 B2 ✉ Antuninska 1
☎ 020 32 10 96 ◷ tägl. 8–24 Uhr

Lokanda Peskarija €

Die Einheimischen kommen hierher, um direkt am Hafen und am alten Fischmarkt einfache, aber gut zubereitete Fischgerichte zu essen. Angeboten werden Muscheln, Garnelen, Austern, Tintenfisch, gegrillter Fisch oder Meeresfrüchterisotto, dazu gibt es Salat und Weißwein. Mittags sollte man frühzeitig kommen, sonst muss man längere Wartezeiten in Kauf nehmen.

✝ 202 C1 ✉ Na Ponti
☎ 020 32 47 50 ◷ tägl. 8–24 Uhr

Mea Culpa €

Die beliebte Pizzeria in einer Seitenstraße der Altstadt bietet gutes, preiswertes Essen. Die Pizzen werden in einem Holzofen gebacken; alternativ stehen Lasagne oder Salate auf der Karte. Drinnen gibt es nur wenige Tische, die meisten Leute essen draußen.

✝ 202 A1 ✉ Za Rokom 3
☎ 020 32 34 30 ◷ tägl. 8–24 Uhr

Orhan €€€

Das schicke Fischrestaurant vor dem Pile-Tor ist einer der Geheimtipps in Dubrovnik. Steigen Sie die Stufen zum Meer unterhalb der Festung Lovijenac hinunter, dann findet Sie es zwischen Fischerbooten in einer stillen Bucht, in der sich früher einmal der Hafen der Stadt befand. Im Sommer kann man auf einer überdachten Terrasse direkt am Meer speisen. Spezialität des Hauses ist frischer Fisch, den Sie am Tisch selbst auswählen können. Alternativ gibt es auch Steaks, Schnitzel, Risottos und Nudelgerichte.

✝ 202 bei A2
✉ Od Tabakarije 1
☎ 020 41 41 83
◷ tägl. 11–24 Uhr

Rozarij €€

Versteckt in einer Ecke am Ende von Prijeko ist das Rozarij ein viel intimeres Restaurant als die meisten der Touristenrestaurants im Ort. Im Sommer stehen auf einer Terrasse vor der Kirche St. Nikolaus einige Tische, weitere im engen Durchgang zum Dominikanerkloster. Serviert werden dalmatinische Gerichte wie gegrillter Fisch, Steak und Tintenfischrisotto.

✚ 202 B2 ✉ Prijeko 2
☎ 020 32 12 57 ◔ tägl. 11–24 Uhr

Sesame €€

Das laute Bistro vor dem Pile-Tor ist bei Studenten beliebt. Die Wände sind mit alten Theaterplakaten und Programmen der Dubrovniker Festspiele von vor 50 Jahren tapeziert, aber auch mit einer Granate aus dem Krieg 1991–92 dekoriert. Die mediterran angehauchte Speisekarte führt viele Pastagerichte, außerdem außergewöhnliche Gerichte wie geräucherten Schinken mit Feigen oder Tintenfisch mit Käse. Für Vegetarier hält der Koch ebenfalls eine interessante Auswahl bereit, u.a. Gemüsesorbet oder Zucchini-Carpaccio und anschließend Nudeln mit Trüffeln.

✚ 202 bei A2
✉ Ulica Dante Alighierija
☎ 020 41 291 0 ◔ tägl. 8–23 Uhr

Adio Mare €€

Das Adio Mare ist das stimmungsvollste Restaurant in Korčula: Die rustikale Taverne mit Steinmauern und großen Holztischen und -bänken steht in der Nähe der Kathedrale. Auf der Speisekarte, die sich seit 30 Jahren nicht geändert hat, stehen Klassiker der dalmatinischen Küche wie *brudet* (Fischsuppe mit Polenta) und *pržolica* (geschmortes Kalbfleisch mit Zwiebeln, Tomaten und Dörrpflaumen), dazu gibt es Steaks und Kebabs, die hier auf einem offenen Feuer zubereitet werden. Man sollte früh kommen, denn Reservierungen werden nicht angenommen.

✚ 199 F2 ✉ Ulica Svetog Roka 2, Korčula
☎ 020 71 12 53
◔ Apr.–Okt. tägl. 18–24 Uhr

Maslina €

Das kleine, von einer Familie geführte Restaurant mit ausgezeichneter Hausmannskost liegt zwischen Olivenbäumen an der Straße von Korčula nach Lumbarda. Es ist eines der wenigen Lokale auf der Insel, die ganzjährig geöffnet haben. Zu den Spezialitäten gehören Makkaroni und *pogača*, eine Art Pizzabrot mit Tomaten, Zwiebeln, Paprika, Auberginen, Zucchini, Olivenpaste und überbackenem Käse. Im Sommer wird auf der Terrasse – jedoch ohne Meerblick – serviert.

✚ 199 F2 ✉ Lumbarajska Cesta
☎ 020 71 17 20 ◔ Sommer tägl. 11–24 Uhr; Winter 11–15, 17–24 Uhr

Morski Konjic €€

Die lange Terrasse des Restaurants beansprucht fast die gesamte östliche Promenade, die Tische stehen direkt an der Kaimauer mit Aussicht auf die Halbinsel Pelješac. Die Speisekarte bietet alles von Fleisch bis zu Fischgerichten wie gegrilltem Fisch, Muscheln und Tintenfischsalat. Dazu werden die einheimischen Weine Grk und Pošip kredenzt.

✚ 199 F2 ✉ Šetalište Petra Kanavelića
☎ 020 71 18 78
◔ April–Okt. tägl. 8–1 Uhr

Kapetanova Kuća €€

Die Besucher kommen von weither, um die lokalen Austern in Mali Ston zu genießen. Es gibt mehrere gute Restaurants am Meer, aber das »Kapitänshaus« ist das beste. Auf der Karte stehen rohe und gegrillte Austern, Austernsuppe und Rindfleisch in Austernsoße, außerdem Muscheln, Hummer und frischer Fisch. Die Restaurantbesitzer führen auch das kleine Hotel Ostrea.

✚ 198 B1
✉ Mali Ston
☎ 020 75 42 64 ◔ tägl. 9–24 Uhr

Wohin zum …
Einkaufen?

DUBROVNIK

Die Geschäfte und Läden entlang der Stradun bieten größtenteils Klassiker wie T-Shirts, Postkarten, Bücher und CDs.

Eine große Auswahl fremdsprachiger Bücher über Kroatien führt **Algoritam** (Stradun 8). Viele Buchhandlungen in der Altstadt verkaufen auch englischsprachige Bücher und Videos über die Belagerung Dubrovniks 1991–92.

Wenn man etwas anspruchsvollere Geschäfte sucht, muss man die Stradun verlassen und in die engen Gassen Richtung Süden gehen: In und um die **Od Puča,** die Haupteinkaufsstraße der Altstadt, finden Sie kleine, unkonventionelle Läden, die handgefertigten Schmuck, Damen- und Herrenmode, Antiquitäten und moderne Kunst anbieten. Mehrere Geschäfte am westlichen Ende der **Od Puča** bieten filigran gearbeiteten Gold- und Silberschmuck an, sie sind eine Spezialität Dubrovniks seit den Tagen der Republik Ragusa. Seidenkrawatten findet man bei **Croata** in der Pred Dvorom 2 neben der Kathedrale. Die Apotheke im Kreuzgang des Franziskanerklosters **Franjevački Samostan** (▶ 147) verkauft Kräuterheilmittel und -säfte, deren Rezepte aus dem Jahr 1317 stammen sollen.

Besonders lebhaft ist der morgendliche Markt in **Poljana Gundulićeva** am Ostende der Od Puča; hier verkaufen Bauern Käse, Obstschnäpse und Ketten aus getrockneten Feigen sowie andere lokale Erzeugnisse.

Gute und wohlschmeckende dalmatinische Weine findet man in der **Vinoteka** (Stradun) oder in der **Dubrovačka Kuća** (Ulica Svetog Dominika), einer Weinhandlung und Kunstgalerie, die nicht weit vom Ploče-Tor liegt.

Wohin zum …
Ausgehen?

CAVTAT

Lohnenswert ist der Besuch einer Vorstellung von *klapa* – Männerchören, die a cappella singen. Konzerte finden an Sommerabenden draußen vor der Kirche statt.

DUBROVNIK

Während der **Sommerfestspiele** finden in Dubrovnik über 80 Theater-, Opern-, Konzert- und Ballettaufführungen auf verschiedenen Bühnen in der Altstadt statt. Die Festspiele beginnen jedes Jahr am 10. Juli mit einem Feuerwerk und enden am 25. August. Informationen und Tickets beim Festspielbüro (Tel. 020 32 61 00; www.dubrovnikfestival. hr) oder in den Kiosken auf der Stradun oder am Pile-Tor.

Der monatlich erscheinende *Dubrovnik Guide* informiert auch über weitere Veranstaltungen. Während der Sommermonate führt das Linđo Folk-Ensemble jeden Dienstag- und Freitagabend traditionelle Lieder und Tänze am Lazareti, dem früheren Quarantänekrankenhaus vor dem Ploče-Tor, vor. Jazzliebhaber sollten ins Troubadour gehen, einer Bar in der Bunićeva Poljana. Hier gibt es im Sommer Live-Jazz.

KORČULA

Im Sommer finden jeden Montag- und Donnerstagabend Vorführungen des *Moreška*-Säbeltanzes neben dem Landtor statt, außerdem gibt es Sondervorstellungen, die größte am 29. Juli. Eintrittskarten erhält man bei den örtlichen Reisebüros.

Spaziergänge & Touren

1 Die Altstadt von Zagreb

Spaziergang

LÄNGE: 2,7 km **DAUER:** 1–1,5 Stunden
START/ZIEL: Trg Bana Jelačića ✛ 201 D3

Der kurze Spaziergang, der auf Zagrebs Hauptplatz beginnt und endet, führt durch den ältesten und attraktivsten Teil der Hauptstadt: Gornji Grad, die Oberstadt. Eine Zahnradbahn auf den Berg nimmt dem Spaziergänger den steilen Aufstieg in das Labyrinth aus engen Straßen und Plätzen ab. Auch wenn man den Spaziergang in einer Stunde bewältigen kann, ist es doch schöner, man nimmt sich einen halben Tag Zeit, um die Atmosphäre dieses historischen Stadtteils so richtig zu genießen.

1–2

Unser Spaziergang beginnt auf dem **Trg Bana Jelačića** (▶ 46ff) neben der Reiterstatue des Gouverneurs Josip Jelačić. Mit dem Rücken zum Denkmal wenden Sie sich nach halbrechts und gehen zur Dubrovnik Kavana. An der Ecke Ulica Ljudevita Gaja (Gajeva, ▶ 166) stehen Tische auf der Straße. Hier beginnt eine lebhafte Fußgängerzone mit

Geschäften, Cafés und Eisdielen. Bleiben Sie zunächst auf der Gajeva und biegen Sie erst gegenüber der Glasfront des Hotels Dubrovnik nach

Die Zahnradbahn verbindet die Ober- mit der Unterstadt

rechts in die Ulica Mirka Bogovića (Bogovićeva) ab. Auf dieser vielbesuchten Promende trifft sich ganz Zagreb in den Straßencafés und Bars. Die Straße endet auf dem Trg Petra Preradovića, einem großen Platz mit weiteren Cafés und einem Kino.

2–3

Biegen Sie am Denkmal des romantischen Dichters Petrar Preradović (1818–72) rechts ab. Direkt dahinter befindet sich die serbisch-orthodoxe Kirche, der Treffpunkt der serbischen Minderheit in Zagreb, die von dem Konflikt mit Serbien in den 1990er-Jahren relativ wenig betroffen war. Wenn Sie die Ilica, Zagrebs Haupteinkaufsstraße, erreicht haben, biegen Sie links und dann die erste rechts in die Ulica Tomića (Tomićeva) ab.

3–4

Jetzt muss man sich entscheiden: Die einfache und bequeme Variante ist die Zahnradbahn (*uspinjača*), die von 6.30–21 Uhr alle 10 Minuten verkehrt. Die Bahn, eines der ältesten öffentlichen Verkehrsmittel in Zagreb, fuhr 1893 zum ersten Mal – als Dampfeisenbahn. 1943 wurde sie elektrifiziert und fährt heute mit 1,5 m/sek und einer Fahrtdauer von weniger als einer Minute den Berg hinauf. Sie ist damit wahrscheinlich das am kürzesten fahrende öffentliche Verkehrsmittel der Welt. Die anstrengendere Alternative sind die Stufen parallel zur Zahnradbahn, sie führen ebenfalls in die Oberstadt Gradec.

4–5

Wenn man die Zahnradbahn verlässt, steht man auf der Strossmayerovo Šetalište, einer schattigen Promenade, die in beiden Richtungen entlang den alten Stadtmauern verläuft.

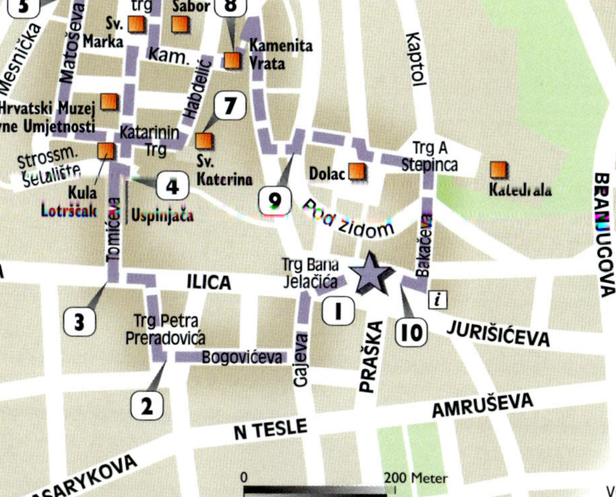

Der Spazierweg führt jedoch weiter geradeaus und rechts am Lotrščak-Turm vorbei. Vor sich sehen Sie die roten Ziegel der St.-Markus-Kirche. Biegen Sie die erste Straße links in die Ulica Vranicanijeva und dann rechts in die Ulica Matoša: Links von Ihnen befindet sich das Hrvatski Povijesni Muzej (Museum der Kroatischen Geschichte).

5–6

Am Ende der Straße biegt man links und dann sofort wieder rechts in die Ulica Mesnička, hier steht auf der linken Seite das Prirodoslovni Muzej (Naturkundemuseum), eine bunte Mischung von Ausstellungsstücken, die in einem alten Theater untergebracht sind. Man folgt der Straße bis zu einem klassizistischen Torbogen, der zu einer Schule führt. Biegen Sie nun rechts in die Ulica Mletačka, auf der linken Seite liegt dann die Fondacija Ivan Meštrović (➤ 52f). Am Ende der Straße biegen Sie wieder links ab und betreten dann Trg Svetog Marka, den St.-Markus-Platz.

6–7

Der Platz mit seinen barocken Palästen und Regierungsgebäuden gilt als das Herz Kroatiens. Auf einer Seite befindet sich der Sabor (Kroatisches Parlament), auf der anderen der Regierungssitz im Banski Dvor (Gouverneurspalast). Das Gebäude wurde im Oktober 1991 bei einem serbischen Raketenangriff getroffen, als Präsident Tuđman sich hier mit seinem Kabinett traf. Im **Stadtmuseum** (➤ 54) wird diese Szene detailliert dargestellt.

Von der gegenüberliegenden Seite des Platzes hat man die beste Sicht auf die St.-Markus-Kirche. Weiter geht es nun den Berg hinunter in Richtung Lotrščak-Turm, vorbei an der Stadthalle, dem **Museum für Naive Kunst** (➤ 54) und der Kirche St. Kyrill und St. Methodus auf der rechten Seite. Wenden Sie sich an der Kreuzung direkt vor dem Turm nach links, dann blicken Sie auf die Katharinenkirche. Die Fassade ist mit Skulpturen der Jungfrau Maria und der vier Evangelisten geschmückt.

Straßennamen

Die meisten Straßen in Zagreb haben mindestens zwei Namen – den, den man auf den Straßenschildern sieht, und einen weiteren, der im Gespräch und auf den Stadtplänen verwendet wird. So wird aus Ulica Gaja Gajeva, Ulica Bogovića wird zur Bogovićeva, Ulica Tomića zur Tomićeva, Ulica Radica wird Radićeva und Ulica Tkalčića zur Tkalčićeva. Um es noch weiter zu komplizieren, wird der Platz Trg Petra Preradovića, in dessen Nähe der Spaziergang beginnt, von den Einheimischen meistens Cvjetni Trg (Blumenplatz) genannt: Hier findet noch heute der Blumenmarkt statt.

7–8

An der Kirche biegt man links in den Jezuitski Trg – das ehemalige Jesuitenkloster ist jetzt eine Kunstgalerie mit wechselnden Ausstellungen. An der Kreuzung befindet sich an der Ecke zur Ulica Kamenita eine alte Apotheke, die seit der Mitte des 14. Jhs. in Betrieb ist. Der Weg führt nun durch das rechts liegende Kamenita Vrata (Steinernes Tor), einen der vier alten Ein-

Beim Spaziergang durch Zagreb sollte man auf Kleinigkeiten wie dieses Schild in Kaptol achten

Das reich geschmückte Hauptschiff in der Katharinenkirche in der Oberstadt

gänge in die ummauerte Stadt Gradec. Es heißt, dass ein Gemälde der Jungfrau Maria unbeschädigt in der Asche gefunden wurde, nachdem 1731 ein Feuer den größten Teil des Ortes zerstört hatte. Um dieses Wunder zu würdigen, wurde das zerstörte Tor wieder aufgebaut und beherbergt heute eine kleine Kapelle voll flackernder Kerzen und betender Pilger.

8–9

Wenn Sie wieder aus dem Tor heraustreten, wenden Sie sich zu den Treppen rechts neben dem Denkmal von Georg mit dem Drachen und gehen dann erneut rechts in die Ulica Radića (Radićeva). Die steile Pflasterstraße ist mit Kunstgalerien und Andenkenläden gespickt. Die links liegende Kravi Most (Blutbrücke) bildete früher die Grenze zwischen den Orten Kaptol und Gradec. Der Name der Brücke spiegelt die Auseinandersetzungen wider, die früher zwischen beiden Orten stattfanden. Über den Häusern erheben sich die die Türme der Kathedrale. Nach Überqueren der Brücke kommen Sie zur Ulica Tkalčića, einer der attraktivsten Promenaden der Stadt. In den Häusern aus dem

19. Jh. befinden sich heute schicke Boutiquen und angesagte Bars. Die Straße verläuft in einem ausgetrockneten Flussbett, das früher Kaptol von Gradec trennte.

9–10

Biegen Sie nun links ab und dann rechts auf die Ulica Skalinska und Sie kommen zum oberen Ende des Dolac. Links befinden sich die Stände mit Kleidung, weiter unten verkaufen Bauern ihre Produkte. Steigen Sie nun die Stufen hinunter zum Hauptplatz und laufen Sie dann weiter Richtung **Kathedrale** (► 50). Direkt vor der Kathedrale biegen Sie auf der Ulica Kaptol noch einmal rechts ab und sind dann wieder auf dem Trg Bana Jelačića.

Kleine Pause

Mala Kavana an der Nordseite des Trg Bana Jelačića, dicht an der Reiterstatue, ist ein altmodisches Café mit gutem Kaffee und Kuchen. Für den Durst zwischendurch empfehlen sich die Bars entlang der Ulica Tkalčića (Tkalčićeva). Ein guter Ort zum Essen ist **Kerempuh** (► 61) am oberen Ende des Dolac.

2 Zagorje
Rundfahrt

LÄNGE: 148 km, zusätzlich 10 km für den Umweg nach Trakošćan
DAUER: 3,5 Stunden
START/ZIEL: Marija Bistrica ✚ 194 C4

Dieser Ausflug führt durch das Zagorje (► 73ff), eine Region mit Kornfeldern, Weiden, Weinbergen, Dörfern, Kirchen und Märchenschlössern zwischen Zagreb und der slowenischen Grenze. Auch wenn man leicht mehrere Tage mit der Erkundung der Region verbringen könnte, ist es doch möglich, die Hauptsehenswürdigkeiten im Rahmen eines Tagesausflugs von Zagreb aus zu erkunden. Sie müssen dann ungefähr zwei Stunden zusätzliche Fahrzeit einkalkulieren.

1–2

Die Fahrt beginnt im Wallfahrtsort **Marija Bistrica** (► 74), von dort fährt man nach Donja Stubica. Da die Straße nicht gut ausgeschildert ist, ist es einfacher, südlich der Kirche auf der Hauptstraße nach Zagreb zu fahren und an der Kreuzung am Ortsende nach rechts abzubiegen. Man bleibt auf dieser Straße, die sich durch das friedliche Stubica-Tal unterhalb der Nordhänge der **Medvednica** (► 59) windet; gut sichtbar ist der hohe Fernsehturm auf dem Gipfel. Der erste etwas größere Ort ist Gornja Stubica, bekannt als Geburtsort des Bauernaufstands 1573, an den im Muzej Seljačkih Buna (Museum des Bauernaufstands) erinnert wird. Kurz darauf erreicht man den hübschen Ort Donja Stubica. Von dessen Kirchplatz führt eine spektakuläre Straße zum Gipfel des Sljeme.

2–3

Weiter geht es durch das Thermalbad Stubičke Toplice, hier macht die Straße eine Rechtskurve. Folgen Sie der Beschilderung nach Zabok. Nach 2 km biegt man am Kreisel links Richtung Zabok ab. Die Straße kreuzt die Autobahn Zagreb–Krapina, führt vorbei an Zabok und geht 20 km weiter bis **Kumrovec** (➤ 82), dabei steigt sie zuerst an und führt dann hinunter zum spektakulären Sutla-Tal direkt an der slowenischen Grenze. Kurz vor Kumrovec kommt man durch die Zelenjak-Schlucht, vom anderen Ufer des Flusses grüßen die grünen Berge Sloweniens. Rechter Hand befindet sich das Lijepa-Naša-Denkmal, das dem Dichter Antun Mihanović (1796–1861), dem Verfasser der kroatischen Nationalhymne (➤ 170), gewidmet ist.

3–4

Direkt hinter Kumrovec gabelt sich die Straße; hier muss man sich rechts Richtung Miljana halten. Am Horizont, hoch oben über den dicht bewaldeten Bergen, sieht man eine Kirche. Wir befinden uns jetzt im Herzen des Zagorje:

Entlang der Straße reihen sich Gehöfte, Scheunen und Kapellen und Bauernhäuser, die *seoski turizam* (Agrotourismus; ➤ 16f) anbieten. Die Straße steigt hinauf zum Ort Zagorska Sela, der von der Kirche der heiligen Katharina beherrscht wird, und führt weiter nach Miljana.

4–5

Hier muss man rechts Richtung Desinić abbiegen, sonst kommt man bald wieder an einen Grenzposten. Kurze Zeit später erblickt man die Burg **Veliki Tabor** (➤ 73), die hoch oben auf der linken Seite liegt.

Nach einer Burgbesichtigung fährt man durch den Ort Desinić und biegt dann links Richtung Pregrada ab.

5–6

In Pregrada biegt man rechts auf die Hauptstraße und folgt den Hinweisschildern nach Zagreb. Nach 5 km biegt die Straße am Hotel Dvorec Bežanec (➤ 86) links ab. Diese Straße klettert in vielen Kurven durch die Weinberge, bis sie steil nach Krapina abfällt (➤ 75).

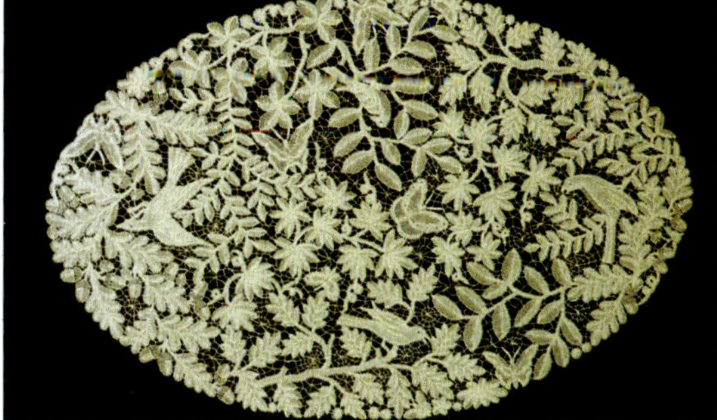

Das Fertigen von Spitzen ist eine Spezialität der Region

Die kroatische Nationalhymne

Die Nationalhymne Kroatiens heißt *Lijepa Naša Domovino* (Unser schönes Heimatland). Antun Mihanović verfasste sie 1835. Das Lied wurde 1891 erstmalig als Nationalhymne aufgeführt und 1990, kurz vor der Unabhängigkeit von Jugoslawien, wieder angenommen.

Unser schönes Vaterland,
Ruhmreich wirst du immer sein,
Treues Erbe unsrer Ahnen,
So bewahren wir dich lieb und rein!

Unser bist du Ehr und Glanz,
Unser bist du einzig Gut,
Unser bist du einheitlich und ganz,
In den Bergen, in den Tälern.

6–7

In Krapina biegt man links ab, auf der rechten Seite befindet sich das Evolutions-Museum. Man bleibt auf dieser parallel zur Eisenbahn verlaufenden Straße und biegt rechts Richtung Varaždin ab (ist ausgeschildert), dabei unterquert man die Autobahn. In Bednja ist die riesige cremeweiße Kirche nicht zu übersehen.

Ein Abzweig links führt nach 5 km zum Schloss Trakošćan (➤ 74).

7–8

Um die Rundfahrt zu vervollständigen, biegt man rechts nach Lepoglava ab. Hier liegt ein berüchtigtes Gefängnis, wo sowohl Tito als auch Franjo Tuđman inhaftiert waren. Das Gefängnis, das größte in Kroatien, befindet sich in einem ehemaligen Kloster, das von Paulinern gegründet wurde.

Diese errichteten hier auch das erste Gymnasium und die erste Universität Kroatiens. In Lepoglava biegt man rechts ab und folgt während der nächsten 5 km der Eisenbahn. An der Kreuzung zweigt eine Straße links ab und führt auf den Weg zurück nach Marija Bistrica durch Zlatar und Zlatar Bistrica.

Kleine Pause

Grešna Gorica (Taborgradska 3, Desinić, Tel. 049 34 30 01, tägl. 10–22 Uhr, ➤ 87).

Der Weg zwischen den Mauern von Schloss Trakošćan

3 Die Bergdörfer Istriens

Rundfahrt

LÄNGE: 68 km **DAUER:** 1,5 Stunden
START/ZIEL: Pazin ✚ 192 R4

Die Siedlungen auf den Bergen Istriens bieten ein völlig unerwartetes Erlebnis, obwohl sie nicht weit von den belebten Küstenorten entfernt sind. Auch wenn man den Urlaub am Meer in Poreč, Pula oder Rovinj verbringt, lohnt es sich, für einen Tag einen Leihwagen zu mieten und durch Weinberge, Olivenhaine und Eichenwälder ins Landesinnere zu fahren. Dieser kurze, einfache Ausflug führt zu zwei der schönsten Städte, kann aber auch leicht erweitert werden und weitere Orte (➤ 103) einschließen oder zu einem gemütlichen Halbtagsausflug durch das Hinterland der Küste ausgedehnt werden.

1–2

Wir beginnen in **Pazin**, das über die Autobahn von Rijeka nach Rovinj und Pula gut erreichbar

Die Stadtmauern von Buzet

ist. Auf den ersten Blick hat diese geschäftige Kleinstadt mit ungefähr 10 000 Einwohnern nichts Attraktives, aber dennoch lohnt sich eine ein- bis zweistündige Erkundigung. Höhepunkt ist die Burg, die 983 erstmalig als ein Geschenk Kaiser Ottos II. von Ungarn für den Bischof von Poreč erwähnt wird. Die Burg thront über einer tiefen Schlucht. In der Burg befindet sich das Ethnografische Museum (Sommer Di–So 10–18 Uhr, Winter eingeschränkte Öffnungszeiten).

Obwohl er nie Pazin besucht hatte, ließ sich der Schriftsteller Jules Verne (1828–1905) von der Schlucht inspirieren – der Held eines seiner Romane, Mathias Sandorf, ist im Burggefängnis eingesperrt und entkommt diesem, indem er mit dem unterirdischen Fluss ins Meer schwimmt.

Man verlässt Pazin auf der Hauptstraße des Ortes Richtung Rijeka und Učka-Tunnel. Nach 2 km folgt der Abzweig zur Autobahn nach Rijeka. Hier sollte man nicht abbiegen, sondern weiter geradeaus durch die fruchtbare Landschaft fahren. In der Ferne leuchten die Gipfel des Učka-Massivs, die häufig mit Schnee bedeckt sind. Nach 8 km erreicht man die Ortschaft Cerovlje, die für ihre Backsteinarchitektur bekannt ist.

2–3

Direkt vor dem Bahnübergang auf der alten Straße nach Buzet muss man links abbiegen, dann an der nächsten Kreuzung wieder links. Die Straße steigt jetzt nach Kovačiāi an, von wo aus man einen wunderbaren Blick über ganz Mittelistrien hat. Geradeaus und links von Ihnen liegt das Buto-

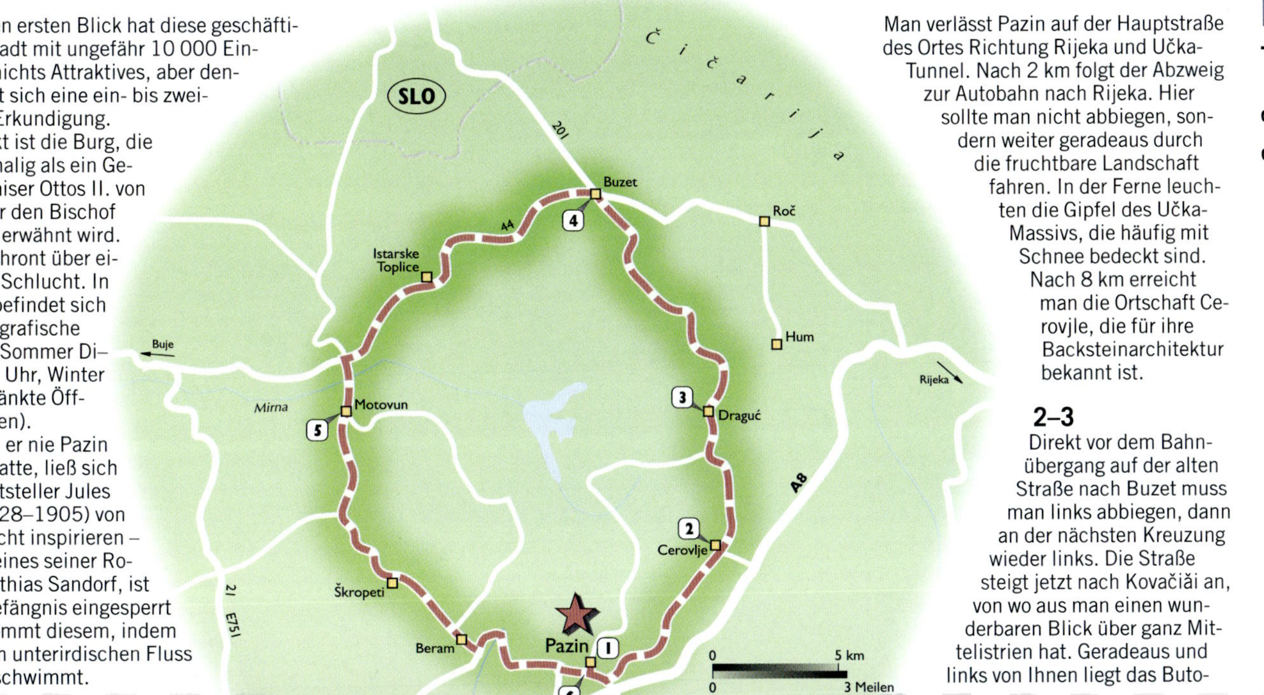

niga-Tal mit einem See in der Mitte, über die Ebene reicht die Fernsicht bis zum Hügeldorf Motovun. Rechts sehen Sie den großen Ičarija-Gebirgskamm, der Istrien von Slowenien und dem restlichen Kroatien trennt.

Kurz darauf erreicht man den Ort Draguć, nicht viel mehr als eine einzige Straße mit Häusern und einer hohen Kirche auf einer Klippe. In den 1970er- und 1980er-Jahren wurde Draguć als das »Hollywood Istriens« bekannt: Damals wurde es Schauplatz vieler Filme, heute aber ist der Ort weitgehend verlassen. Die aus dem 12. Jh. stammende romanische Kapelle St. Elizei und die aus dem 14. Jh. stammende Kirche St. Rochus sind beide für ihre Fresken berühmt; in der Letzteren hat Antonio da Padova biblische Szenen in lebhaften Bildern dargestellt, so auch die Anbetung der Heiligen Drei Könige und die Verkündigung. Die Kirchen sind normalerweise verschlossen, aber mit etwas Glück findet man den Küster, der gegen ein kleines Entgelt die Türen öffnet.

Einer der Steine in der Glagolitischen Allee, der einen Buchstaben des kyrillischen Alphabets darstellt

Glagolitische Allee

Ein kurzer Umweg auf der Straße von Buzet nach Rijeka bringt uns nach Roč, dem Anfang der sogenannten »Glagolitischen Allee«. Dieser 7 km lange Skulpturenpfad zwischen Roč und Hum erinnert an die glagolitische Schrift. Das kyrillische Alphabet bestand aus 41 Buchstaben und wurde im 9. Jh. von den griechischen Mönchen St. Kyrill und St. Methodius entwickelt. Beide waren maßgeblich an der Christianisierung der Kroaten beteiligt. Die glagolitische Schrift wurde zwischen dem 11. und 19. Jh. in den liturgischen Texten Kroatiens verwendet. 1483 wurde zum ersten Mal in Istrien ein Messbuch in Glagolitisch gedruckt

Elf Skulpturen entlang dem Pfad erinnern an wichtige Ereignisse und Symbole der Geschichte Istriens und Kroatiens. Werfen Sie einen Blick auf den Stein, der das glagolitische, das lateinische und das kyrillische Alphabet zeigt – Glagolitisch war ein Vorläufer des Kyrillischen, das nach St. Kyrill benannt wurde und noch heute in Russland, Bulgarien und Serbien verwendet wird. Der Pfad endet in Hum, das sich selbst »die kleinste Stadt der Welt« nennt: Es hat zwar nur 20 Einwohner, aber eine jährliche Bürgermeisterwahl und ein kupfernes Stadttor mit glagolitischer Inschrift.

3–4

Die Straße führt weiter nach Buzet, dem größten der Hügeldörfer. Es liegt auf einem Steilhang 151 m über dem Fluss Mirna und ist teilweise immer noch von mittelalterlichen Mauern und Toren umgeben. Während der letzten Jahre hat sich Buzet zur »Stadt der Trüffel« entwickelt: Jedes Jahr im Herbst kommen viele Besucher, um die teure Delikatesse zu probieren und zu kaufen.

4–5

Wenn man Buzet erreicht, biegt man links ab und folgt der Hauptstraße durch das Mirna-Tal Richtung Buje. Dabei kommt man am Kurort Istarske Toplice vorbei. Schon zu Zeiten der Römer war das hiesige Wasser für seine Heilkräfte bekannt. Die Straße zieht sich nun durch ein enges Tal mit Eichenwäldern und steilen Felsen beiderseits der Straße. An der nächsten Kreuzung biegt man links ab und überquert eine Brücke. Die Straße führt nun nach Motovun (► 103), dem berühmtesten und am spektakulärsten gelegenen Hügeldorf Istriens. Nach 2 km parkt man am Fuß des Berges und läuft nach Motovun, im Sommer ist es gegen eine Mautgebühr auch erlaubt, ins Dorf hochzufahren.

Das Bergdorf Grožnjan

5–6

Für die Weiterfahrt bleibt man auf der alten Straße bis zur Abzweigung nach Pazin (links) an einer Kreuzung. Auf der Rückfahrt passiert man den kleinen Ort Beram, er ist für einen Freskenzyklus aus dem 15. Jh. bekannt. Die Fresken befinden sich in der Kapelle der Jungfrau Maria außerhalb des Ortes und zeigen einen makabren Totentanz, bei dem nicht nur Skelette dargestellt sind, sondern menschliche Charaktere aus dem mittelalterlichen Istrien.

Kleine Pause

Hotel Kaštel (► 108)

✛ 192 B4
✉ Trg Andrea Antico 7, Motovun
☎ 052 68 16 07
🕓 tägl. 8–22 Uhr
✋ mittel

Barbacan (► 110)

✛ 192 B4
✉ Ulica Barbacan 1, Motovun
☎ 052 68 17 91
🕓 März–Nov. Di–So 12.30–15.30, 18.30–21.30, Mo 12.30–15.30 Uhr ✋ mittel

4 Die Altstadt von Dubrovnik

Spaziergang

LÄNGE: 3 km **DAUER:** 1 Stunde
START/ZIEL: Pile-Tor 202 A2

Der Klassiker in Dubrovnik ist sicherlich der Rundgang auf der Stadtmauer (➤ 148). Genauso schön aber ist der Weg innerhalb der Mauern, bei dem man versteckte Gässchen und Höfe im ältesten Teil der Stadt entdecken kann. Selbst wenn sich auf der Stradun die Besucher drängen, finden Sie nur wenige Straßen entfernt ein ruhiges Plätzchen. Der kurze Spaziergang zeigt Ihnen einige der engen Gassen, die rechts und links der Stradun verlaufen, rechnen Sie also mit einigen Steigungen. Die meisten Busse halten vor dem Pile-Tor, dem Ausgangspunkt des Spaziergangs. Wer mit dem Schiff aus Cavtat am alten Hafen anlandet, muss zunächst die ganze Stradun entlang zum Pile-Tor gehen.

1–2

Der Spaziergang beginnt am Onofrio-Brunnen beim Pile-Tor. Das große, kuppelförmige Bauwerk mit seinen plastisch geformten Wasser-

Mittelalterliches Graffito

Mehrere Stufen, die von der Ulica Od Puča in der Nähe des Startpunktes rechts in die Ulica Zlatarica führen, bringen Sie zu diesem Geheimtipp. Wenn man sorgfältig hinsieht, entdeckt man die 1597 in die Wand der Kirche St. Rochus geritzte lateinische Inschrift. Sie diente als Warnung für die Kinder, die auf der Straße Ball spielten: »Ich warne euch, ihr Spieler … Friede sei mit euch, aber bedenkt, dass ihr sterben müsst.«

speiern ist ein beliebter Treffpunkt, an dem oft Straßenmusikanten die Passanten unterhalten. Der Brunnen wurde 1444 vom Neapolitaner Onofrio della Cava erbaut, um die Stadt mit Trinkwasser zu versorgen. Während des Erdbebens 1667 wurde er stark zerstört, ein weiteres Mal während der Belagerung 1991/92. Inzwi-

Das Pile-Tor ist einer der Durchlässe in der Stadtmauer

schen hat er aber wieder seine ursprüngliche Schönheit zurückerhalten. In der nahe gelegenen Erlöserkirche (Sveti Spas) finden im Sommer Konzerte statt.

Weiter geht es auf der Stradun, deren Kalksteinpflaster von den vielen Füßen, die in all den Jahrhunderten über sie gegangen sind, blank poliert worden sind. Auf der rechten Seite kommt gleich ein Torbogen, durch den man in die Ulica Gariste gelangt. An der nächsten Kreuzung biegt man links in die Ulica Od Puča ab, sie ist die Haupteinkaufsstraße der Stadt. Hier befinden sich mehrere gute Juweliere, die die charakteristischen filigranen Gold- und Silberarbeiten anbieten, dazu kommen Kunstgalerien, Kurzwarenhändler und Weingeschäfte.

2–3

An der Ulica Široka biegt man rechts ab, vorbei am ehemaligen Haus des Dramatikers Marin Držić (1508–67) auf der linken Seite. Držić ist bekannt für seine derben Komödien, die in den modischen Renaissancesalons in Dubrovnik, Venedig und Zagreb aufgeführt wurden. Das Haus ist heute ein Museum, in dem audiovisuelle Vorführungen einen Einblick in die Gesellschaft des 16. Jhs. geben. Es geht weiter geradeaus und die Stufen am Domino Steakhaus hoch, dann rechts in die Ulica Od Rupa. Etwas

Ein Bummel entlang den Stadtmauern

weiter auf der linken Seite liegt das Muzej Rupe, ein ethnografisches Museum, das sich im früheren Getreidespeicher der Stadt befindet; man sieht noch die in den Berg gegrabenen Lagerstollen. Von der Terrasse des Museums hat man einen ausgezeichneten Blick über die Stadt, die geschützt unter dem Berg Srđ liegt.

3–4

Biegen Sie am Museum nach links und gehen Sie die engen Stufen der Ulica Od Šorte hinauf. Bemerkenswert sind die vorstehenden, mit Löchern versehenen Steinstreben an den Häusern, durch die Wäscheleinen gezogen werden konnten. Auf Ihnen wurde im Mittelalter die Wäsche oder Wolle getrocknet – Dubrovnik war berühmt für seine Stoffqualität. Am oberen Ende der Straße biegt man nach links ab und läuft dann entlang dem früheren Benediktinerkloster St. Maria. Nachdem es von napoleonischen Truppen während der französischen Besatzung (1805–15) geplündert und aufgelöst wurde, nutzte man das Kloster zunächst als Kaserne und später als Militärhospital, heute ist es ein Wohnhaus. Im Eingang zum Haupthof befindet sich ein Relief der Verkündigung unter den Wappen einiger adliger Familien und der Stadt Dubrovnik.

Die Pflasterstraße führt weiter durch einen der ältesten und höchstgelegenen Bezirk der Stadt zu einigen Schrebergärten unterhalb der Stadtmauer. Der Weg führt jetzt neben den Mauern steil hinab, eine Lücke rechts in der Mauer (mit dem Hinweis »Cold Drinks«) führt zu einer Bar in faszinierender Lage. Hier kann man im Sommer auf den Klippen unter einer Palme stundenlang sitzen – mit Blick auf das Meer und die Insel Lokrum.

4–5
Bleiben Sie auf dem Weg neben der Stadtmauer, die unterhalb der Festung Sveta Margarita eine Linkskurve macht. Auf der linken Seite sieht man die Jesuitenkirche (Sv Ignacija), die den Marktplatz Poljana Rulera Boškoviăa beherrscht. Die größte Kirche Dubrovniks wurde 1725

vollendet, der barocke Innenraum ist überladen mit Marmoraltären und Mosaiken. Überquert man den Platz, erreicht man die prächtige Jesuitentreppe, die 1738 nach dem Vorbild der Spanischen Treppe in Rom gebaut wurde und einen eindrucksvollen Zugang zur Kirche bildet.

Die Stufen enden in der Poljana Gundulićeva, auf der jeden Morgen ein Bauernmarkt stattfindet. Verkauft werden frisches Obst, Gemüse und Kräuter sowie Flaschen mit Lavendelöl und Ketten aus getrockneten Peperoni und Feigen. In der Mitte des Platzes steht ein Denkmal für Ivan Gundulić (1589–1638), Dubrovniks bekanntestem Dichter und einem der

Der Onofrio-Brunnen am Pile-Tor

wichtigsten Autoren kroatischer Literatur. Der Sockel ist mit Szenen aus seinem bekanntesten Gedicht *Osman* geschmückt, das von dem Sieg der polnischen Armee über die osmanischen Türken handelt.

5–6

Neben dem Denkmal biegen Sie rechts in die Pred Dvorom ab, vor Ihnen liegt der Rektoren- palast (Knežev Dvor), rechts die Kathedrale. Biegen Sie nach links ab, Sie kommen dann zur Luža, dem großen Platz, der zugleich das Ende der Stradun bildet. Der Uhrturm wurde im 15. Jh. gebaut, später aber stark verändert. Zu Be- ginn des 20. Jahrhunderts erhielt er schließlich eine Uhr mit Zifferblatt. Wenn man nach oben schaut, erkennt man mit etwas Mühe Maro und Baro, die Rekonstruktionen der Originalbronze- figuren, die mit ihrem Hammer die Stunde schlagen. Vor dem Uhrturm befindet sich ein kleiner Brunnen, der von Onofrio della Cava (► 175) gebaut wurde. In der Mitte des Platzes steht ein weiteres Wahrzeichen Dubrovniks: die Statue eines Ritters in Rüstung am Fuße der Rolandsäule. Diese freundlich blickende Figur ist eine Adaption aus der französischen Ballade *Chanson de Roland*. Im Original wurde Roland

Die Stradun durchquert die Stadt von Ost nach West

während einer Schlacht in den Pyrenäen getötet, hier sagt man jedoch, dass er von Sarazenen aus dem Hinterhalt überfallen wurde, während er Dubrovnik in Zeiten der Kreuzzüge verteidigte. Während der Republik Ragusa wurden hier die neuen Gesetze verkündet.

6–7

Biegen Sie nun nach links in die Stradun ein, dann in die Ulica Žudioska, die zweite Straße rechts. Sie war im 16. Jh. die Hauptstraße des jüdischen Ghettos, dessen Tore jeden Abend verschlossen wurden. Etwas weiter links befindet sich die Synagoge, das Zentrum der heutigen kleinen jüdischen Gemeinde und ein interessantes Museum (Im Sommer täglich 10–20 Uhr; im Winter Mo–Fr 10–15 Uhr).

Nach den ersten Stufen überquert man die Prijeko, die Hauptstraße der Oberstadt, die parallel zur Stradun verläuft. Rechts sieht man am Ende der Straße die Kirche Sveti Nikola (St. Nikolaus), dahinter liegen die Überreste eines Klosters. Folgen Sie den Stufen der Ulica Žudioska aufwärts zur Peline.

7–8

Nun sind Sie im höchsten Teil der Stadt. Biegen Sie nach links in die Peline, und laufen Sie vor-

bei am Buže-Tor, einem der fünf Eingänge der Stadt. Halten Sie sich auf der Straße, die sich an den Befestigungswall klammert, rechts, die Weggabelung führt zum Minčeta-Turm, einer zweistöckigen, runden Festung. Die engen, steilen Gassen bieten wunderbare Ausblicke über die Altstadt zur Stradun durch ein Meer von Wäscheleinen, Balkonen, Treppen und Topfpflanzen. Für den Rückweg zur Stradun biegen Sie links ab in die Palmotićeva oder in eine der anderen Straßen, die ebenfalls zur Stradun führen.

Kleine Pause

Es gibt unzählige Bars und Cafés in der Altstadt. An einem sonnigen Tag ist *Buža* der beste Platz. Die Bar erreicht man durch eine Öffnung in der Stadtmauer. Ein guter Ort, um Leute zu beobachten, ist die Terrasse des *Gradska Kavana*, eines altmodischen Cafés zwischen dem Uhrturm und dem Rektorenpalast auf dem Pred Dvorom 3. Die Restaurants auf der Prijeko sind auf Touristen eingestellt und bieten unspektakuläres, teures Essen, eine Ausnahme bildet das *Rozarij* (► 161).

5 Lokrum
Schiffstour/Wanderung

LÄNGE: 4 km plus Schifffahrt **DAUER:** 2–3 Stunden
START/ZIEL: Alter Hafen in Dubrovnik ✚ 198 B1

Die bewaldete Insel Lokrum ist Dubrovniks Sommergarten, hierhin fahren Dubrovniks Einwohner zum Wandern, Schwimmen und Sonnenbaden, zum Sauerstofftanken und um ein romantisches Rendezvous zu genießen. Ein Tag auf Lokrum ist eine erholsame Pause nach einer Besichtigung Dubrovniks – man kann in weniger als zwei Stunden um die Insel wandern. Wer den ganzen Tag auf der Insel verbringen will, kann einen Strandnachmittag anhängen.

Schifffahrt

Im Sommer verkehren Schiffe vom alten Hafen in Dubrovnik nach Lokrum; man sollte sich erkundigen, wann das letzte Boot zurückfährt (normalerweise 18 Uhr). Die Überfahrt dauert ca. 15 Minuten, und der Preis für die Fahrt schließt auch den Eintritt für Lokrum ein.

Wanderung

Im Hafen geht man von Bord und dann die Rampe neben dem Anlegesteg hoch. Rechts steht das alte Parkaufseherhaus, das 1991 von einer serbischen Granate zerstört und als Denkmal erhalten wurde. Hier beginnt ein gut ausgeschildertes Netz von Wanderwegen über die Insel.

Sie nehmen den Weg hinter dem Haus und bleiben auf diesem schattigen Pfad, der an der Nordküste entlangführt. Gelegentliche Abstecher führen durch die Bäume hindurch zu steinigen Stränden und Badeplattformen. An den Weggabelungen halten Sie sich rechts oberhalb der Küste. Das Tritonkreuz erinnert an die Opfer eines Schiffbruchs im Jahr 1859.

Halten Sie sich links oberhalb eines kleinen Anlegestegs, lassen Sie die Küste hinter sich und gehen Sie dann in den Wald. Bald erreichen Sie Lazaret, das al-

Der Fluch von Lokrum

Wer abergläubisch ist, sollte über den Besuch von Lokrum noch einmal nachdenken. Seit dem 19. Jh. hält sich hartnäckig der Glauben an den »Fluch von Lokrum«. Möglicherweise hat ihn ein Benediktinermönch als Rache für die Zerstörung des Klosters ausgerufen: Ein Besitzer der Insel, Erzherzog Maximilian, wurde Kaiser von Mexiko, aber 1867 von seinen Untertanen ermordet; sein Neffe, Kronprinz Rudolf, der die Insel später erbte, verübte 1889 Selbstmord. Heute ist Lokrum unbewohnt – nur wenige Leute sind bereit, hier eine Nacht zu verbringen.

te Quarantänekrankenhaus. Die hohen Mauern sollten eine Ausbreitung der Infektionskrankheiten verhindern. Der Weg führt rechts um Lazaret herum und steigt zum höchsten Punkt der Insel an. Dieser wird von einer zerstörten französischen Festung, Fort Royal, aus dem Jahr 1806 gekrönt. Sie können die sternförmige Festung betreten und auf einer Wendeltreppe bis zum Dach hochsteigen. Von dort aus hat man eine Rundumsicht über ganz Lokrum, Richtung Dubrovnik und über das Meer bis hin nach Cavtat (▶ 157) im Süden.

Von Dubrovnik verkehren regelmäßig Boote nach Lokrum

Verlassen Sie Fort Royal auf dem Weg, der direkt gegenüber dem Hinweg liegt, und folgen Sie dem Rajski Put (Himmelsweg), einem von schlanken Zypressen gesäumten Prozessionsweg, hinunter zur Inselmitte. An der nächsten Kreuzung biegt man in die Pinienwälder rechts

ab und geht dann die Treppen neben einem großen Wasserreservoir hinunter, vorbei an einem botanischen Garten. An der Ecke biegt man links ab, jetzt läuft der Weg durch einen wunderschönen wilden Olivenhain, auf der rechten Seite kann man das Meer sehen.

Folgen Sie dem Weg weiter rechts – Sie kommen dann zum früheren Benediktinerkloster. Leider ist ein großer Teil der Anlage nicht zugänglich, aber man kann durch den verfallenen Kreuzgang gehen, der zu einem Ziergarten mit Aussichtspunkt führt. Hinter dem Kloster zweigt ein Pfad zu einer Badeplattform ab. Folgen Sie aber dem ausgeschilderten Weg Nr. 4 zum Mrtvo More (Totes Meer). Hinter einem Spielplatz erreicht man

Blick von der französischen Festung über Lokrum

den Salzwassersee, der durch einen unterirdischen Kanal mit dem Meer verbunden ist. Das Wasser ist flach und gut geeignet für Kinder und Nichtschwimmer.

Der Waldweg Nr. 5 bringt Sie zum Kloster zurück, von dessen schön angelegtem Maximilian-Garten aus es nur noch eine kurze Etappe bis zum Hafen ist. Wer eine längere Wanderung unternehmen möchte, kann auf einer Vielzahl von Wegen durch den wilderen Südteil der Insel streifen und kommt auch zum beliebten FKK-Strand von Lokrum. Von den aus Zement gegossenen Badeplattformen hat man eine wunderbare Aussicht über das Meer nach Cavtat.

Kleine Pause

Im Kreuzgang des Klosters befindet sich ein im Hochsommer geöffnetes Restaurant. Ansonsten gibt es eine kleine Bar in der Nähe des Hafens, in der man Sandwichs und kalte Getränke kaufen kann (tägl. 9–18 Uhr). Eine schöne Alternative ist es, sich in Dubrovnik mit Proviant zu versorgen und dann auf Lokrum zu picknicken.

Praktisches

Websites

Kroatisches Fremden-
verkehrsbüro:
www.croatia.hr

Außenministerium
(Einreiseinformationen,
englisch): www.mvp.hr

Jadrolinija (Fähr-
verbindungen; deutsch):
www.jadrolinija.hr

REISEVORBEREITUNGEN

WICHTIGE PAPIERE

● Erforderlich
○ Empfohlen
▲ Nicht erforderlich

Einige Länder verlangen, dass die Reise-
papiere bei der Einreise noch eine Mindest-
gültigkeit haben müssen (mindestens 6
Monate) – man sollte sich beim Konsulat
oder in der Botschaft danach erkundigen.

	Deutschland	Österreich	Schweiz
Pass/Personalausweis	●	●	●
Visum	▲	▲	▲
Weiter- und Rückflugticket	○	○	○
Impfungen (Tetanus und Polio)	▲	▲	▲
Krankenversicherung	○	○	○
Reiseversicherung	○	○	○
Führerschein (national)	●	●	●
Kfz-Haftpflichtversicherung	●	●	●
Fahrzeugschein	●	●	●

REISEZEIT

Dubrovnik

Hauptsaison   Nebensaison

JAN	FEB	MÄRZ	APRIL	MAI	JUNI	JULI	AUG	SEPT	OKT	NOV	DEZ
11°C	12°C	14°C	17°C	21°C	25°C	28°C	28°C	25°C	21°C	16°C	13°C

Sonnig   Bedeckt   Regnerisch   Wechselhaft

Die genannten Temperaturen geben die durchschnittlichen monatlichen Tageshöchst-
temperaturen auf den adriatischen Inseln und an der Küste an. Die Temperaturen im
Landesinneren sind erheblich niedriger und können im Winter in Zagreb und auf den
Bergen häufig unter 0 °C fallen. In den Bergen liegt oft Schnee. Der sonnigste Ort Kroatiens ist die Stadt Hvar mit durchschnittlich 2700 Stunden Sonnenschein im Jahr. Das
Meer kann sich im Sommer auf bis zu 28 °C erwärmen. Die besten Reisemonate sind
Mai, Juni, September und Oktober, wenn der Verkehr und die Besucherzahlen abneh-
men, das Meer aber immer noch warm ist. Das späte Frühjahr und der Frühherbst sind
vor allem für Aktivurlaube und Segeltörns ideal. Die Hauptreisemonate an der Küste
sind Juli und August. Zwischen November und März haben viele Hotels geschlossen.

In Deutschland
Kroatische Zentrale für
Tourismus
Kaiserstraße 23
60311 Frankfurt
☎ 069 238 53 50
de.croatia.hr

In Österreich
Kroatische Zentrale für
Tourismus
Am Hof 13
1010 Wien
☎ 01 585 38 84.
www.kroatien.at

In der Schweiz
Croatia Tours
Haldenstraße 144
8055 Zürich
☎ 043 268 60 60
www.croatiatours.ch

ANREISE

Mit dem Flugzeug: Internationale Flughäfen gibt es in Zagreb, Split, Dubrovnik, Pula, Rijeka und Zadar. Die nationale Fluglinie Croatia Airlines (www.croatiaairlines.hr) bietet regelmäßige Flüge von vielen europäischen Großstädten nach Zagreb, dazu gehören auch Frankfurt, Zürich und Wien. Auch Austrian Airways und Lufthansa fliegen nach Kroatien. Während des Sommers bietet Croatia Airlines zusätzliche Flüge an die Küste an, dazu kommen unzählige Charterflüge von deutschen, österreichischen und schweizer Flughäfen. Die meisten Plätze in den Charterflugzeugen sind von Reiseveranstaltern für ihre Pauschaltouristen reserviert, aber auch als Individualreisender findet man meist einen günstigen Charterflug. Reisende nach Istrien können alternativ Billigflüge nach Trieste in Italien mit Ryanair buchen oder mit Easyjet nach Ljubljana in Slowenien fliegen.
Mit dem Schiff: Jadrolinija (www.jadrolinija.hr) bietet Fährverbindungen von Italien nach Kroatien mit Passagier- und Autofähren an. Die Hauptlinien sind Ancona–Split, Ancona–Zadar und Bari–Dubrovnik, dazu kommt die Strecke entlang der Küste, die Dubrovnik mit Korčula, Stari Grad, Split und Rijeka verbindet. Autoreisende sollten unbedingt im Voraus buchen. Von Italien nach Kroatien verkehren Schiffe der Reedereien SEM Marina (www.splittours.hr) und SNAV (www.snav.it). Venezia Lines (www.venezialines.com) und Emilia Romagma bieten im Sommer auch Schnellverbindungen von Venedig, Rimini und Ravenna zur Küste Istriens an.
Mit Zug und Bahn: Direkte Bus- und Bahnverbindungen nach Zagreb gibt es von fast allen größeren europäischen Städten.

ZEIT

In Kroatien gilt die Mitteleuropäische Zeit. Vom letzten Sonntag im März bis zum letzten Sonntag im Oktober gilt die Europäische Sommerzeit.

WÄHRUNG

Währung: Kroatiens Währung ist die Kuna (Kn), benannt nach dem Kiefern-Marder, dessen Fell früher gehandelt wurde. Eine Kuna besteht aus 100 Lipa. Münzen gibt es im Wert von 1, 2, 5, 10, 20 und 50 Lipa, 1 Kn, 2 Kn und 5 Kn. Banknoten gibt es als 5, 10, 20, 50, 100, 200, 500 und 1000 Kn. Der Euro (€) ist weit verbreitet; viele Preise in Touristenhotels werden sowohl in Kuna als auch in Euro ausgezeichnet.

Geldwechsel: Ausländisches Geld und Reiseschecks können bei Banken, Reisebüros und in Hotels umgetauscht werden; für Reiseschecks benötigt man den Reisepass /Personalausweis. In allen Städten findet man auch Geldautomaten, an denen man mit seiner Scheckkarte und der PIN-Nummer Bargeld erhält. Normalerweise verlangt die Hausbank für diesen Service eine Gebühr.

Kreditkarten: Die großen Kreditkarten werden fast überall akzeptiert, dennoch ist es ratsam, immer etwas Bargeld bei sich zu haben.

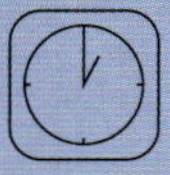

DAS WICHTIGSTE VOR ORT

KONFEKTIONSGRÖSSEN

Großbritannien	Kroatien	Deutschland	
36	46	46	
38	48	48	
40	50	50	
42	52	52	Anzüge
44	54	54	
46	56	56	
7	41	4	
7,5	42	42	
8,5	43	43	
9,5	44	44	Schuhe
10,5	45	45	
11	46	46	
14,5	37	37	
15	38	38	
15.5	39/40	39/40	
16	41	41	Hemden
16,5	42	42	
17	43	43	
8	34	34	
10	36	36	
12	38	38	
14	40	40	Kleider
16	42	42	
18	44	44	
4,5	38	38	
5	38	38	
5.5	39	39	
6	39	39	Schuhe
6,5	40	40	
7	41	41	

FEIERTAGE

1. Januar	Neujahr
6. Januar	Hl. Drei Könige
März/April	Ostermontag
1. Mai	Tag der Arbeit
Mai/Juni	Fronleichnam
22. Juni	Tag des antifaschistischen Kampfes
25. Juni	Kroatischer Nationalfeiertag
5. August	Tag des Sieges
15. August	Mariä Himmelfahrt
8. Oktober	Unabhängigkeitstag
1. November	Allerheiligen
25./26. Dezember	Weihnachten

ÖFFNUNGSZEITEN

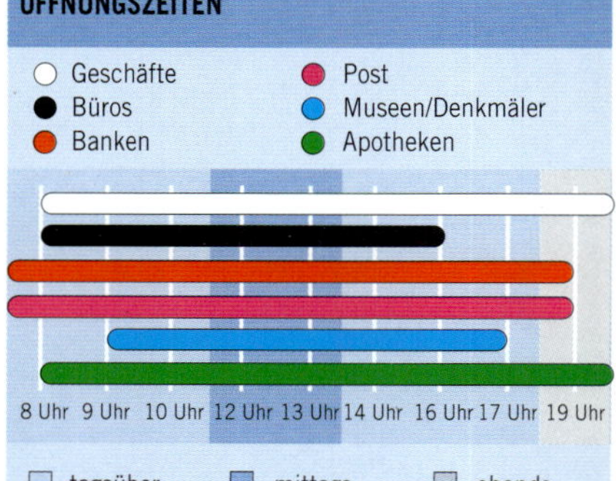

Geschäfte: Die meisten Geschäfte sind Samstagnachmittag und sonntags geschlossen; manche schließen werktags über Mittag. Die Einkaufszentren in Zagreb haben länger geöffnet, ebenso viele Geschäfte in den Küstenorten während der Hauptsaison.

Banken: Mo– Fr 7–17, Sa 7–13 Uhr.

Museen: Die Öffnungszeiten variieren. Manche haben montags und am Wochenende nachmittags geschlossen.

Apotheken: In größeren Städten gibt es eine Apotheke, die nachts und am Wochenende Notdienst hat.

Post: Hauptpostämter Mo– Fr 7–19 Uhr, Sa 7–13 Uhr.

SICHERHEIT

- Lassen Sie keine Wertsachen am Strand oder am Pool liegen.
- Schließen Sie Wertsachen in den Hotelsafe.
- Lassen Sie keine Wertsachen im Auto liegen. Wenn es nicht anders geht, verschließen Sie diese im Kofferraum.
- Achten Sie an belebten Plätzen oder in öffentlichen Verkehrsmitteln auf Taschendiebe.
- Vermeiden Sie Diskussionen über den Bürgerkrieg, besonders in den Gebieten der serbischen Minderheit nahe der bosnischen und serbischen Grenze.
- Bleiben Sie auf markierten Wegen und achten Sie auf Schilder, die vor Landminen warnen.

Polizei:

92 von jedem Telefon

TELEFONIEREN

In allen großen Städten gibt es öffentliche Telefone. Telefonkarten (*telefonska kartica*) kann man in Postämtern, am Zeitungskiosk und in Geschäften mit dem Logo HT (Hrvatski Telekom) kaufen. Das Mobilfunknetz ist fast überall gut ausgebaut; die Hauptanbieter sind T-Com und VIP. Achten Sie darauf, dass Sie Ihr Handy zu Beginn der Reise auf automatisches Roaming umgestellt haben. Die internationale Vorwahl für Kroatien ist 00385.

Internationale Vorwahlen

Deutschland:	0049
Österreich:	0043
Schweiz:	0041

POST

Briefmarken gibt es in Postämtern und am Kiosk. Die Briefkästen sind gelb und tragen die Buchstaben HP. Briefe innerhalb der EU benötigen normalerweise 5 bis 10 Tage. Für eilige Post sollte man die Internetcafés in den großen Städten und Touristenorten benutzen.

ELEKTRIZITÄT

Die Stromspannung beträgt 220 Volt; die Buchsen entsprechen denen in Mitteleuropa.

TRINKGELD

Trinkgelder werden nicht für alle Dienstleistungen erwartet und sind niedriger als in anderen Ländern.

Restaurant	10 %
Taxi	10 %
Stadtführer	10–20 Kn
Gepäckträger	10 Kn
Zimmermädchen	10 Kn/Nacht
Toiletten	Kein Trinkgeld

Deutschland
☎ 00385 (0)1
615 55 36

Österreich
☎ 00385 (0)1
488 10 50

Schweiz
☎ 00385 (0)1
487 88 00

GESUNDHEIT

Krankenversicherung: Reisende aus Mitgliedsstaaten der EU erhalten bei Vorlage ihres Ausweises kostenlose medizinische Behandlung aufgrund eines Abkommens. Eingeschlossen ist der Krankenhausaufenthalt; verschriebene Medikamente müssen jedoch häufig selbst bezahlt werden. Es empfiehlt sich der Abschluss einer Reisekrankenversicherung.

Zahnarzt: Zahnbehandlungen müssen von allen Reisenden selbst bezahlt werden, eine Reisekrankenversicherung übernimmt normalerweise die Kosten.

Wetter: Die Sonne ist an der Küste sehr intensiv. Es empfiehlt sich, eine Sonnencreme mit hohem Schutzfaktor zu verwenden, den Kopf zu bedecken und viel zu trinken. Kinder sind besonders empfindlich und brauchen, besonders am Wasser, einen guten Schutz.

Medikamente: Verschreibungspflichtige sowie rezeptfreie Medikamente sind in Apotheken (*ljekarna*) erhältlich. Außerhalb der Öffnungszeiten findet man an den Türen die Adresse der nächsten Dienst habenden Apotheke. Medikamente, die man regelmäßig einnehmen muss, sollte man in ausreichender Menge mit sich führen. Es empfiehlt sich auch, Mittel gegen Insektenstiche, Durchfall und Reisekrankheit (falls man mit der Fähre fährt) mitzunehmen.

Trinkwasser: Leitungswasser ist trinkbar; Mineralwasser ist überall erhältlich.

ERMÄSSIGUNGEN

Jugendliche: Kinder unter zwölf Jahren bezahlen in den meisten Bussen, Zügen und Fähren den halben Preis, Kinder unter drei Jahren fahren kostenlos. Mit einem internationalen Studentenausweis (ISIC) bekommt man in Museen und Bussen Ermäßigung.
Senioren: Reisende über 60 Jahre erhalten in Museen ermäßigten Eintritt und fahren in den öffentlichen Verkehrsmitteln günstiger.

EINRICHTUNGEN FÜR BEHINDERTE

Kroatien hat nach einem Krieg mit vielen Kriegsversehrten große Anstrengungen unternommen, um das Land behindertengerechter zu machen. Trotzdem sind viele ältere Gebäude für Behinderte nicht zugänglich, und die Pflasterstraßen in Dubrovnik und Split sind ein großes Problem für Rollstuhlfahrer. Viele moderne Hotels wurden jedoch behindertengerecht geplant. Bitte informieren Sie sich vorab.

KINDER

Hotels und Restaurants sind im Allgemeinen sehr kinderfreundlich, viele Hotels und Campingplätze bieten Spielplätze und Plantschbecken. Da die meisten Strände steinig sind, sind Badeschuhe sehr praktisch.

TOILETTEN

An Bahnhöfen und Busbahnhöfen gibt es Toiletten, für deren Benutzung man eine Gebühr bezahlen muss.

ZOLL

Die Einfuhr von Souvenirs, die ganz oder in Teilen aus geschützten Tieren gefertigt wurden, ist verboten oder erfordert eine spezielle Einfuhrerlaubnis. Vorab nach Zollbestimmungen informieren.

Kroatisch (*hrvatski*) ist die Amtssprache in Kroatien. Bis 1991 wurde dafür die Bezeichnung Serbokroatisch verwendet, inzwischen ist Kroatisch als eigene Sprache anerkannt. Im Gegensatz zum Serbischen, das die kyrillische Schrift benutzt, verwendet das Kroatische das lateinische Alphabet, viele Worte sind aber in beiden Sprachen identisch. Das Kroatische ist eine phonetische Sprache, das bedeutet, jedes Wort wird so ausgesprochen, wie es geschrieben wird. Zusätzliche Buchstaben des kroatischen Alphabets sind č (gesprochen wie »tsch«), ć (fast genauso), š (gesprochen wie »sch«), ž (gesprochen wie »sch« in »Genie«) und đ (gesprochen wie »dsch«). Der Buchstabe c spricht sich wie »z«.

IMMER ZU GEBRAUCHEN

Hallo **bog**
Guten Tag **dobar dan**
Guten Morgen **dobro jutro**
Guten Abend **dobra večer**
Auf Wiedersehen **dovid'enja**
Wie geht es Ihnen? **Kako ste**
Bitte **molim**
Danke **hvala**
Verzeihung **oprostite**
Ja **da**
Nein **ne**
Bitteschön **izvolite**
Prost! **živjeli!**
Groß **veliko**
Klein **malo**
Billig **jeftin**
Teuer **skupo**
Kroatien **hrvatska**
Deutschland **Njemačka**
Ich verstehe nicht **ne razumijem**
Sprechen Sie Englisch? **govorite li engleski**
Sprechen Sie Deutsch? **govorite li njemački**

ZAHLEN

0	**nula**	10	**deset**
1	**jedan**	11	**jedanaest**
2	**dva**	12	**dvanaest**
3	**tri**	13	**trinaest**
4	**četiri**	14	**četrnaest**
5	**pet**	15	**petnaest**
6	**šest**	16	**šestnaest**
7	**sedam**	17	**sedamnaest**
8	**osam**	18	**osamnaest**
9	**devet**	19	**devetnaest**

Geöffnet **otvoreno**
Geschlossen **zatvoreno**
Entschuldigung **izvinite**
Touristeninformation **turistički ured**
Botschaft **veleposlanstvo**
Konsulat **konzulami ured**
Kathedrale **katedrala**
Kirche **crkva**
Garten **vrt**
Bücherei **knijižnica**
Arzt **liječnik/doktor**
Zahnarzt **zubar**
Polizei **policija**
Krankenhaus **bolnica**
Eingang **ulaz**
Ausgang **izlaz**

ÜBERNACHTEN

Hotel **hotel**
Zimmer **soba**
Einzelzimmer **jednokrevetna soba**
Doppelzimmer **dvokrevetna soba**
Apartment **apartman**
Badezimmer **kupaona**
Dusche **tuš**
Toilette **zahod**
Balkon **balkon**
Telefon **telefon**
Fernseher **televizor**
Frühstück **doručak**
Halbpension **polupension**
Schlüssel **ključ**
Reservierung **rezervacija**
Campingplatz **autokamp**

IM RESTAURANT

Restaurant **restauracija**
Gasthaus **konoba**
Café **kavana**
Konditorei **slastičarnica**
Frühstück **doručak**
Mittagessen **ručak**
Abendessen **večeru**
Speisekarte **jelovnik**
Weinkarte **vinska karta**
Rechnung **račun**

20	**dvadeset**	200	**dvjesto**
30	**trideset**	300	**tristo**
40	**četrdeset**	400	**četristo**
50	**pedeset**	500	**petsto**
60	**šezdeset**	600	**šeststo**
70	**sedamdeset**	700	**sedamsto**
80	**osamdeset**	800	**osamsto**
90	**devedeset**	900	**devetsto**
100	**sto**	1000	**tisuću**
101	**sto i jedan**		

Bus **autobus**
Straßenbahn **tramvaj**
Eisenbahn **vlak**
Busbahnhof **autobusni kolodvor**
Bahnhof **zeljeznički kolodvor**
Flughafen **zračna luka**
Hafen **luka**
Fähre **trajekt**
Fahrkarte **karta**
Fahrplan **vozni red**
Ankunft **dolazak**
Abfahrt **odlazak**
Taxi **taksi**
Benzin **benzin**

EINKAUFEN

Bäckerei **pekara**
Buchhandlung **knijžara**
Fleischerei **mesnica**
Konditorei **slastičarna**
Apotheke **ljekarna**
Markt **tržnica**
Reisebüro **putnička agencija**

SPEISEKARTE

barbun Rotbarbe
bijelo vino Weißwein
blitva Mangold
breskva Pfirsich
brudet Fischeintopf
čaj Tee
čaj sa limunom Tee mit Zitrone
čevapčići scharfe Hackbällchen
crni rižot schwarzer Risotto
crno vino Rotwein
češnjak Knoblauch
cipal Meeräsche
dagnje Miesmuscheln
divlja svinija Wildschwein
džem Marmelade
fiš paprikaš scharfer Fischeintopf
gazirana mineralna voda Mineralwasser mit Kohlensäure
govedina Rindfleisch

grah Bohnen
grčka Käse
grgeč Flussbarsch
gulaš Gulasch
jabuka Apfel
jaje (jaja) Ei (Eier)
janjetina Lamm
jastog Hummer
juha Suppe
kajmak saure Sahne
kava Kaffee
krastavac Gurke
kruh Brot
krumpir Kartoffeln
kruške Birnen
kulen scharfe Salami
kupus Kohl
lignje Tintenfisch
limun Zitrone
losos Lachsforelle
lozovača Weinbrand
luben Barsch
luk Zwiebel
marelica Aprikose
maslinovo ulje Olivenöl
meso Fleisch
mješana salata gemischter Salat

Bank **banka**
Geldwechsel **razmjena**
Wechselkurs **tečaj**
Schalter **blagajnik**
Geld **novac**
Bargeld **gotovina**
Banknote **novčanice**
Münze **kovani novac**
Kreditkarte **kreditna karta**
Reisescheck **travel čekove**
Postamt **pošta**
Briefmarke **poštanske marka**
Postkarte **razglednica**
Telefonkarte **telekarta**

ZEIT

Stunde **sat**
Minute **minuta**
Woche **tjedan**
Tag **dan**
Heute **danas**
Morgen **sutra**
Gestern **jučer**

musaka Auberginenauflauf
naranča Apfelsine
negazarina mineralna voda stilles Mineralwasser
njoki Gnocchi
ocat Essig
oštrige Austern
ovčetina Hammelfleisch
palačinke Pfannkuchen
papar Pfeffer
paprike grüner Paprika
paški sir Schafskäse
pašticada Rindfleisch mit Klößen
pastrva Forelle
piletina Huhn
pomfrit Pommes frites
pršut geräucherter Schinken
ragu Eintopf
rajčica Tomate
rak Krebs
rakija Schnaps

ramsteak Rumpsteak
riba Fisch
riža Reis
roze vino Roséwein
sardina Sardinen
sarma gefüllte Kohl- oder Weinblätter
sir Käse
škampi Languste
sladoled Eis
slan Salz
špinat Spinat
šunka Schinken
svinjetina Schweinefleisch
tartufi Trüffel
teletina Kalbfleisch
travarica Kräuterschnaps
tuna Tunfisch
ulje Öl
voće Obst
voda Wasser
zelena Blattsalat
zelena salata grüner Salat
zubatac Brasse

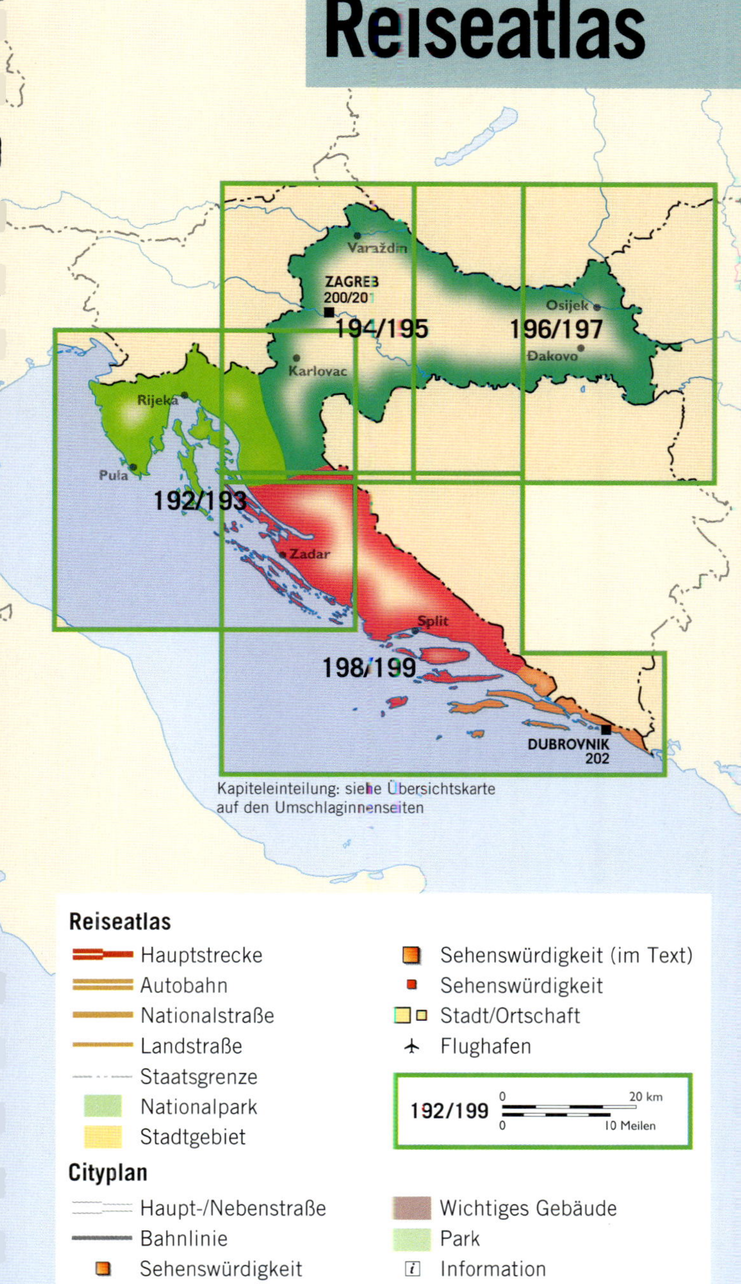

Reiseatlas

Varaždin
ZAGREB
200/201
194/195
Osijek
196/197
Đakovo
Karlovac
Rijeka
192/193
Pula
Zadar
Split
198/199
DUBROVNIK
202
Kapiteleinteilung: siehe Übersichtskarte
auf den Umschlaginnenseiten

Reiseatlas
Hauptstrecke
Autobahn
Nationalstraße
Landstraße
Staatsgrenze
Nationalpark
Stadtgebiet
Sehenswürdigkeit (im Text)
Sehenswürdigkeit
Stadt/Ortschaft
Flughafen
192/199
0   20 km
0   10 Meilen

Cityplan
Haupt-/Nebenstraße
Bahnlinie
Sehenswürdigkeit
Wichtiges Gebäude
Park
Information
200/201
0   200 Meter
0   200 Yards
202
0   150 Meter
0   150 Yards

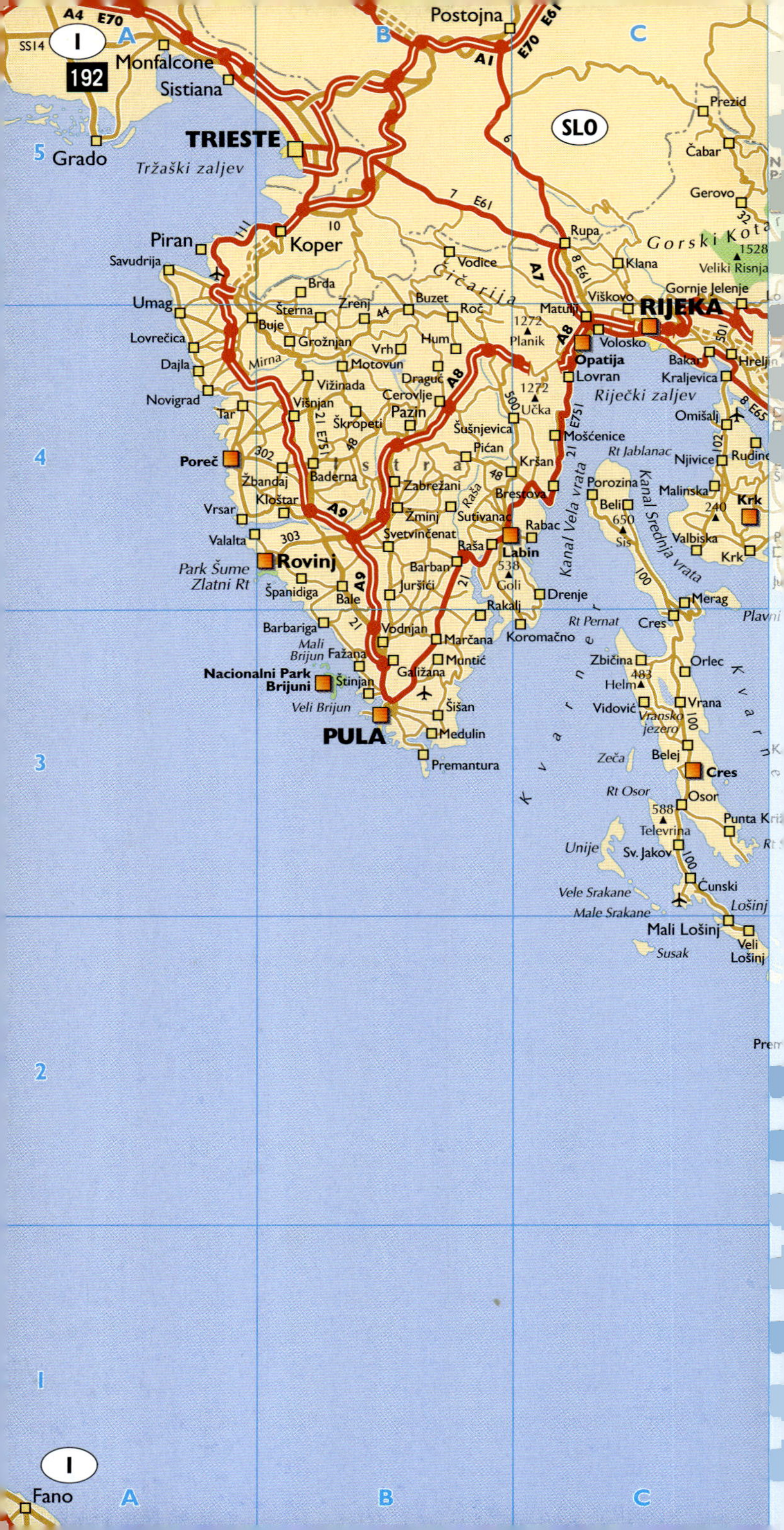

Postojna
Monfalcone
Sistiana
SS14
192
Grado
TRIESTE
Tržaški zaljev
SLO
Prezid
Čabar
Gerovo
Piran
Koper
Vodice
Rupa
Gorski Kota
Savudrija
Brda
Gričarija
Klana
Veliki Risnja
1528
Umag
Sterna
Zrenj
Buzet
Roč
Matulji
Viškovo
Gornje Jelenje
RIJEKA
Lovrečica
Buje
Grožnjan
Vrh
Hum
Planik
1272
Volosko
Bakar
Hrelji
Dajla
Motovun
Draguć
Opatija
Lovran
Kraljevica
Mirna
Novigrad
Vižinada
Cerovlje
Pazin
Učka
1272
Rijrčki zaljev
Omišalj
Tar
Višnjan
Šušnjevica
Mošćenice
Njivice
Rudine
Škropeti
Pićan
Rt Jablanac
Poreč
Baderna
Kršan
Porozina
Malinska
Krk
Žbandaj
Zabrežani
Brestova
Beli
240
Kloštar
Raša
Sis
650
Valbiska
Vrsar
Žminj
Sutivanac
Rabac
Krk
Valalta
Svetvinčenat
Raša
Labin
Park Šume
Zlatni Rt
Rovinj
Barban
Goli
538
Drenje
Merag
Španidiga
Bale
Juršići
Rakalj
Plavni
Barbariga
Vodnjan
Marčana
Koromačno
Rt Pernat
Cres
Mali
Brijun
Fažana
Muntić
Zbičina
Orlec
Nacionalni Park
Brijuni
Štinjan
Galižana
Helm
483
Vrana
Vidović
Veli Brijun
Šišan
Zeča
Belej
PULA
Medulin
Rt Osor
Cres
Osor
Premantura
Unije
Sv. Jakov
Televrina
588
Punta Kri
Vele Srakane
Čunski
Lošinj
Male Srakane
Mali Lošinj
Veli
Lošinj
Susak
Kanal Vela vrata
Kanal Srednja vrata
Kvarner
Prem
Fano

Žumberak-Samoborsko Gorje
Prirode
Jastrebarsko
Kraljevec
M.
Buna
Kočevje
Juroyski Brod
Ozalj
Krašić
Kupinec
Bregana Pis.
Pisarovina
Kravarsko
Letovan
Nacionalni Park Risnjak
538
Voden ca
Mahično
Draganići
Donja Kupčina
Lasinja
St. Farkaš
Pokupsko
Gašparci
Griče
Vukova Gorica
Cerovac Tušilovički
Banski Moravci
Čremušnica
G. Tabora
Moravice
Duga Resa
Slavsko Polje
Kozarac
Crni Lug
Skrad
Presika
Močile
KARLOVAC
Tušilović
Gvozd
Glin
Kupja
Vrbovsko
Bosiljevo
Barilović
Krnjak
Vojnić 507
Topusko
Čma
Delnice
Ravna
Trošmarija
Generalski Stol
Veljun
Petrovac
Perna
St. Selo
Lokve
Gora
Gomirje
216
Krstinja
Gejkovac
Brezov
Mrkopalj
Ogulin
Tounj
Blagaj
Cetingrad
Velika Kladuša
Gv
Višević 1428
Tuk
Bijelolasica 1533
Oštarije
Josipdol
G. Primišlje
Slunj
G. Kremen
Dramalj
Jasenak
Vojnovac
Plaški
Bročanac
Mašvina
Crikvenica
Radojčići
Modruš
Jezero
Rakovica
Selce
Breze
Drežnica
Žrnići
Jezerane
Makovnik 1164
Saborsko
217
Drežnik Grad
Novi Vinodolski
Vodice
Vodoteč
Križpolje
Jezero
Vaganac
Šilo
Vrbnik
Žuta Lokva
Brinje
Daba
Poljanak
Jezerce
Bihać
Punat 449
Senj
Brlog
Plitvička jezera
Prijeboj
E761
Jurandvor
Baška
Sv. Juraj
Otočac
Gornji Babin Potok
Nacionalni Park Plitvička Jezera
St. Baška
Biljevine
Gusić jezero
Prozor
Zalužnica
Korenica
Prvić
Lukovo
Krasno Polje
Ličko Lešće 1234
Stipanov Grič
Bijelopolje
Sv. Grgur
Goli Otok
1699
Goljak
Lipovo Polje
Kozjan
Bunić
Pečane
Kruge
Lopar
San Marino
Mali Raginac
Studenci
Rab
Starigrad
Štirovača
Bakovac
Donje Pazarište
Perušić
Siroka Kula
Jošani
Kampor
F.ab
Barbat na Rabu
Rabu
1624
Šatorina
Klanac
1239
Palež
Podlapača
Kandarola
Joblanac
Bužim
Gospić
Vrebac
Udbina
Rt Lun
Lun
Dolin
Gradina
Baške Oštarije
Ličko Novi
1591
Kreme
Rt Sveti Damjan
Stara Novalja
Žigljen
Karlobag
Médak
Gornja Ploča
Klapavica
Oruda
Novalja
Kolan
Metajna
Lukovo Šugarje
Počitelj
Lovinac
Ričice
Pag
Pag
Vaganski vrh 1758
Sveti Rok
Gračac
Vele Orjule
Škrda
Maunski kanal
Gorica
Nacionalni Park Paklenica
Ilovik
Maun
Povljana
Tribanj-Kruščica
Silba
Olib
Lozice
Vlaši
Ražanac
Starigrad Paklenica
Premuda
Silbanski kanal
Vir
Vrsi
Jovići
54
Premuda
Ist
Privlaka
Nin
Poljica
Posedarje
Novigrad
Obrovac
Škarda
Porat
Petrčane
Poličnik
Pridraga
Bukovica
Molat
Murvica
674
Orljak
Tramerka
Molat
Sestrunj
Ugljan
Donji Zemunik
Bruška
198
Sestrunj
Rivanj
502
Galovac
Raštevic
Veli Rat
Božava
Zverinac
Ugljan
ZADAR
Bibinje
Gorica
Benkovac
Dragove
Brbinj
Veli Iž
Kali
Ždrelac
Sukošan
Polača
Dobropoljci
Dugi Otok
Rava
Mali Iž
Sv. Filip i Jakov
Vukšić
V. Straža
Telaščica Bay
Pašman
Biograd
Vransko Jezero
Luka
Zaglav
Sit
Tkon
Pakoštane
Mala Cista
Žut
Vrgada
Pirovac
Lučica
Vrulje
Murter
Tisno
Levrnaka 236
Kornat
Murter
Vodice
Nacionalni Park Kornati
Vela Smokvica
Kaprije
Tijat
Jadra Lavsa
Kurba Vela
Kakan
Žirje

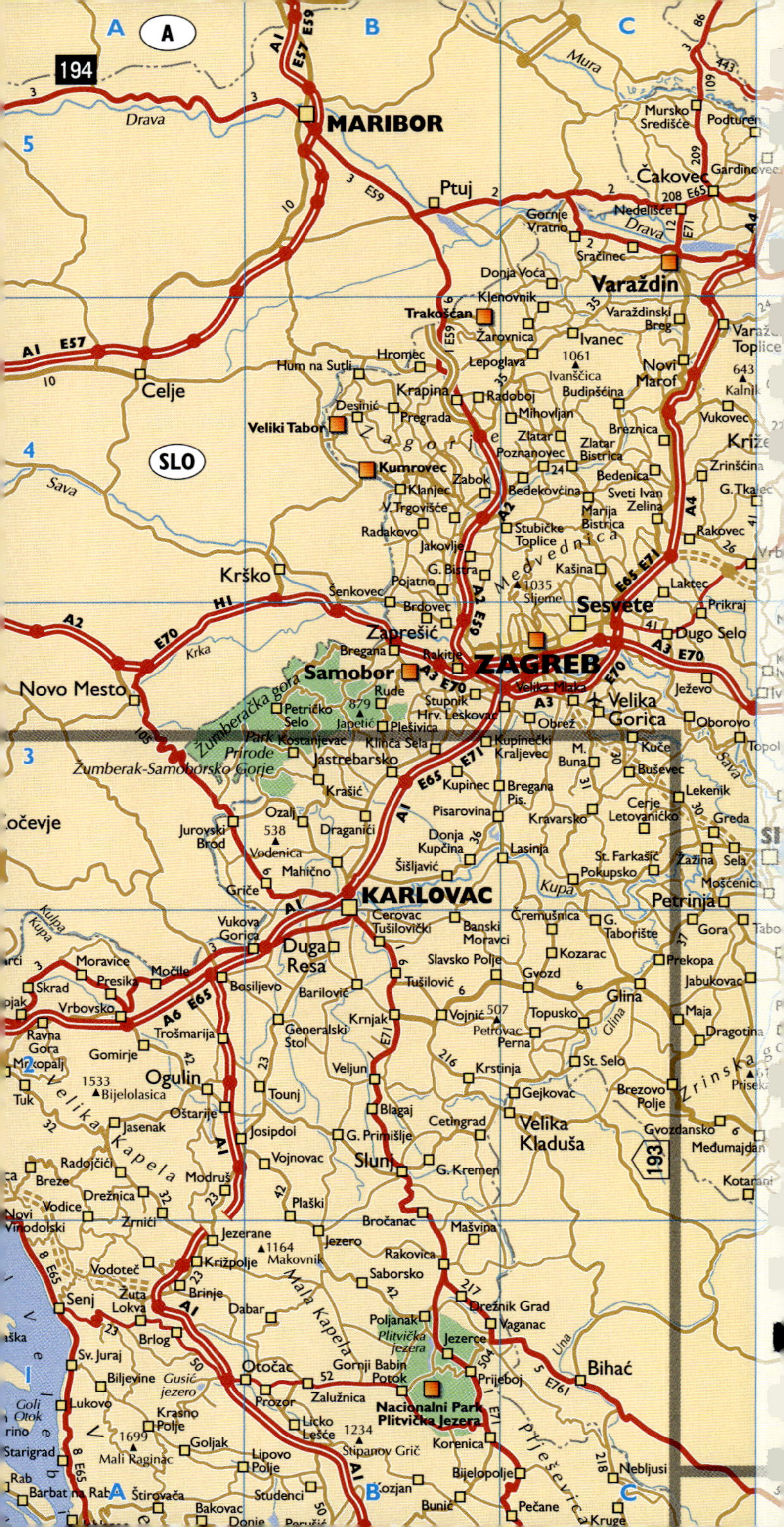
194
Drava
MARIBOR
Ptuj
Mursko Središće
Podturen
Čakovec
Gardinovec
Nedelišce
Varaždin
Gornje Vratno
Sračinec
Drava
Donja Voća
Klenovnik
Varaždinski Breg
Ivanec
Varaž. Toplice
Trakošćan
Žarovnica
Novi Marof
Kalnik
Lepoglava
Ivanščica
1061
643
Celje
Hum na Sutli
Hromec
Krapina
Radoboj
Budinšćina
Breznica
Zrinšćina
Križe
Desinić
Pregrada
Mihovljan
Vukovec
Veliki Tabor
Zagorje
Zlatar
Poznanovec
Zlatar Bistrica
Bedenica
G. Tkalec
Kumrovec
Zabok
Bedekovčina
Sveti Ivan Zelina
Klanjec
V. Trgovišće
Marija Bistrica
Rakovec
Krško
Radakovo
Jakovlje
Stubičke Toplice
Medvednica
Kašina
Laktec
Prikraj
Šenkovec
G. Bistra
Pojatno
1035
Sljeme
Sesvete
Brdovec
Zaprešić
Bregana
Rokitje
ZAGREB
Dugo Selo
Samobor
Rude
Velika Mlaka
Ježevo
Novo Mesto
Petričko Selo
879
Stupnik
Hrv. Leškovac
Velika Gorica
Oborovo
Japetić
Plešivica
Obrež
Topol
Žumberačka gora
Kostanjevac
Klinča Sela
Kupinečki Kraljevec
Kuče
Buševec
Park Prirode
Jastrebarsko
M. Buna
Lekenik
Žumberak-Samoborsko Gorje
Krašić
Kupinec
Bregana Pis.
Cerje
Greda
Ozalj
Pisarovina
Kravarsko
Letovaničko
Juroyski Brod
538
Draganići
Donja Kupčina
Lasinja
St. Farkašić
Žažina Sela
Vodenica
Mahično
Šišljavić
Pokupsko
Mošćenica
Griče
Kupa
KARLOVAC
Petrinja
Vukova Gorica
Cerovac Tušilovički
Banski Moravci
Čremušnica
G. Taborište
Gora
Tabo
Duga Resa
Slavsko Polje
Kozarac
Prekopa
Moravice
Močile
Tušilović
Gvozd
Jabukovac
Skrad
Presika
Barilović
Glina
Maja
Vrbovsko
Bosiljevo
Krnjak
Vojnić
507
Topusko
Dragotin
Ravna Gora
Trošmarija
Generalski Stol
Petrovac
Perna
St. Selo
Zrinska
Gomirje
Veljun
Krstinja
Prisek
Mrkopalj
1533
Ogulin
Tounj
Gejkovac
Brezovo Polje
Bijelolasica
Tuk
Oštarije
Blagaj
Cetingrad
Velika Kladuša
Gvozdansko
Međumajdan
Jasenak
Josipdol
G. Primišlje
Radojčići
Breze
Modruš
Vojnovac
Slunj
G. Kremen
Kotarani
Vodice
Drežnica
Plaški
Žrnići
Bročanac
Mašvina
Novi Vinodolski
Jezerane
Jezero
Rakovica
Vodoteč
1164
Makovnik
217
Križpolje
Saborsko
Senj
Žuta Lokva
Brinje
Dabar
Drežnik Grad
Vaganac
Brlog
Mala Kapela
Poljanak
Plitvička Jezera
Jezerce
Bihać
Sv. Juraj
Otočac
Gornji Babin Potok
Prijeboj
Una
Biljevine
Gusić jezero
52
Zalužnica
Prozor
Nacionalni Park Plitvička Jezera
Goli Otok
Lukovo
Krasno Polje
Ličko Lešće
1234
Korenica
Pliješevica
Starigrad
1699
Goljak
Stipanov Grič
Mali Raginac
Lipovo Polje
Rab
Barbat na Rabu
Štirovača
Studenci
Bunić
Bijelopolje
Neblusi
Bakovac
Brozjan
Pečane
Kruge

195
D E F
KAPOSVÁR
Nagykanizsa
H
74 E65
7 E71
E71
7 E65 E71
61
61
ovec
Hodošan
Goričan
Kotoriba
D. Kraljevec
Prelog
Nagyatád
Djurdj
V. Otok
Đelekovec
Gola
Ludbreg
Drnje
196
Szigetvár
6
Bolfan
Hlebine
Ždala
ražđinske
plice
Reka
Koprivnica
Novigrad Podravski
Đurđevac
Barcs
Apatovac
Glogovnica
Hudovljani
Virje
Drava
N. Gradac
Lepavina
Zrinski
Topolovac
Kloštar
Podravski
2
Pitomača
Fogovac
Terezino
Polje
Budakovac
ževci
22
Majurec
Rakitnica
Prugovac
288
Korija
Gradina
Sopje
kalec
Bukovje
Rov šće
Markovac
Trojstveni
Veliko
Trojstvo
Šandrovac
Sedlarica
Virovitica
Novaki
Sv. Ivan
Žabno
28
Bjelovar
Lasovac
Suhopolje
Medinci
Vrbovec
Haganj
Narta
Severin
Velika Pisanica
Bistrica
Pivnica
Slatina
Kabal
Međurača
28
Veliki
Grđevac
Lončarica
Hum
Aleksandrovac
Dubrava
Štefanje
Berek
Grubišno
Polje
Đulovac
Ceralije
Mostari
Cerina
Pavlovac
Ilova
Lastaji
Voćin
Orahoca
Kloštar
Ivanić
Čazma
Samarica
Hercegovac
Veliki
Zdenci
5 E661
830
Dujanova
Kosa
Slatinski
Drenova
Ivanić-Grad
Vrtlinska
Kompator
489
Gornji
Garešnica
45
Garešnica
Daruvar
953
Papuk
Velika
Topolje
Gora
Humka
Đanovac
Novo
Zvečevo
Mahovo
Popovača
Rogoža
Uljanik
Badljevina
Bučje
Vetovo
Stružec
Kutina
237
Gaj
Dragović
Pakrac
Požega
Jakšć
SISAK
Budaševo
Ilova
Banova
Jaruga
Korita
Lipik
984
Brezovo
Polje
Strmac
Banićevac
Kuzmi
Topolovac
Čigoč
Mužilovčica
Lipovljani
51
Gušće
Park
Prirode
Lonjsko
Polje
Novska
Trnakovac
Cernik
Nova Gradiška
Koprivnica
Taborište
Kut
Lonja
Puška
Krapje
Okučani
Rešetari
St. Petrovo
Selo
Bil
Blinja
Sunja
Jasenovac
A3 E70
Batrin
Slovinci
Drenov
Bok
47
Mala
N. Varoš
Visoka
Greda
Zapolje
Vrbje
Pričac
Batrin
Grabostani
Prevršac
Lovča
Hrvatska
Kostajnica
Bačin
Hrvatska
Dubica
Sava
St. Gradiška
Davor
Zrin
47
Volinja
Una
Kozarska
Dubica
Gradiška
Divuša
615
eka
Dvor
4
Vrbas
BIH
4
Banja
Luka
196
199
D E F
5 E761
16 E661

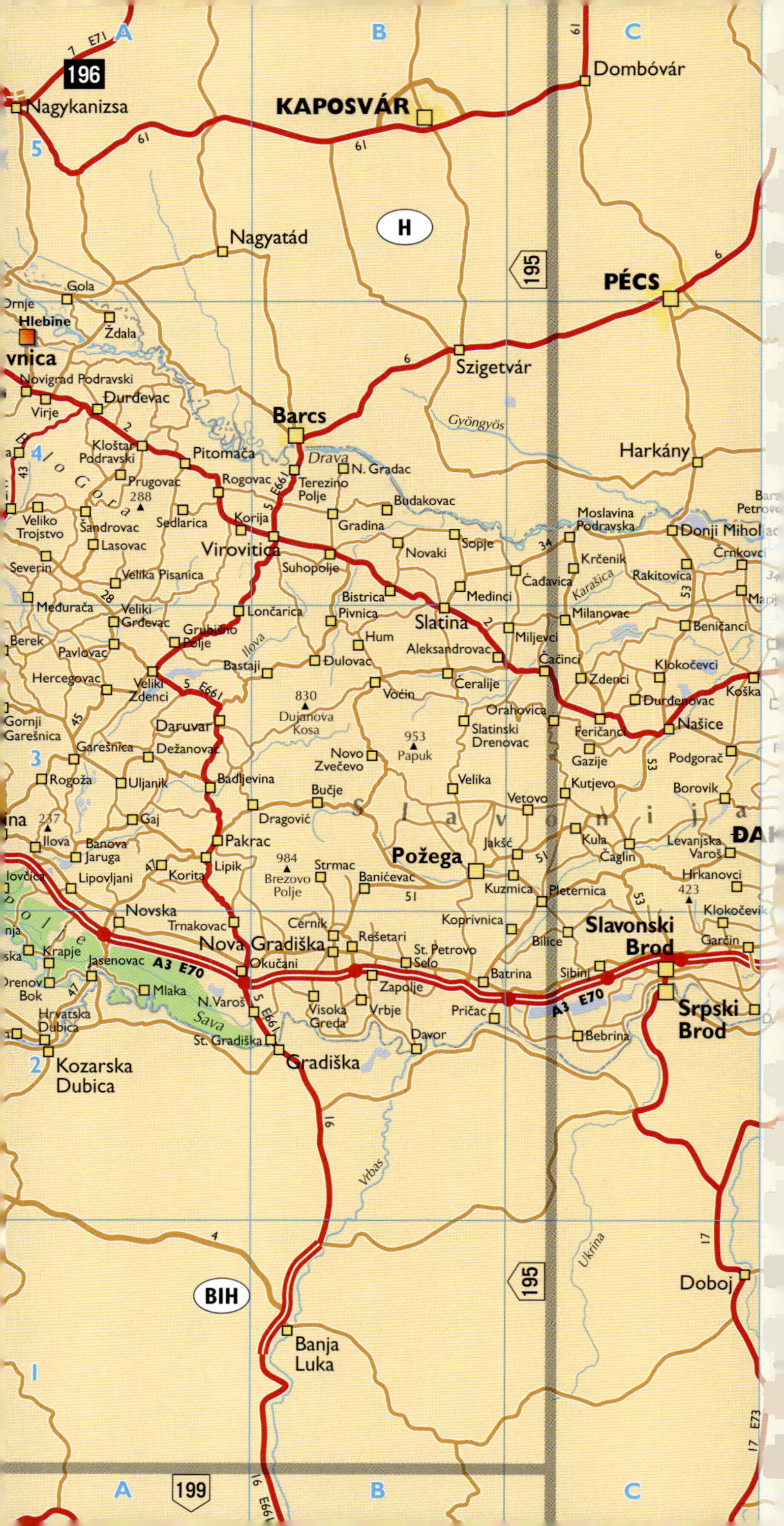
196
A E71 7
Nagykanizsa
61
KAPOSVÁR
61
Dombóvár
61
H
195
PÉCS
6
Nagyatád
Gola
Ornje
Hlebine
Žrnje
Ždala
vnica
Novigrad Podravski
Đurđevac
Virje
Barcs
Drava
Szigetvár
6
Gyöngyös
Harkány
Bara Petrove
Kloštar Podravski
Pitomača
Rogovac
N. Gradac
Terezino Polje
Budakovac
Moslavina Podravska
Donji Mihol
2
Prugovac
288
Korija
Gradina
Sopje
Krčenik
Crnkovci
Veliko Trojstvo
43
Šandrovac
Sedlarica
Virovitica
Suhopolje
Novaki
Čađavica
Karašica
Rakitovica
Marij
Lasovac
Medinci
Milanovac
Beničanci
Severin
Velika Pisanica
Bistrica
Pivnica
Slatina
3A
53
Medurača
Veliki Grđevac
Lončarica
Hum
Aleksandrovac
Miljevci
Čačinci
Zdenci
Klokočevci
Berek
28
Grubišno Polje
Ilova
Đulovac
Ćeralije
Đurđenovac
Koška
Pavlovac
Bastaji
Vočin
Orahovica
Feričanci
Našice
Hercegovac
Veliki Zdenci
5 E661
830
Dujanova Kosa
953
Papuk
Slatinski Drenovac
Gazije
53
Podgorač
Gornji Garešnica
45
Daruvar
Dežanovac
Novo Zvečevo
Velika
Vetovo
Kutjevo
Borovik
Rogoža
Uljanik
Badljevina
Bučje
Slavonija
ĐA
237
Gaj
Dragović
Jakšić
Kula
Čaglin
Levanjska Varoš
Ilova
Banova Jaruga
Pakrac
984
Brezovo Polje
Strmac
Banićevac
Požega
Kuzmica
Pleternica
423
Hrkanovci
Klokočevi
Lipovljani
Korita
Lipik
51
Koprivnica
Bilice
53
Slavonski Brod
ovčica
Novska
Trnakovac
Cernik
Rešetari
St. Petrovo Selo
Garčin
nja
Krapje
Jasenovac
A3 E70
Nova Gradiška
Okučani
Zapolje
Batrina
Sibinj
A3 E70
ska
Drenov Bok
47
Mlaka
N. Varoš
Visoka Greda
Vrbje
Pričac
Bebrina
Srpski Brod
Hrvatska Dubica
Sava
St. Gradiška
5 E661
Davor
Kozarska Dubica
Gradiška
16
Vrbas
Ukrina
195
Doboj
BIH
Banja Luka
4
17
199
16 E661
17 E73

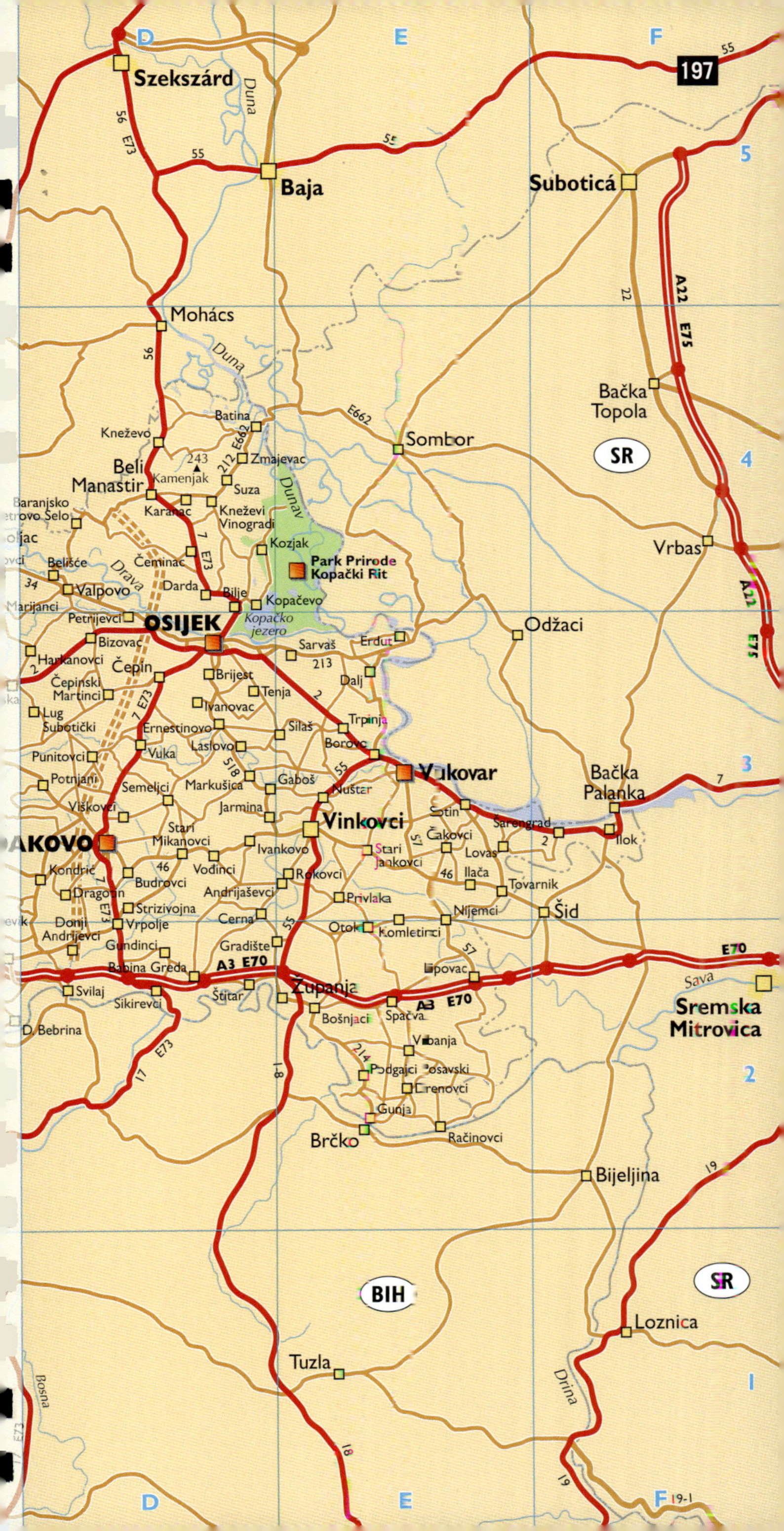
197
D
E
F
55
Szekszárd
56 E73
55
Duna
Baja
55
Suboticá
5
22
A22
E75
Mohács
56
Duna
E662
Sombor
Bačka Topola
SR
4
Batina
Kneževo
212 E662
Zmajevac
243
Kamenjak
Suza
Beli Manastir
Baranjsko Petrovo Selo
Karanac
Kneževi Vinogradi
Vrbas
A22
E75
oljac
ovci
Belišće
Čeminac
Kozjak
Park Prirode Kopački Rit
34
Valpovo
Drava
Darda
Bilje
Kopačevo
Marijanci
Petrijevci
Kopačko jezero
Odžaci
OSIJEK
Sarvaš
Erdut
Bizovac
213
2
Harkanovci
Čepin
Brijest
Dalj
Čepinski Martinci
7 E73
Tenja
2
Ivanovac
Silaš
Trpinja
Lug Subotički
Ernestinovo
Borovo
Punitovci
Vuka
Laslovo
518
Vukovar
Bačka Palanka
7
3
Potnjani
Semeljci
Markušica
Gaboš
Nuštar
Stin
Šarengrad
Viš* ovci
Jarmina
Vinkovci
Čakovci
2
Ilok
AKOVO
Stari Mikanovci
Ivankovo
57
Stari Jankovci
Lovas
Kondrić
46
Vodinci
Ilača
Tovarnik
Dragotin
Budrovci
Andrijaševci
Rokovci
Privlaka
Nijemci
Šid
evik
Strizivojna
Cerna
46
7 E73
Donji Andrijevci
Vrpolje
Otok
Komletinci
57
E70
Gundinci
Gradište
55
Lipovac
Sava
Babina Greda
A3 E70
Sremska Mitrovica
Svilaj
Štitar
Župania
A3 E70
Sikirevci
Bošnjaci
Spačva
2
D. Bebrina
17 E73
Vrbanja
214
Podgajci Posavski
Drenovci
Bosna
18
Gunja
Brčko
Račinovci
Bijeljina
19
BIH
SR
Loznica
Drina
Tuzla
1
18
19
D
E
F 19-1

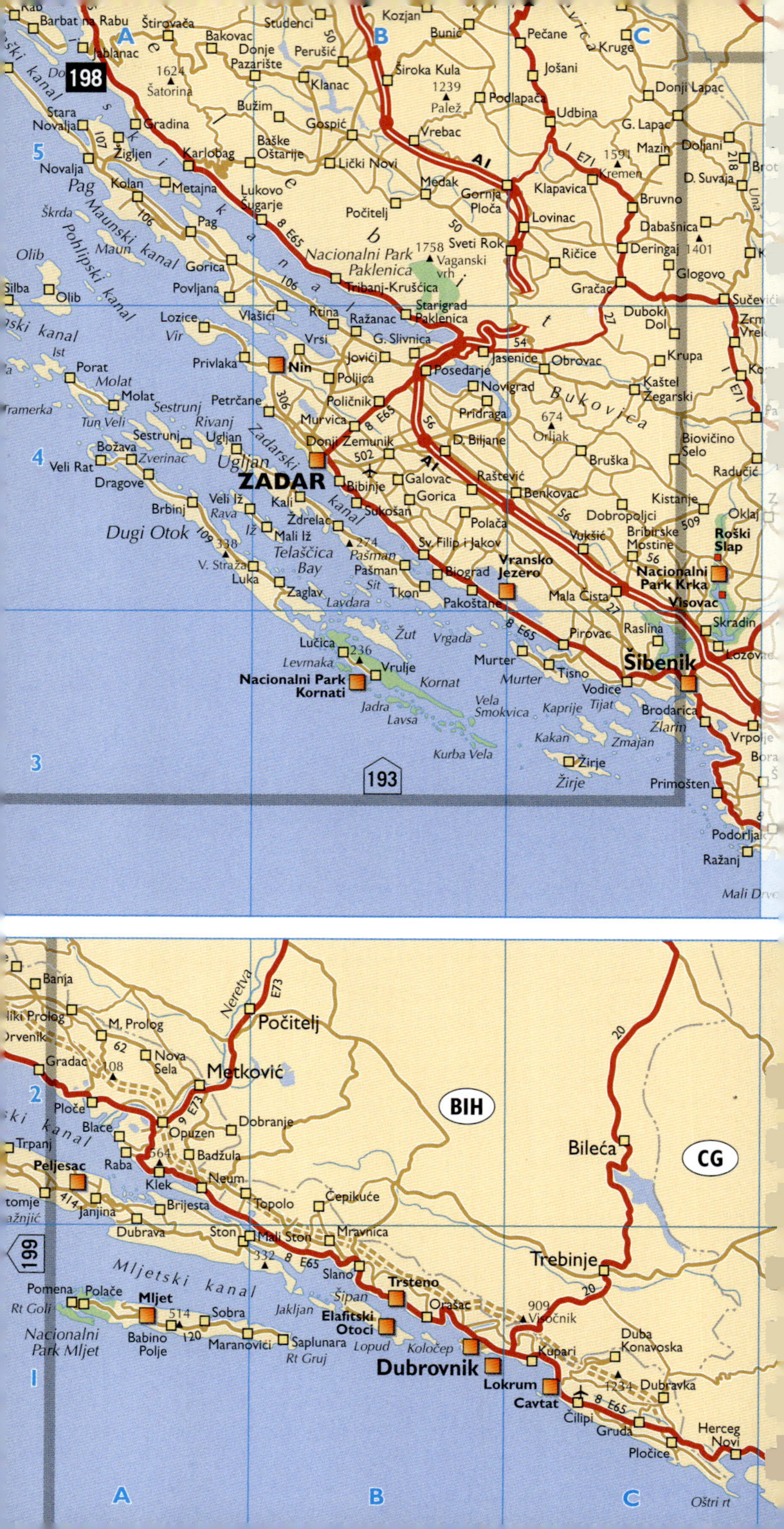
198
193
199
Barbat na Rabu
Jablanac
Stirovača
Studenci
Bakovac
Donje Pazarište
Perušić
Kozjan
Bunić
Pečane
Kruge
Jošani
Donji Lapac
G. Lapac
Mazin
Doljani
D. Suvaja
Brlo
Una
Sučevići
Zrm
Vrel
Krupa
Kaštel Žegarski
Biovičino Selo
Radučić
Oklaj
Roški Slap
Nacionalni Park Krka
Visovac
Skradin
Lozove
Vrpolje
Bora
Š
1624
Šatorina
1239
Palež
Podlapača
Udbina
1591
Kremen
Klapavica
Bruvno
Dabašnica
Deringaj 1401
Glogovo
Duboki Dol
Gradina
Karlobag
Žigljen
Klanac
Gospić
Bužim
Baške Oštarije
Lički Novi
Vrebac
Medak
Gornja Ploča
A1
E71
Lovinac
Ričice
Gračac
27
Stara Novalja
Novalja
Pag
Škrda
Metajna
Kolan
Pag
Gorica
Povljana
Maunski kanal
Maun
Lukovo Šugarje
Počitelj
Nacionalni Park Paklenica
1758
Vaganski vrh
Sveti Rok
Olib
Silba
Olib
Ist
Tramerka
Porat
Molat
Molat
Lozice
Vir
Vlašići
Rtina
Ražanac
Tribanj-Krušćica
Starigrad Paklenica
Pohlipski kanal
Zadarski kanal
Privlaka
Nin
Vrsi
G. Slivnica
Jovići
Posedarje
54
Jasenice
Obrovac
E71
E1
Ko
Pa
Sestrunj
Rivanj
Petrčane
Poličnik
Polija
Novigrad
Pridraga
674
Orljak
Bukovica
Tun Veli
Uglian
Murvica
D. Biljane
Bruška
Veli Rat
Božava
Zverinac
Sestrunj
Uglian
Donji Zemunik
502
A1
Kistanje
509
Dragove
ZADAR
Bibinje
Galovac
Raštević
Benkovac
Dobropoljci
Bribirske Mostine
Brbinj
Veli Iž
Rava
Kali
Ždrelac
Sukošan
Gorica
Polača
Vukšić
Mala Čista
Dugi Otok
Iž
Mali Iž
338
274
Pašman
Sv. Filip i Jakov
Biograd
Vransko Jezero
Telašćica Bay
V. Straža
Pašman
Sit
Tkon
Pakoštane
E65
Pirovac
Raslina
Luka
Zaglav
Laydara
Žut
Vrgada
Murter
Murter
Tisno
Vodice
Šibenik
Lučica
236
Levrnaka
Vrulje
Kornat
Vela Smokvica
Kaprije
Tijat
Brodarica
Zlarin
Nacionalni Park Kornati
Jadra
Lavsa
Kakan
Zmajan
Vrpolje
Kurba Vela
Žirje
Žirje
Primošten
Podorlja
Ražanj
Mali Drve
Banja
Neretva
E73
Počitelj
20
liki Prolog
M. Prolog
Orvenik
62
Nova Sela
Metković
BIH
Gradac
108
Ploče
9
E73
Dobranje
Bileća
CG
ski kanal
Blace
Opuzen
Badžula
Trpanj
564
Peljesac
Raba
Neum
414
Janjina
Klek
Brijesta
Topolo
Čepikuće
Dubrava
Ston
Mali Ston
Mravnica
Trebinje
20
Pomena
Polače
332 8 E65
Slano
Šipan
Trsteno
Orašac
909
Visočnik
Duba Konavoska
Rt Goli
Mljet
514
Sobra
Jakljan
Elafitski Otoci
Kupari
Mljetski kanal
ažnjić
tomje
Babino Polje
120
Maranovici
Saplunara
Rt Gruj
Lopud
Koločep
Dubrovnik
Lokrum
Cavtat
1234
Dubravka
Nacionalni Park Mljet
Čilipi
Gruda
Herceg Novi
Pločice
Oštri rt

195
199
D
E
F
5
4
3
2
1
Bosanski Petrovac
E761
Drvar
14-2
Jajce
Osredci
upirovo
rotnja
Unac
Bosansko Grahovo
14-2
BIH
Bugojno
Vrbas
16
Strmica
Plavno
Pađene
33
1831 Dinara
1851 V. Bat
Dinara Planina
Knin
Polača
1207 Bat
1913 Troglav
Livno
Zvjerinac
Orlić
Cetina
1148 Promina
Štikovo
Vrlika
Koljane
Perućko jezero
Dabar
Malikovo
1855 Konj
Buško jezero
Drniš
Tepljuh
Kričke
56
Svilaja
1508
Hrvace
Umljanović
G. Ogorje
Glavice
D. Korita
33
Planjane
Vrba
56
Sinj
Brnaze
Otok
Kamensko
Posušje
Cera
G. Muć
Prugovo
E71
Taj
220
Budimiri
Svib
Ričice
A1
Bogdanović
Kladnice
Lećevica
Biskc
62
60
Imotski
Boraja
58
Dugopolje
Klis
Budim
Cista Provo
Lovreč
Zmijavci
Runović
Široke 738
Kaštel Sućurac
Salona
1340
Gornji Dolac
Bisko na Cetini
Šestanovac
60
Aniči
Kaštel Stari
Žrnovnica
Zagvozd
1762 Sveti Jure
E65
Marina
Slatine
Podstrana
Omiš
Lokva
Brela
Biokovo
62
Župa
Trogir
Čiovo
SPLIT
Jesenice
Dugi Rat
E65
Baška Voda
Kašće
Vinišće
Splitski kanal
Rogač
Supetar
Brački kanal
Pučišća
Makarska
Kozica
Drvenik
Veliki Drvenik
Maslinica
Šolta
Sutivan
Ložišća
Postira
Pražnica
Tučepi
Ravča
Velike F
Milna
Brač
Sumartin
Podgora
G. Selo
Blaca
780
Bol
Živogošće
8 E65
Dre ik
Murvica
Hvarski kanal
Stari Grad
Vrboska
Hvar
116
Sučuraj
Neretvanski
Rt Pelegrin
Brusje
626
Jelsa
Zastražišće
Zaglav
Duba Pelješka
Hvar
Sv. Nedjelja
Zavala
Šćedro
Korčulanski kanal
Rt Lovište
Viganj
961
Orebić
Tr an
Viški kanal
Vis
Vis
Korčula
Korčula
Po onje
Komiža
Podstražje
117
Proizd
568
Lumbarda
Rt Ražnić
Rt Stupišće
Podhumlje
Vela Luk
Blato
Smokvica
Biševo
Rt Velo Dance
Brna
Lastovski kanal
Prežba
Lastovo
Mrčara
415
Kručica
Sušac
Kopište
Ubli
Lastovo

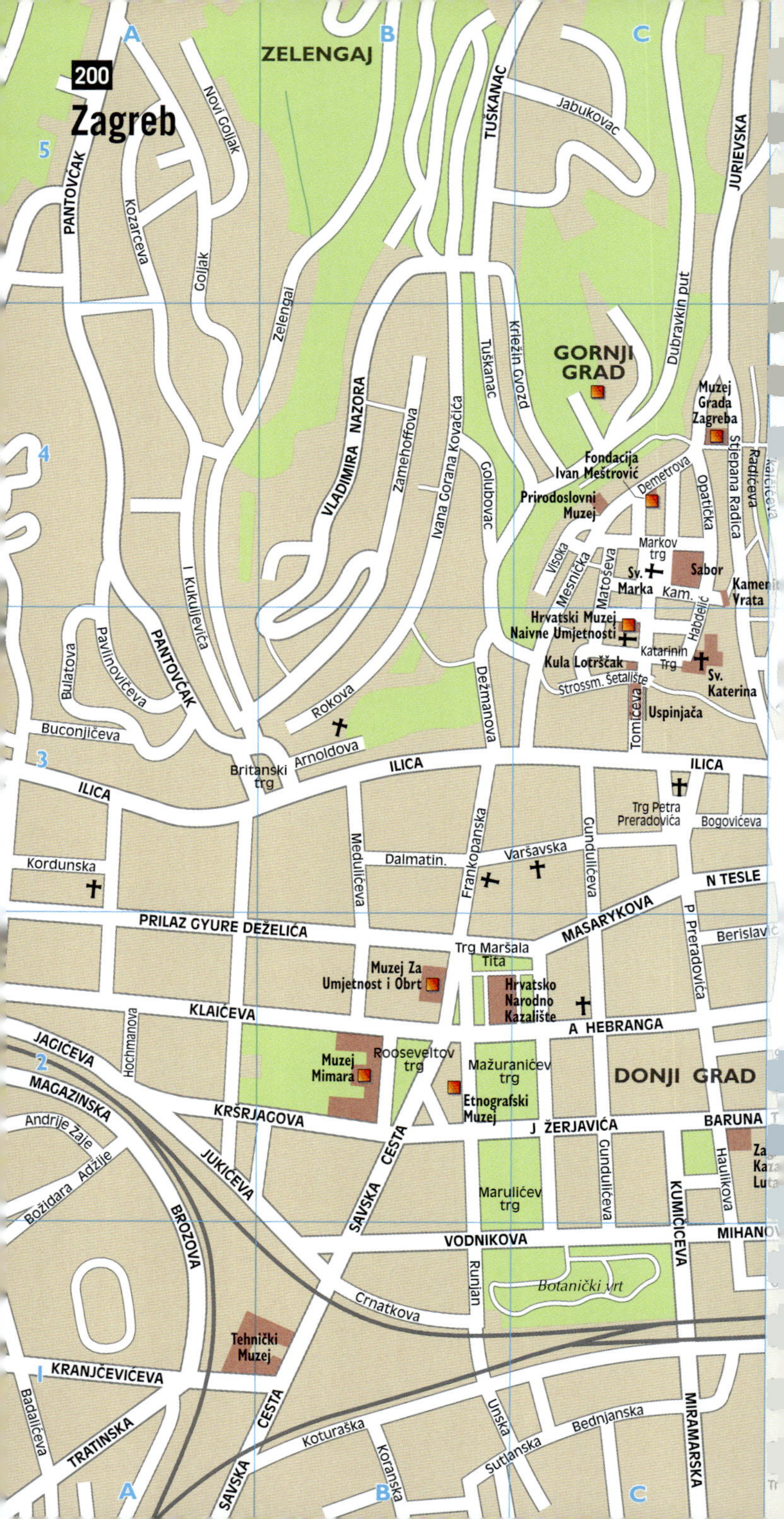

200
Zagreb
ZELENGAJ
GORNJI GRAD
DONJI GRAD
Muzej Grada Zagreba
Fondacija Ivan Meštrović
Prirodoslovni Muzej
Markov trg
Sv. Marka
Sabor
Kamen. Vrata
Hrvatski Muzej Naivne Umjetnosti
Katarinin Trg
Kula Lotršćak
Sv. Katerina
Strossm. Šetalište
Uspinjača
Britanski trg
ILICA
ILICA
Trg Petra Preradovića
Trg Maršala Tita
Muzej Za Umjetnost i Obrt
Hrvatsko Narodno Kazalište
Muzej Mimara
Rooseveltov trg
Mažuranićev trg
Etnografski Muzej
Marulićev trg
Botanički vrt
Tehnički Muzej
PRILAZ GYURE DEŽELIĆA
MASARYKOVA
N TESLE
VODNIKOVA
TUŠKANAC
Jabukovac
JURIEVSKA
Dubravkin put
Novi Goljak
Goljak
Zelengaj
Kožarceva
PANTOVČAK
VLADIMIRA NAZORA
Zamehoffova
Ivana Gorana Kovačića
Golubovac
Tuškanac
Krležin Gvozd
Demetrova
Opatička
Štepana Radica
Kapucinska Radiceva
Visoka
Mesnička
Matoševa
Kam.
Habdelić
Tomićeva
I Kukuljevića
Pavlinovićeva
Bulatova
PANTOVČAK
Buconjićeva
ILICA
Rokova
Arnoldova
Dežmanova
Kordunska
Meduliceva
Dalmatin.
Frankopanska
Varšavska
Gunduliceva
Bogovićeva
P Preradovića
Berislavić
Hochmanova
KLAIĆEVA
A HEBRANGA
JAGICEVA
MAGAZINSKA
Andrije Žaje
Božidara Adžije
BROZOVA
JUKIĆEVA
KRŠRJAGOVA
SAVSKA CESTA
Gunduliceva
J ŽERJAVIĆA
BARUNA
Haulikova
KUMIČIĆEVA
MIHANO
Za Kaza Luta
SAVSKA CESTA
Crnatkova
Runjan
Unska
Sutlanska
Bednjanska
MIRAMARSKA
KRANJČEVIĆEVA
Badaliceva
TRATINSKA
Koturaška
Koranska

201
D
E
F
Mlinarska
Znikina
Groblje Mirogoj, Medvednica
Šufflaja
HORVATOVAC
5
Medvedgradska
Nova Ves
MEDVEŠČAK
GRŠKOVICA
Suhinova
Zeleni dol
Zelenjak
Horvatovac
Torbarova
Dvorničićeva
Vinkovićeva
Gajdekova
Mesićeva
Šalata
Wickerhauserova
Čarugovićeva
Horvatovac
VOĆARSKA CESTA
Babonićeva
Mikliou-šićeva
Degen.
Weberova
Vramčeva
ŠALATA
Mikulićeva
4
Kaptol
RIBNJAK
Voćarsko naselje
VONČININA
Jurkovićeva
KAPTOL
Novakova
Šalata
Opatovina
Trg B Langa
SOSTAR.
Šalata
PETROVA
Rubetičeva
Trg A Stepinca
BRANJUGOVA
Vlaška
Maksimirski Perivoj
Dolac
Katedrala
Vlaška
VLAŠKA
Pod zidom
Bakačeva
Vlaška
Trg Bana Jelačića
Cesarčeva
Iblerov Trg
Laginjina
3
Smičiklasova
MARTIĆEVA
ANTUNA BAUERA
Vojnovićeva
PRAŠKA
JURIŠIĆEVA
J DRAŠKOVIĆA
Patačićeva
Tomaš.
Bulić.
Barčićeva
AMRUŠEVA
F RAČKOG
Lopašićeva
Brešćenskog
Arheološki Muzej
Petrinjska
PALMOTIĆEVA
Đorđićeva
KRALJA ZVONIMIRA
Zrinskog
Trg Hrvatskih Velikana
Staneičeva
R BOŠKOVIĆA
K DRŽISLAVA
Galeva
Strossmayerova Galerija Starih Majstora
Mrazović
J DRAŠKOVIĆA
K MISLAVA
Križanićeva
Švear.
KNEZA VIŠESLAVA
K L Pose.
Strossm. trg
K Jelene
2
TRENKA
P HATZA
Kneza
Borne
Hrvoj.
Kružićeva
Petrinjska
Palmotićeva
Trpimirova
Domagojeva
Erdödyjeva
agrebačko Kazalište Lutaka
Trg kralja Tomislava
A Šenoina
OVIĆEVA
Grgurova
KNEZA BRANIMIRA
Autobu ni kolodv r
ŽELJEZNIČKA STANICA
Strojarska cesta
Paromlinska
Trnjanska cesta
Strojarska cesta
Koncertna Dvorana Vatrolava Lisinskog
Trg Stjepan Rad ca
D
E
F

202
A
B
PLOČE
C
Zagrebačka
Pelješka
Cavtatska
Hvarska
Uz Tabor
FRANA SUPILA
Srednji Kono
Strma
Izvijača
Đura Pulića
Uz Posat
IZA GRADA
Tvrđava Minčeta
Sv. Barbara
Sv. Lucija
M PERIĆA
IZA GRADA
Tvrđava Revelin
Vrata od Ploče
Sv.Vid
Vrata od Buže Jakob Drezvenik
Sv.
Gornji Ugao
PILE
Poljana Dr Vinka Foretića
Peline
Pelline
Dominikanski Samostan
Sv. Luka
Između vrta
Miletičeva
Sv. Franjo
Antuninska
Žudioska
Sv. Nikola
Svetog Dominika
Sv. Spasa
Franjevački Samostan
Celestina Medovića
PRIJEKO
Kunićeva
Vetranićeva
Dropčeva
Sinagoga
Sponza
Gradska Luka
Vrata od Pile
Palmotićeva
Ribarnica
PLAȻA (STRADUN)
Luža
Fontico
Kaše
Tvrđava Lovrijena
ŠIROKA
Između Polača
Sv. Vlaha
Kazalište Marin Držića
Puncjela
Samostan Sv. Klare
Od Puča
vara
Ikona
Pracata
Uska
Kaboge
PRED DVOROM
Gradska Vijećnica
Tvrđava Sv. Ivana
Sv. Roka
Cubranovićeva
Gariste
Dom Marina Držića
Sv. Josip
Od
Puča
Knežev Dvor
Ponta
Za Rokom
Tiljkova
N Gučetića
Gundulićeva Poljana
Poljana Marina Držića
Pomorski
Domino
Od Domina
Mira
Maroljice
Dinka Ranjine
Uz Jezute
Bunićeva Poljana
Kneza Damjana Jude
Od pustijerne
Gospa od Karmena
Tvrđava Bokar
Od Rupa
Od Sotre
Od Josipa
Strossmaterova
Katedrala
Đura Balievi
Kula Sv. Spasitelj
Etnografski Muzej Rupe
Sv. Marije
Od Kaštela
Pobijana
Ispod Mira
Pile
Sv. Ignacija
Poljana Ruđera Boškovića
Stulina
Samostan Sv. Marije
Crijevićeva
Poljana M Zvono
Sv. Stjepan
Sv. Stjepan
Kula Sv. Stjepan
Kula Sv. Petar
Od Margarite
Kula Sv. Margarita

Dubrovnik

Abbildungsnachweis

Die Automobile Association dankt den nachfolgend genannten Fotografen und Bildagenturen für ihre Unterstützung bei der Herstellung dieses Buches:

Abkürzungen: (o) oben; (u) unten: (l) links; (r) rechts; (m) Mitte

ADRIATICA.NET 26, 27; ALAMY 13 Chris Ballentine, 145o DIOMEDIA, 150 Nelly Boyd; CORBIS 8–9 Reuters, 23 Staffan Widstrand, 28 Susan Mullane/NewSport, 29 Paul Hanna/Reuters; CROATIAN NATIONAL TOURIST BOARD 14, 121, 151 Ivo Pervan, 99, 101l Milan Babic, 135ol Damir Fabijanic; REX FEATURES 100 SIPA; TOPFOTO 59 Françoise De Mulder/Roger–Viollet.
Alle übrigen Fotos befinden sich im Besitz des AA-Bildarchivs und stammen von PETE BENNETT.

NATIONAL GEOGRAPHIC Leserbefragung

Ihre Ratschläge, Urteile und Empfehlungen sind für uns sehr wichtig. Wir bemühen uns, unsere Reiseführer ständig zu verbessern. Wenn Sie sich ein paar Minuten Zeit nehmen, diesen kleinen Fragebogen auszufüllen, könnten Sie uns sehr dabei helfen.

Wenn Sie diese Seite nicht herausreißen möchten, können Sie uns auch eine Kopie schicken, oder Sie notieren Ihre Hinweise einfach auf einem separaten Blatt.

Bitte senden Sie Ihre Antwort an:
NATIONAL GEOGRAPHIC SPIRALLO-REISEFÜHRER, MAIRDUMONT GmbH & Co. KG,
Postfach 31 51, D-73751 Ostfildern
E-Mail: spirallo@nationalgeographic.de

Über dieses Buch ...
NATIONAL GEOGRAPHIC SPIRALLO-REISEFÜHRER KROATIEN

Wo haben Sie das Buch gekauft? _______________________

Wann? Monat / Jahr

Warum haben Sie sich für einen Titel dieser Reihe entschieden? _______________

____

____

____

____

____

____

____

____

Wie fanden Sie das Buch?

Hervorragend ☐   Genau richtig ☐   Weitgehend gelungen ☐   Enttäuschend ☐

Können Sie uns Gründe angeben?

____

____

____

____

____

____

____

Bitte umblättern ...

Hat Ihnen etwas an diesem Führer ganz besonders gut gefallen?

____

____

____

____

Was hätten wir besser machen können?

____

____

____

____

____

Persönliche Angaben

Name ____

Adresse ____

____

____

Zu welcher Altersgruppe gehören Sie?
Unter 25 ☐   25–34 ☐   35–44 ☐   45–54 ☐   55–64 ☐   Über 65 ☐

Wie oft im Jahr fahren Sie in Urlaub?
Seltener als einmal ☐   Einmal ☐   Zweimal ☐   Dreimal oder öfter ☐

Wie sind Sie verreist?
Allein ☐   Mit Partner ☐   Mit Freunden ☐   Mit Familie ☐

Wie alt sind Ihre Kinder? _____

Über Ihre Reise …

Wann haben Sie die Reise gebucht? Monat / Jahr

Wann sind Sie verreist? Monat / Jahr

Wie lange waren Sie verreist? _______________________

War es eine Urlaubsreise oder ein beruflicher Aufenthalt? _______________

Haben Sie noch weitere Reiseführer gekauft? ☐ Ja   ☐ Nein

Wenn ja, welche? _______________________

____

Herzlichen Dank dafür, dass Sie sich die Zeit genommen haben, diesen Fragebogen auszufüllen.